# 暴力の予感

# Presentiments of Violence

# 暴力の予感

## 伊波普猷における危機の問題

冨山一郎

Ifa Fuyu and Okinawa's Crisis

岩波書店

# 目次

目　次

# 序章　予感という問題

日本語そのものがそうなのか、左翼運動用語がそうなのか知らないが、我々が自分の思想、政治的内容を表現するのに言葉の選択に多くのムダな時間と労力を費やさねばならない。(1)

——沖縄青年同盟

# I　滓

沖縄と名付けられた領域について書かれたものを読んだり、自らが記述を行うたびに、私の体の中で違和感が膨らみつづけている。その膨らみつづける違和感は、時には棘のように、記述するという行為を停止させる痛みを生み、また時には、新たな思考への飛躍の起点にもなった。記述という自らの言語行為の中で沖縄という言葉を持ち出すたびに、その言葉がある種の了解構造の中に吸収され、その枠組の追認と更新のための栄養と化すのを感じながら、かかる了解構造を前提とする限り解決できそうにもない課題が、滓のように体の内部に残されていったのである。(2)

それは、自らが発した言葉であるにもかかわらず、それが借り物にすぎず、自分の言語行為が、沖縄という言葉にしっかりとへばりついている枠組の中で、もがいているにすぎないことに次第に気づきはじめるという、剝奪感をともなった過程であり、したがってこの滓は、こうした過程の存在を指し示しているともいえる。そしてこの過程は、言葉が自分の道具にならないことを思い知らされてきた、無残な痕跡でもあるだろう。

だが同時にそれは、言葉が使い勝手のよい道具には還元されない、ある重みを帯びはじめる過程でもある。言葉が自分の道具になりきらないという不自由さは、実のところ表現を担うのが、言葉を操っているつもりでいた私ではなく、言葉たちの方だということなのかもしれない。さらにそれは、私以外の者たちが用いた言葉に対しても、私という名前の読者として言葉たちの重みを読み、記述者として表現する任務が、言葉たちから私に与えられるということでもある。

これから幾度となく登場する、伊波普猷やフランツ・ファノンの言葉は、私にとってそのような言葉だ。彼らの言葉が、とても不自由な言葉であり、言葉が伊波やファノンの体の中に滓を残し続けたことに気づいたとき、同時に自分の中にその滓が溜まっていることも、私は発見した。それは無残な痕跡の発見であると同時に、彼らの言葉の重みを読み、そして記述するための基本的な構えを、私に準備したともいえる。

いま新たにこれまで書いたものを振り返り、それらを一冊の本として上梓するにあたり、書かれた内容の最大公約数を割り出すような要約ではなく、直接には書かれることのなかったこうした滓を、少しでも浮びあがらせ、既に生みだされた言葉に新たな意味を帯びさせるための予備的作業こそ、この「序章」で私がなさなければならないことだと考える。(3) しかし、くり返すがそれは、私の任務というより言葉たちにより与えられた任務である。自分の持ち物だと思っていた言葉が借りものであることに気づき、借りものの言葉を使いつづける中でたまった滓をもちだすことで、既に自分の占有物ではない言葉に再度かかわろうというわけだから、私と言葉のどちらが主人公かという点では、既に勝負は見えている。だからもし、記述において私という表現を用いるとしたら、決して自分のものにはならない自分の言葉への再度のかかわりにおいてしか、あり得ないだろう。

この序章では、これまで私が沖縄にかかわる記述において蓄えてきた滓を、植民地主義、資本主義というさしあたり設定された二つの領域にそくして、まずは浮びあがらせておきたいと思う。断っておくが、この二つの領域は決して悟性的に設定されたものではなく、したがって、それぞれにかかわる理論的展開を目指しているわけではない。それは、私の中の滓を言葉に近づけるための、さしあたりの整理でしかない。

## 1　植民地主義

私は、沖縄を正面から議論できない植民地主義の記述を、受け入れるわけにはいかない。また、植民地主義を問題化できない沖縄研究も、拒否しなければならないと思う。これから展開しようと思っている議論の通奏低音として、沖縄と植民地主義をめぐるこの二つの違和感が、存在しつづけている。

もちろんそれならば、植民地主義とは何かを定義しろという問いが、すぐさま返ってくるだろう。だが研究対象をまず定義し、次に分析を開始するという手続きをおこなう前に、植民地主義をめぐる議論の中で何が思考できなかったのかということを、まずは明確にしておきたいと思う。そういう意味で、植民地主義をめぐる議論においてどうして沖縄が思考できていないのか、また沖縄をめぐる議論がどうして植民地主義を問題化し得ないのかという、ナイとナイという二つの文脈における還元不可能性にはさまれたこの位置こそ、私にとって重要だ。

だから、私がこれから議論しようと思っていることは、沖縄も植民地だということには収斂しない。植民地主義という概念を地理的領域としての沖縄に適用し、分析することが目的ではないのだ。こうした場合、沖縄は他の植民地と並列され、上下関係の中で階層化され、比較され、その共通性や異質性が表現される場合が多いのだが、ここでまず考察したいのは、普遍的な植民地主義の部分集合をなす地理的領域それ自身である。またそれは、一体誰がこの全体集合を設定しているのかという問いでもあるだろう。

すなわち植民地主義とは何かという問いは、経済、政治、社会、文化のいずれの文脈を問題にするのであれ、どこが植民地なのかという地理的空間の問題にまずは置き換えられ、次にその地理的空間が、あらかじめ設定された普遍的な植民地主義を体現する部分として定義され、分析され、了解されていく。修辞学的にいえばそこには、種でもって類を指し示す提喩的な関係が存在するのであり、かかる部分と普遍的全体の予定調和的な関係を前提として、普遍を語りながら部分を命名する超然たる分析者が登場することになる。もちろんこうした地理的空間を複雑化したり、相互の関連を問題にすることはできるだろうが、ここで問題にしたいのは、植民地主義を定義する際におこなわれるこの一連の作業における、地理的空間への置き換えそれ自身である。またこの置き換えは、アカデミズムにおける認識上の問題にとどまるものではない。後に本書で検討するように、あえていえばそれは、資本主義における領土の問題に関わっている。

「どこが植民地主義の支配を受けた場所なのか」、「どこが植民地主義の支配を受けているのか」という設問が、植民地主義研究とそれを担う者たちを導いていく。またこの設問は、たとえ明示的に言及されなくても、「どこが植民地主義を受けていない場所なのか」、「どこが植民地支配から脱した場所なのか」という問いを、いつも傍らに並存させている。いいかえれば、植民地主義を地理的に確定することは、植民地主義あるいは脱植民地主義の分析を可能にする地ならしなのである。そしてこの地ならしの作業の中で、沖縄は整地されずに残された空き地になっていくのだ。

また、この植民地主義の地理的限定から生まれるわかりやすさは、歴史的記述にかかわる問題でもある。たとえば、言葉への鋭敏な思考に基づいて池田浩士は、日本植民地主義にかかわる「侵略」という表現法について、次のように述べている。

> たとえば「侵略」という言葉も概念も存在せず、殺戮も収奪も蹂躙も「進出」の錦旗の下に正義の一片とされた現実だけを自己の現実として生きた人間たちを、私の隣人として、私自身として、今の現実を生きつつありありと現前させることの困難が、ともすれば、侵略を「侵略」と明言するところでわたしたちを停止させてしまう。[4]

「殺戮」「収奪」「蹂躙」である侵略を、「進出」として生きてきたということ。これがすべての出発点である。また侵略を思考するとは、「進出」としての現実を生きてきたということから、始める以外に道はない。そして池田のこの凝縮された文章で表明されているのは、侵略を思考するということと、侵略を「侵略」と命名することの決定的な違いである。前者の困難な営みは、後者により停止させられる。植民地主義の地理的な対象化とともに、「〇〇への侵略」といってしまうときに生まれる明快さ、いいかえれば侵略が「侵略」に置き換えられることによるわかりやすさは、侵略を思考することを停止させる。だからこそ、「進出」をただ反復するだけではなく、また「侵略」と言い換えて命名するのでもなく、「進出」を出発点として侵略を思考するということが必要なのだ。また「侵略」という言葉を付与することが引き起こすわかりやすさとは、たんに地理的限定によってのみ引き起こされたことではない。池田の文章において「困難さ」とは、「進出」を「今の現実を生きつつありありと現前させることの困難」さなのであり、したがってこの困難さの停止は、「進出」を今に現前させるのではなく、過去の経験として固着させることに他ならない。「侵略」の明快さは、侵略の歴史的な限定によっても生み出されているのだ。

こうした歴史的限定により、「今の現実」に存在しつづけているいまだ思考されない侵略は、歴史分析の対象としての過去の「侵略」に置き換えられる。それと同時に侵略が思考されることのない現在が登場し、その現在に住まう者たちが、過去の「侵略」を研究することになる。こうして侵略を思考することは、歴史的に限定された「侵略」を植民地主義の問題として分析することに置き換えられ、その結果、困難さは停止するのだ。いいかえればそれはまた、侵略が思考されない「進出」が、依然として継続しているということでもあるだろう。

「いつが植民地主義の支配を受けた時期なのか」という設問が、植民地主義研究とそれを担う者たちを導いていく。またこの設問は、たとえ明示的に言及されなくても、「いつが植民地支配から脱した時期なのか」という問いを、いつも傍らに並存させている。いいかえれば、植民地主義を時期区分的な歴史により確定することは、植民地主義あるいは脱植民地主義の分析を可能にする地ならしなのである。そしてこの地ならしの作業の中で、沖縄は、やはりまた、整地されずに残された空き地になっていくのだ。だが後述するように沖縄という空き地は、単にとり残された空白なのではない。それは、保身により不動の位置を占拠し続ける記述者とそこから生産される記述を、全身で拒絶しているのである。

沖縄と名付けられた領域が求める記述とは、動かしがたい全体としての植民地主義を前提とし、その前提とその前提を担う研究者を不動の位置に確保しながら、全体を地理的地域と時期区分により提喩的に表現していく植民地主義研究では、ない。すなわち、地理的あるいは時系列的な区分に収まりきらない事態が、とりあえず沖縄として命名され、言語化され続けているのであり、修辞学的にいえば、沖縄が換喩的、濫喩的に示し続けるこうした領域に向かって、植民地主義という全称命題それ自身に抗しながら、あるいは交渉しながら、遂行される記述こそが求められているのである。(5) 滓が求める記述とは、こうしたものだろう。

この、植民地主義という全称命題にかかわって蓄積された滓について、もう少し記しておきたいと思う。たとえば、沖縄戦における戦場とそこにいたる道程において、沖縄と朝鮮はどのような問題系として表現されるべきなのだろうか。この問いは、沖縄における植民地主義をどのように設定すべきなのかという問題にも、直結しているだろう。

アメリカ帝国主義のベトナムへの軍事介入の中で、沖縄はその出撃基地になった。ベトナムからの沖縄に対する声、「悪魔の島」。この声を聞き取ったある者は、自らが経験したわけではない沖縄戦を想起しながら、次のように記した。

戦場化を押しつけた者がいなければ、わたしは沖縄戦にこだわらなかったはずだ。しかし、沖縄人を殺した日本人がいた。沖縄人を殺した沖縄人がいた。朝鮮人を殺した沖縄人がいた。そして、沖縄人はわたしだ。わたしが日本人に殺され、沖縄人を殺し、朝鮮人を殺したのだ。(6)

戦場化を押しつけた者は、朝鮮人を殺した「わたし」を仲間に繰り入れようとするだろう。(7)その策略は、仲間にはいらなければ、被植民者として殺すぞという恫喝でもある。また良心的な者は、空き地に住まう「わたし」を、植民地に住む被植民者一般に紛れこませるだろう。だが、沖縄人を殺し、朝鮮人を殺した「わたし」を、反帝国主義的良心にもとづいた植民地支配の鳥瞰図に、繰り込んではならない。こうした鳥瞰図における植民地の併置、陳列には、「わたし」が朝鮮人を殺したという事態に対する植民者の無責任な思考停止が、やはりある。あるいはこの思考停止は、戦場を押しつけた者たちが、沖縄人の「わたし」が沖縄人を殺したという戦場から、良心という清らかな安全地帯へと消えていく保身でもあるだろう。そして「わたし」は、戦場にとどまることを強いられる。整地されない空き地である沖縄を、植民地あるいは非植民地の提喩として再設定し、かけがえのない一つの「わたし」から都合のよい部位だけを切り離し、保身のために意味付けようとするこうしたやり口を、私は拒否する。

沖縄の久志村出身の女性と結婚していた釜山出身の具仲會は、谷川昇として久米島で行商をしていた。一九四五年八月二〇日の夜、久米島に駐屯しつづけていた鹿山隊は、彼の一家を襲い、家族全員を「スパイ」として虐殺した。この虐殺の現場には、島の住民も居合わせている。この一家の遺骨は、一九七七年に釜山に帰還している(8)。この沖縄戦における久米島の虐殺事件は、沖縄人も加害者だとか、単に沖縄も朝鮮も植民地支配を受けていたという言い方で表現されるべきではない。この事件は、沖縄の小学校での次の教師の発言とともに、まずは考えなければならないだろう。

　大震災の時、標準語がしゃべれなかったばっかりに、多くの朝鮮人が殺された。君達も間違われて殺されないように(9)。

この「間違われて殺されないように」という発言から、すぐさま植民地支配の階層構造とか、沖縄の日本への同化とか、あるいは、沖縄も朝鮮も同じ植民地だといった乱暴な類型論を導き出してはならない。そうではなく、この発言からは、殺されるという切迫感と、言語行為により暴力を回避しようとするギリギリの賭けこそが、まずもって感知されなければならない。武装において圧倒的に不利な状況に置かれた位置からなされる言語行為からは、整理された支配の構造的な配置図ではなく、暴力に対峙する言葉の可能性の臨界こそが、まずもって見出されなければならないのだ。そしてこの言葉の賭けは、すぐ横で暴力が既に行使されていることを、常に暗示している。「間違われ」ないようにという言葉は、殺された者のすぐ傍らにいる者の声なのだ。そしてこの言葉により暗示される暴力は、傍らで行使されているが、既に他人事ではない。

殺された死体の傍らにいる者は、次の瞬間には共犯者として殺す側に立つかもしれない。だがそこには、殺されるという切迫感を回路にして殺される側への一体化が常に存在している。あるいは傍らにいる者は、同じ殺される側に結果するかもしれない。だが傍らにいる限り、いまだ死体ではない。そして、この死体の傍らにおいてなされる言語行為の臨界からは、暴力に抗するギリギリの可能性こそが見出されなければならないのだ。しかもそれは、言葉として。

かつて私が『戦場の記憶』（日本経済評論社、一九九五年）で考えたかったのは、「記憶の歴史学」とか「歴史の語り方」といったすばらしくアカデミックなテーマではなく、直截にいえば、軍事的暴力に抗する可能性であった。しかもそれは、時期的に限定された過去の可能性としてではなく、また空間的に限定された戦場における可能性としてでもなく、日常世界が戦場へと組み立てられていく世界における反軍闘争の可能性としてである。その世界とは、私たちの住む世界のことであり、その可能性とは、私たちが生きのびる可能性のことである。また記憶とは、この可能性を言葉として思考しようとするときに介入すべき状況への回路であって、それ自身が可能性なのではない。

前述したように、沖縄を類型論的な帝国の階層構造の中で了解してしまうことも、この可能性を計算された抑圧の度合いにすりかえてしまうことだろう。暴力に抗する可能性を観察された過去の植民地という他者に割り振るのではなく、計算された抑圧の度合いにおいて表現するのでもなく、現在自分が生きている普通の日常から表現することこそ、必要なのだ。なぜなら軍事的暴力はますますこの世界を威圧し、日常を構成する力として君臨しつづけているからだ。戦場を日常から切り離すことも、植民地支配を他者の問題として了解することも、いくら良心的な心性にもとづいていたとしても、拒否しなければならないと思う。

だからこそ、殺された死体の傍らにいる者が獲得すべき暴力に抗する可能性こそ、記述という営みにおいて提示しなければならない。そしてほとんどすべての人が、死体の傍らにいる。人は、死体に一体化することも、死体から逃れることも、できない。だからかかる意味では、世界は常に可能態でもある。私たちの言語行為をめぐる基本的な状況とは、このような世界なのだろう。そして死体は語りはしない。この呪われた世界から言葉を注意深く紡ぎ、暴力に抗する可能性をわれわれの可能性として思考することこそ、誰の言葉であれ、言葉にふれることのできる者たちがなすべきことである。

高橋和巳の作品で、「死者の視野にあるもの」という短い文章がある。学生時代に読み、鮮烈に覚えているこのエッセイは、六〇年代から七〇年代にかけて警察権力により殺された人々について綴った評論集の序章なのだが、そこには、絶命した人々の死体の網膜に最後の映像が残り続けるという寓話が登場する。(10)死体は語りはしない、ただ見るだけなのだ。その死の瞬間の映像を目の網膜に焼き付けたまま、死体は存在し続けるのだ。そしてこの網膜に焼き付けられた映像に登場する者は、たとえ死体の傍らにいるとしても、いまだ死体ではない。

銃殺を待つ人々の列において既に打ち斃《たお》された者が、その死の瞬間に、次に殺される番を待つ者の横顔をその網膜にとらえたとしても、その横顔は、やはり、死体のそれではない。またその横顔は、死が動かしがたい予定として運命付けられている者の顔でも、さらには銃殺から完全に免れている晴れやかな顔でも、ない。そして暴力に抗する可能性を思考するとしたら、死者の網膜がとらえたこの傍らにいる者の横顔からはじめなければならないのである。死体の傍らにいるものは、いつも見られているのであり、見られているという点において、次の銃殺の順番を待つ者でさえ、未だ決着はついていないのである。そしてその横顔は、記述者自身の顔でもある。(11)

どこが植民地なのか、いつが植民地統治なのかという問いから始まる植民地主義分析において見失われていくものは、死体の網膜に焼き付いているこの記述者自身の横顔である。また、死体の網膜に自分の顔が焼き付いていることを見失った者がなす記述が、言葉の外へと捨て去っていくのは、圧倒的弱勢の位置、いいかえれば死の傍らにいる位置から表現されるべき暴力に抗する可能性である。そしてこの、さしあたり視覚的寓話において表現される可能性を言葉としていかに記述するのかという問いこそが、後述する予感という知覚の問題に直結するのだ。

## 2　資本主義

暴力に抗する可能性という問いへと移動する前に、今一つ言及しておかなければならない滓が、私の中に存在する。それは、資本主義という用語にかかわっている。すなわち、地理的、歴史的限定自身を問題化するような植民地主義の記述をめざすとき、そこには、植民地主義を資本主義あるいは帝国主義の歴史として一貫して記述するという立場が存在するだろう。例えば、私もかつて次のように述べた。

本書の結論は単純である。そこで描かれているのは、「沖縄人」や「日本人」といった言説とはうらはらに、近代社会全体を覆うような「全体的」な人間像である。(12)

この場合、「全体的」な人間とは、労働力として資本主義的再生産に参加して行く人間のことである。すなわちこの言葉は、次のサルトルの「『レ・タン・モデルヌ』創刊の辞」における「全的人間(homme total)」から引用したものである。

ところが人間は立木や石ころのように存在するものではない。彼はみずからを労働者たらしめねばならぬ。自分の階級、自分の賃金、自分の仕事の性質によって全的に条件づけられ、自分の感情までも、自分の思想までも条件づけられていながら、自分の条件の意味、仲間の条件の意味を決定するのも彼である。……こうして彼は、一方においてプロレタリアに意味を与えつつ、みずからを労働者として、かつ同時に人間として選ぶ。これがわれわれの考えている人間、すなわち全的人間(homme total)である。全的に縛られ、しかも全的に自由な人間。(13)

なによりもまず、自らを労働者たらしめる事態こそが、批判的に検討されなければならない。そして近代社会が本来的に資本主義社会に他ならない以上、植民地主義にかかわる記述ということを考える際、それが一貫して資本の再生産であったということを問題化しないわけにはいかない。だがしかし、自らを労働力の販売者たらしめるべく、もがき続けるプロセスを、「全的人間」として一括して表現すべきなのだろうか。たとえこの「全的」という表現に、「しかも全的に自由な人間」という弁証法的注釈を付け加えたとしても、「全的」という名のもとに、動かしがたい前提としての資本主義を追認する危険性が、明らかに存在しているのではないだろうか。この資本主義という全称命題においても、提喩を担う部分として沖縄を設定するわけにはいかないのである。

資本の蓄積運動においては、一方では市民に仮託された契約的合意により、商品の処分権としての労働過程における命令・指揮権が形式的に措定され、他方では合意のない強制が明確に顔をのぞかせている、と考えられている。資本による労働力の包摂は、乱暴にいえば確かにこの二つの労働力の類型を作り上げているように見えるのであり、労働力の類型において植民地主義を設定する際、後者に植民地主義が重ね合わされることになる。こうして、資本主義の純粋部分(労働力商品＝契約的合意)とその外(＝強制)という階層化された範疇において、労働力は分類されることになる。逆にいえばそれは、植民地主義が、いつも別の生産様式の問題として、いいかえれば純粋な資本主義(＝市民社会)の他者として、見出されつづけることでもあるだろう。[14]

沖縄で生まれ育った者たちの労働力としての資本への包摂は、多くの場合、いわゆる強制をともなっておらず、契約的な合意にもとづいている。労働における契約的合意を自由な賃労働として、強制を植民地労働として設定する限り、沖縄にかかわる資本主義の展開は、自由な労働の範疇へ包摂されていくプロセスとして議論されることになるだろう。あるいは逆に、沖縄における植民地主義の検討は、自由の対極にある強制労働の事例集めとなり、結果的に沖縄における資本主義の展開は、この両者に引き裂かれて議論されることになる。

こうした労働の範疇をめぐる植民地主義の問題は、一九二〇年代、一九三〇年代の労働市場における沖縄出身者の位置にかかわることでもある。沖縄出身者の労働市場への包摂において、ある者は朝鮮人労働者との近似性を指摘して、植民地労働というカテゴリーの中に問題を吸収しようとし、またある者は国内農村からの労働力との共通性を指摘し、強制をともなう植民地労働との違いを見出そうとした。確かに、沖縄出身者の労働市場への包摂は、この二つのカテゴリーの間でヤヌスのように揺れ動いているように見えるのであり、かつて私が「沖縄的労働市場」と表現したのは、この明確に分割できない領域をさしあたり便宜的に示したかったからに他ならない(15)。

沖縄と名付けられた領域にかかわる資本主義の記述は、強制された労働／自由な労働というこうした提喩に関わる用語において、いつも切り取られ、分断され、また無視されてきた。だが、たとえ沖縄から流出した多くの労働力が、契約的合意にもとづいて労働過程に包摂されたとしても、結果的にある範疇の労働過程に包摂されきってしまう労働力もまた存在しない。労働市場への包摂とは、労働力としての身体が商品化により不断に切り刻まれていくプロセスとしてのみ存在するのであり、あらかじめ予定された、あるいは事後的に設定された労働力の範疇において表現されるべき事態ではないと考える。「沖縄的労働市場」というこなれない表現をもちいたのは、こうしたプロセスとしての労働力の商品化に、問題を設定したかったからである。

労働力が商品として交換されるのは、雇用契約における契約的合意の瞬間ではない。いいかえれば、労働過程における指揮・命令(処分権の履行)に対応する規律は、労働過程のみならず工場の外あるいは雇用契約以前の領域における不断の交渉の産物である(16)。不断の交渉の中で、人は労働力を売り渡し続けるのであり、この交渉のプロセスを、サルトルのように「全的」に縛られているといいきることも、「全的」に自由だと定義することも不適切である。労働力の市場への包摂は、契約以前に先取りされ、契約後も先送りされ続けるのであり、こうしたプロセスにおいて自己を労働力として提示していく営みこそが、まずは議論の始点として設定されなければならないのである。この設定を、「労働力としての経験」と呼ぼう。その具体的考察については、本書の第四章で展開するが、問題は、この労働力としての経験がいかなる言葉で、いかなる文体において記述されるのか、あるいはいかなる代理において政治化するのか、その政治化する政治空間とはなにかということである。

労働力の市場への包摂は、先取りされ先送りされる。だからこそ、労働市場への包摂が、労働過程の外の日常生活における言語行為や慣習的行為への監視をともなうのだ。沖縄出身の人々に対して「沖縄的」とみなされる言語行為や慣習的な身振りが、生活改善の改善項目として設定されていくことは、労働市場への包摂に他ならないのであり[17]、いいかえればそれは、工場の中だけではなく生活全般における言語行為や身振りが、商品化をめぐる交渉のテーブルを形成するのであって、労働力は契約以前から先取りされ、契約後も最終的な商品化は先送りされ続けるといえよう。「沖縄的労働市場」という設定の論点は、労働力範疇の曖昧さにあるのではなく、商品の受け渡しが先取りされ、また先送りされ続けるような売買交渉(＝商談)のプロセスとして、労働力商品化が存在するという点にある。

あるいはまた、前述した資本蓄積にかかわる二つの労働力の範疇という論点は、脱植民地化のプロセスを資本主義にかかわる問題としてどのように考えるのかという問題に直結している。いいかえればそれは、脱植民地化におけるプロレタリアートの役割という問題だ。そして沖縄と名付けられた領域において生起する力を全称命題に抗しながら記述する際、このプロレタリアートの役割という論点は、いつも登場せざるを得ない。

たとえば、前述した「沖縄的労働市場」に包摂された沖縄出身者たちは、一九二四年に関西沖縄県人会という結社を結成したが、この結社を指導した者たちは労働運動への合流を唱え、その過程で指導力を失っていった。この一九二〇年代における運動の登場と衰退の過程は、当該期における朝鮮人労働者の労働運動と日本労働組合全国協議会の関係や、水平社運動におけるいわゆる解消派の問題とともに議論されなければならないことである。[18] またそこには、日本資本主義論争、さらにはコミンテルン第二大会におけるマナベーンドラ・N・ロイのテーゼやミールサイド・スルタンガリエフが提起した民族的世界や農村共同体をめぐる論議が重なっているだろう。さらにこの脱植民地主義におけるプロレタリアートの役割という問題はまた、後述するようにフランツ・ファノンにとっても思想的課題だった。加々美光行や崎山政毅が指摘するように、ファノンの位置する思想的系譜には、明らかにロイや、スルタンガリエフ、そしていまだ決着のついていない日本資本主義論争が存在しているのである。[19]

このプロレタリアートの役割をめぐる思想的課題は、例えば関西沖縄県人会の結成が、「チョーレー(兄弟)」というウチナー口を用いて呼びかけられたことにかかわっている。というのも、このウチナー口による呼びかけが県人会における凝集力を生みだしたのは、文化的あるいは民族的同一性などということではなく、そこに商品化の中で切り刻まれていく労働力としての身体が存在したからである。すなわち、「沖縄的」な言語行為や身振りが不断に交渉のテーブルを形成するということは、労働力商品化という歴史の臨界として、「沖縄的」と名付けられた領域が存在したからに他ならない。いいかえれば、先取りされ、先送りされ続ける終わりのない労働力商品化という一方向の歴史において、歴史化されない痕跡が「沖縄的」な領域に刻まれているのであり、またそうであるがゆえに、この領域が不断の監視の対象になるのである。関西沖縄県人会の「チョーレー」という言葉は、こうした歴史をめぐる緊張関係の中でこそ、聞きとらなければならない。脱植民地化にかかわるプロレタリアートの役割という問いは、労働力の範疇において機能的に定義されるべきものではなく、ここでもやはり、労働力としての経験が議論の起点になるだろう。この経験は、いかなる記述を要求するのだろうか。

たとえば日本民芸協会による「沖縄言語問題に対する意見書」と題する文章には、大阪における一つの沖縄出身者の集住地域である大阪四貫島へ民芸協会のメンバーが「探訪」した際の様子が書かれている。

　雨の降る暗い闇夜であつた。われわれは、沖縄出身者の労働者がおほく集まつてゐる大阪市四貫島をおとづれた。そして、沖縄の蛇味線の音にひかれてせまい路次に入つた。一軒の泡盛屋に入り、いろいろ沖縄の話しをきかうとしたが、われわれが沖縄以外の人間であると、その主人はおほく語らなかつた。(20)

この「沖縄以外の人間」である民芸協会のメンバーに対して口をとざす主人は、自らの身体の一挙一動にかけられた暴力的視線に対峙している。その対峙する姿勢は、労働力商品化という資本の歴史の中に存在しながら、その歴史が不断に身体を切り刻む暴力的プロセスであることを示すと同時に、別の歴史の可能性をも暗示している、とさしあたりいえるだろう。では、「沖縄的労働市場」というすわりの悪い範疇に包摂されながら対峙しつづけている者は、一体誰なのか。その人物の沈黙は、いかなる歴史への潜在力を暗示しているのか。この沈黙する者は、どのような主体として、どのような主体化の歴史として、そしていかなる言葉によって、いかなる文体において、描くことができるのか。この口をつむった主人に言及するたびに、私の中に滓が溜まる。

この主人の沈黙に、再び前述した教師の発言を重ねよう。なぜならこの教師の言葉は、戦場への道程と同時に、労働力商品化にかかわる生活改善の文脈にも位置しているからだ。あらゆる場所で繰り返し発話されたであろうこの発言は、戦場と資本主義を同時に感知しているのである。

大震災の時、標準語がしゃべれなかったばっかりに、多くの朝鮮人が殺された。君達も間違われて殺されないように。(21)

主人の沈黙は、死体の傍らにいる者の言語表現である。この主人の身体への暴力が、契約的合意にかかわる命令・指揮の中で機能しているものだとしても、彼はすぐ傍らで展開している強制労働の暴力を、さらには自警団の暴力を感知している。「間違われて殺されないように」、自らの言語行為に注意をはらう時、その身振りは、契約的合意の中では、労働の規律として機能するだろう。だがそこで、まさしく経験として感知されているのは、すぐ傍らで展開し、傍らで展開していても他人事ではない暴力である。この感知された暴力を表現するには、労働類型も、あるいは強制労働と自警団の暴力といった暴力の種別化も、さしあたり適当ではない。この沈黙する主人が感知した暴力は、労働力の類型や、労働問題として、あるいは戦場に限定された暴力として、類型的に表現されるべきではないのだ。

沖縄という言葉を持ち出すたびに、その言葉が植民地主義、あるいは資本主義にまつわる了解構造の中に吸収され、その結果、解決不能な課題が滓のように私の中に蓄えられてきた。この滓にこだわる限り、植民地主義あるいは資本主義にかかわる用語群が宙吊りにされ、言葉は機能不全におちいる。そして言葉が機能しなくなり、言葉の不自由さだけが充満し始めるとき、私は自分が、あの主人の沈黙が生み出す張り詰めた空気の中に、あるいは横たわる死体とその網膜に映し出され続ける映像の中に存在することを発見する。

このような位置から記述を再開するために、記述にかかわる一つの用語を設定したいと思う。それは予感するという動詞である。この用語は、多くの場合、進行形あるいは形容詞として運用され、用語自身は時制に直接支配されることは、あまりない。また同時に、この用語は他の多くの動詞の運用をも規定するものであり、かかる意味において記述されるべき文体の連辞的方向性でもある。

以下に述べる、身構える、確証する、先取りするといった動詞は、この予感するという動詞にかかわって再定義されることだろう。またこの文体全体にかかわる方向性において予感という用語が用いられる場合、あえてこの単語自身が記述される必要はない。文体の方向性を確認したり、思考を連結したりするときにのみ、それは独り言のように呟かれることになるだろう。そんな用語を設定する。

# II　予感する

賢い人達の目からみれば、沖縄人は借金だらけの貧農として、低賃金労働者として、「売春婦」としてサービス業者として、土地を失った浮遊民として一切の自己解放のそして生きる展望と誇りを失い、権利、団結を失い、借金と涙に包まれて生き、そして死ぬしかないであろう。(22)

――沖縄青年同盟

## 1　身構える私たち

「どこが植民地なのか」、「いつが植民地支配の時代なのか」、「どこが資本主義の中軸なのか」、「だれが労働者階級なのか」。「賢い人達」は、こうした問いを連発するのだが、「架空のプロレタリアなるものをデッチあげて革命のプログラムを考えるわけにゆかない」のである。[23]

脱植民地化を資本主義に対する闘争として設定しなおし、かかる後に、資本主義への闘いとして置き換えられた脱植民地化の可能性を、あらかじめ定義された労働者階級に投げ出す「賢い人達」が抱え込む問題は、その資本主義分析の是非にあるというより、脱植民地化の可能性をこのように表現する点にあるといってよい。脱植民地化の可能性を、死体の傍らにいる者の位置から語ろうとする時、あるいは資本主義批判の可能性を、商品化が身体を切り刻むプロセスにおいて言葉にしようとする時、死体の傍らや身体を切り刻むプロセスにおいて経験として感知される暴力は、あるいはその経験に包み込まれる暴力に抗する可能性は、いかに表現されうるのだろうか。この可能性が、地政学的な鳥瞰図や分析的に定義された階級構成において占有されるものではないとしたら、それはいかなる主体に仮託されうるのだろうか。またその主体は、いかなる文体において表現されるのだろうか。暴力を感知しながら沈黙し続けるあの主人を念頭にとどめながら、話を続けよう。

たとえばフランツ・ファノンは、『地に呪われたる者』の中で「植民地におけるプロレタリアートは、原住民の中でも植民地体制にもっとも甘やかされた中心的存在だ」[24]とし、脱植民地化に向かう解放闘争の基軸に、「ルンペン・プロレタリアート」と「農民」を据えている。またファノンにおいてこの「ルンペン・プロレタリアート」、「農民」は、「犯罪者」「失業者」「季節労働者」「スラム街の民衆」とも言い換えられている。

この脱植民地化のプロジェクトにおけるプロレタリアートへのファノンの厳しい評価は、マルクス主義者を自認する「賢い人達」から、多くの批判を呼び起こした。[25] その批判は、植民地主義が資本蓄積の歴史である以上、その廃棄は資本主義の打破でなければならず、その主軸は労働者階級をおいて他には存在しないというものであった。

こうした批判の中にあって、フランツ・ファノンと二度ほど出会うことがあったイマニエル・ウォーラーステインは、ファノンとの対話の継続として「ファノンと革命的階級」という論文を書いている。ここでウォーラーステインは、ファノンの議論を擁護しながら、ファノンが「ルンペン・プロレタリアート」、「農民」、「犯罪者」、「失業者」、「季節労働者」、「スラム街の民衆」と表現した人々を、「準プロレタリア」として類型化した上で、次のように述べる。

> 資本主義の歴史過程は、プロレタリア化の過程である。この過程は、いつかは終わるといっても、その完遂までは程遠い。この過程においては、労働する一生涯の間ずっと準プロレタリアートにとどまるような者は、地をはい廻って生きなければならない。常時雇われているプロレタリアがどんなに搾取されていようと、彼ら準プロレタリアはもっと絶望的であり、もっと流動的である。準プロレタリアこそがまさしく「地に呪われたる者」である。彼らは、まっさきに自然発生的に暴力行動に加わってくる傾向のある者たちである。[26]

ウォーラーステインは、「プロレタリア」と「準プロレタリア」という二つの労働をめぐる人間の存在形態を類型化し、後者をより絶望的な存在とみなして、そこに暴力の起点を見出している。だが、この明快な定式に対しては、やはりすぐさま疑問がわいてくる。

暴力は絶望の深さによって測定されうるのだろうか。また暴力の領域を労働類型に直接的に重ね合わせてしまっていいのだろうか。この暴力的な領域とそうではない領域の区分は、ウォーラーステイン自身の暴力への認識にかかわることではないのだろうか。さらにこのような類型化により、プロレタリアートを暴力とは無関係な領域に囲い込んでしまっているのではないだろうか。

このウォーラーステインの明快な説明において論点になるのは、ファノンの言葉に重ねるかたちで言及されている「自然発生的」な暴力を、いかなる事態とみなすのかという点である。たとえばファノンは、『地に呪われたる者』における第一章「暴力」ならびに第二章「自然発生性の偉大と弱点」の暴力論において、暴力を手段や道具としてではなく、したがってまた手段としての有効性において測定し評価しうるものではないと主張する。

この暴力とはそもそも何か。……これは原住民大衆が、自分たちの解放は力によってなしとげられねばならず、またそれ以外にありえないと見なすところの直観である。(27)

ファノンは、力の知覚として、暴力を論じているのである。そこでは言葉の外に存在している暴力という力を、どのような事態として知覚するのかということが、まず問題なのである。暴力はまずもって知覚されるべきものであり、実際にどこで行使されたか、あるいはされなかったかという機能的あるいは事後的な結果よりも、暴力という力をいかなる事態として知覚しているのかという点にこそ、その論点があるのだ。レイモンド・ウィリアムズは暴力(violence)という用語の用例として、「手におえなくなり、また押さえ切れなくなる人間の激情や下心を比喩的に表現」したものとしての暴力をあげているが[28]、言葉の外に存在する暴力に直面する時、そこからいかなる「手におえない」状況を比喩的に知覚していくのかということこそが、ファノンにおける暴力論の重要な要点なのである。したがってそこでの言語表現は、直接には指示対象を構成できない濫喩的な言葉になるだろう。「これが暴力だ」というような類型的な暴力の範疇を設定し、そこに事例を還元しながら説明を行うことではなく、言語表現上の切迫性こそが重要なのだ。

たとえばファノンが、「あらゆる攻撃に反駁すべく身構えていた(sur la défensive)農民大衆が、突然死の危険にさらされていると感じて、植民地主義の軍隊に猛然と抵抗する決意を固める[29]」と述べる時、危険にさらされながら身構えている(sur la défensive)状況こそが、暴力をめぐる知覚においで重要なのであって、ファノンにおいては、実際に抵抗が、あるいは軍隊の攻撃が開始されて初めて暴力が作動するとは考えられてはいない。またこうした危険にさらされている切迫性と身構えという潜在的な戦闘態勢を、秩序や鎮圧状態としてではなく脱植民地化の可能性として、ファノンは記述するのである。

ウォーラーステインはファノンの記述から「準プロレタリア」というカテゴリーを発見したが、たとえばブラック・パンサーのヒューイ・P・ニュートンがファノンから読み取ったのは、分析上の普遍的カテゴリーではなく、この身構えという潜在的な可能性に他ならない。ウォーラーステインは世界システム論においてファノンを解釈したが、ヒューイは次のように、ファノンとの思想的つながりを宣言するのである。

> 被抑圧者はいつも身構えている(always defensive)。抑圧者はいつも攻撃的であり、抑圧者が人民に用いていた力を人民が抑圧者に再度行使するとき、連中は慌てふためくのだ。[30]

警官に暴行を受け、命乞いをしているその瞬間においても、常に身構えているのだ(sur la défensive, always defensive)。この身構えているという表現が比喩的に示す切迫した状況を結節点にして、ファノンのテキストはヒューイに読まれたのであり、こうした読みにおいて、個別具体的な固有の状況にそれぞれ位置するファノンとヒューイが結びつき、身構えている私たちとして生成するのである。この身構えている私たちは、悟性的に定義された「被抑圧者」なのではない。身構えていることをそれぞれの言葉を通じて密やかに確認し合い、身構えているという述語の主語としての自分を、個々の状況において引きうけるときに見出される関係性である。またこうした関係性に向かって生成する営みとして、読むという行為があるだろう。それは、世界システム論としてファノンを読み、身構えている人々を「準プロレタリア」として整理したウォーラーステインとは異なる思想的連動である。

ところでこうした身構えている状況に注視しながら、ファノンが力の比喩的な知覚として一貫して批判的に検討しようとしているのは、抵抗が始まった時、「慌てふためき」、それがあたかも突然始まったようにみなしてしまう認識である。ファノンにおいて「自然発生性」とは、すでに身構えられていた事態にもかかわらず、反抗の開始が了解不可能な突発的な事態として認識されてしまうことを、まずもって意味している。このような暴力への認識は、ヒューイがいう抑圧者だけのものではない。このような暴力認識こそ、プロレタリアートとそこに基盤をおくファノンのいう民族主義政党の問題なのだ。したがってファノンにおいてプロレタリアートという領域は、労働類型や契約的な合意にもとづく搾取といった一般規定によって設定されているのではなく、暴力をいかなる事態として認識するのかという、この暴力の知覚にかかわっている。

たいへんです！　どんなことになるか見当もつきません。解決を見つけなければ。妥協策を見つけなければ。(31)

「自然発生性」とは、ある労働に対応したカテゴリー的認識ではなく、まずもってこうした「見当もつかない」事態に他ならない。「一見まったく説明不可能なもの」[32]が突如として発生したとみなし、動転しながら事態を正確に測定し、新たな妥協と合意を探り、「解決」を導こうとするような批判されるべき力の知覚。ファノンのいう民族主義政党は、一方ではこうした「自然発生性」にたよりながら、他方ではそれを合意へと導こうとする。つまり、「天からマナが落ちてきたように振舞い、これが続くことを運命に祈るのである。彼らはこのマナを利用するが反乱を組織しようとは試みない」[33]のである。

すでに身構えとして存在している潜在的な力が、この批判されるべき知覚の前に顕在化した時、この知覚は、その力をかねてより存在しつづけた可能態として引きうけるのではなく、それを自然的、偶然的、突発的な領域へと埋葬し、歴史から切断した後、そこに他者を設定するのである。その結果、身構えが顕在化したその瞬間に、力は他なるものとして、しかも、解決されなければならない他者として表現される。

ここにおいて、ウォーラーステインの定式が問題になるだろう。力ににじり寄りながら、超然とした学の位置からその力を他者へと割り振り、具象化し、限定化した上で、その力を測定し、埋められるべき要求を作り上げ、合意＝鎮圧を導いていく。世界システム論にもとづいて超然と「自然発生」の領域を主張し、そこに「準プロレタリアート」という限定された領域を割りふったウォーラーステインの作業は、こうした一連のプロセスにおける前半部分に位置している。ウォーラーステインが、「準プロレタリアート」という類型を設定し、そこに「自然発生」を割り振るなかで成し遂げたのは、こうした暴力の知覚に他ならない。

だがファノンは、そこに別の道筋を見出そうとする。なぜなら呪術的力であるマナは反乱へと組織されなければならないからだ。「自然発生性」と名付けられた力は、これまでにもつねに存在しつづけていた身構えに他ならず、そこには別の未来が見出されなければならないのである。そこでは、過去と未来が、今において同時に発見されているのであり、ファノンは、このような力の知覚へと、飛躍する。(34)

身構えから開始されるファノンの飛躍を念頭におきながら、再び「沖縄的労働市場」の内部で沈黙するあの主人を思い起こそう。そして同じ問いを反復しなければならない。この沈黙しながら身構えている主人を、どのような主体として、どのような主体化の歴史として、そしていかなる文体において、描くべきなのか。

## 2 症候学

黙りこくりながら身構えている主人において暗示される、潜在的な事態とは何か。それをいかなる事態(可能態)として、いかなる文体において記述すればよいのか。それは、身構えているという述語が獲得すべき私たちという主語を、いかなる文体において捜し当て、表現すべきなのかということでもある。

身構えるという動詞にかかわるこうした記述の問題を考えるために、記述するという行為自体の検討に、いったん迂回したいと思う。それは身構えているという述語に遡及的に主語を見出していくための、いわば文体にかかわる検討である。またこの迂回において焦点になるのは、ファノンに言及しながら述べたように、身構えにおいて暗示されている力としての暴力である。身構えにおいて暗示される暴力は、いかに記述されうるのか。あるいは圧倒的な弱勢の位置における暴力に抗する可能性を、どのように記述するべきなのか。依然として問題の焦点は、暴力をめぐる言語表現にある。

さて、言葉において何らかの合意やコミュニケーションが成立しているにもかかわらず、その言葉の交換がいつも危機にさらされていることを発見した時、あるいは、ただ一つの歴史的事実を記述しているはずの史料が、その事実を指示すると同時に、別の事態を示す比喩的な文体であることに気がついた時、こうした合意や史料についていかなる記述がありうるのだろうか。あるいは、たとえば人類学者や歴史学者は、こうした直接には言葉によって指示されない事態をいかなる事態として記述するのだろうか。

多くの場合こうした事態は、言葉に潜む身体的な表現により、その存在がとりあえず指示されることになる。(35) 四貫島の主人は黙り込むが、その身構えているという状態において何かを指示しているのである。そして多くの場合、こうした身体的存在に向かって再度の探索が開始され、その身構えている状態が主人の身振りとして明確に分析され、記述されることになるだろう。

もちろん、こうした身構えている状態をめぐる発見と探索のくり返しこそが、人類学あるいは歴史学だといってしまうのもよかろう。だが、この反復される発見と探索という営みを一つの連続した学的行為として設定してしまう前に、言葉の臨界において指示された身構えている何者かが学によって再度言語化される直前の地点で、いったん、立ち止まりたいと思う。

この立ち止まった位置において作動しているのは、それが何であるのか認識できないけれどもその存在を感知してしまうというような、曖昧な知覚である。このような知覚においてとらえられた事態を、より密度の高い聞き取りや、より解像度の高いレンズによる撮影、あるいはさらにおおがかりな史料調査により確証していく前に、この曖昧な知覚においてこそ遂行されるべき別の言語化、文体の可能性を、ここでは考えてみたい。

たとえば、何かわからないけれどもその存在を感知してしまうというような知覚によりその存在を表現する時、その言語表現はいきおい易占的あるいは神学的な特徴をおびることになるのではないだろうか。そこでは予兆やきざし、あるいは予感や信託といった領域が、重視されるのである。たとえば、カルロ・ギンズブルグは、こうした知覚を、症候学と述べ、その特徴を「推論的範例《パラダイム》」と表現している。

推論的範例《パラダイム》は言葉で表現されない傾向を有する認識形態である。つまり前にも述べたように、その規範は公式化されたり、言語化されるのには適していないのだ。(36)

ギンズブルグがここで推論的範例と述べているのは、言葉にはできないが何かを感じ取ったり、予感したりするような認識形態であり、認識対象からにじみ出る徴候を知覚しようとする症候学である。そしてただちに問題になるのは、こうした症候学が、やはり、どこまでも患者の病状をさぐりあてその解決のために医療を行使しつづけようとする医者のものであるという点である。すなわち、症候学は、まずはより精度の高い診断とその為の制度を招き寄せ、こうした新制度の中で患者の患部はいち早く探り当てられ、治療が実践される。それはまた、症候学における法あるいは統治の問題でもあるのだ。[37] 本書でも展開することになるが、曖昧な知覚を乗り越え、徴候に対してより精度の高い調査を行わんとする人類学や歴史学が、必然的に帯びざるを得ない症候学としての問題がここにある。ギンズブルグ自身もまた、ゴルトンやベルティヨンに言及しながらこうした症候学を、権力による個人識別の問題として論じている。[38] 人体測定、指紋、筆跡といった統治技法は、どこまでも病巣をさぐりあてようとする症候学に他ならず、それはとりもなおさず新たな法の措定を導いていくのだ。かかる意味で徴候は、未来の統治を導く予兆なのである。

しかしながら、こうした症候学が新たな法の登場と密接に結びついているにもかかわらず、ギンズブルグはそれを手放そうとしない。ギンズブルグは、たとえ症候学が統治技法として展開したとしても、そこに別の可能性を探ろうとしている。たとえばそれは、ギンズブルグにおいては、「警句(アフォリズム)」として例示されている。[39] この警句とは、徴候から知覚された事態を、解決されるべき対象として設定するのではなく、未来に続く危機として言語化していくことを指している。この、過去の徴候から未来に続く危機を警句として引き出す営みは、いかなる記述や文体を導いていくのだろうか。

症候学は、途中で立ち止まらなければならないにしても、さしあたりそこに身をおきながら進まざるを得ない出発点である。また、あらかじめ症候学とは別の道を想定することは、別のことを行っているようで実は無自覚に症候学を反復することになるだろう。したがってここでもう少し、症候学という点にこだわっておきたいと思う。たとえば「ファシズム文芸論」にかかわって、奥野路介は作品と作家がもつ時代、個人、伝統といった規定性から論じるのではなく、「症候学としての文芸論」を主張する。この奥野のいう症候学から、過去の徴候を警句的に表現する文体について、検討をすすめよう。

「症候学としての文芸論」というとき、そこで目指されるのは、なによりもそれらの規定性(-bedingt)から自由に、むしろ自在に身辺にも適用できる何らかの標識や尺度を、対象から取り出してくることであり、ある一つの社会のでき事を視診し打診し、触診・聴診して、可能な限り異論の余地のない五感の中に、いわば「測定器具」を獲得していこうとすることである。充分な客観性を帯びたシンドロームを集めること、このシンドローム(症候群)を、現在の身辺を測るシンプトーム(兆候群)として利用しようとこころみること、やがてそれらを複合して疾患の本体をつきとめること、これはそのような診断学にいたるながい努力の嚆矢であり、しかし、それが果たされていく過程で、投薬の処方もおのずから開かれてくることだろう。ただし、このようにいえば、本来ニーチェあたりでさかんにいわれはじめながら、最近のドイツ語圏では大いに手薄な記号学や記号論(Semiotik, Semiologie)との親近も考えられそうであるが、ここでいい、以後にもいわれるはずの「症候学」についての思い入れが、必ずしも言語の問題ばかりとして意識されていないことと、目指されねばならないものが、「ある時代、ある社会の理解」ではなく、つねに「現在、この時代への適用の可能性」であることによって、そこには微妙な一線があるように思われる。(40)

奥野は、まずは統治を導く医者の立場を共有しながら、そこから予兆すなわち「兆候群」をひきづり出そうとしている。すなわち「症候群」は、ある時代や社会を示す徴候ではなく、現在における疾患を示す「兆候群」なのであり、危機(疾患)が今に継続しているということを浮びあがらすことこそが、奥野のいう症候学なのである。そこで奥野は、まずはある時代の社会を診断し、可能な限りその症候群を探ろうとする観察者である。しかしこの観察者は、病んだ社会としてその時代の社会を定義するのではなく、現在の診断を行う医者へと転身する。危機(疾患)は治癒していないのであり、そこで奥野は、さしあたり医者として「投薬の処方」について言及し、継続する危機を統治する立場をとろうとする。

だが次に見るように、現在への適用を行おうとする奥野は、既にその疾患が現在において治療不可能な病であることに気がついている。過去のファシズムの「症候群」は、現在の疾患を示す「兆候群」であるばかりではなく、そこからは未来にも継続する危機が浮びあがるのだ。そこでは、過去の「症候群」は現在の疾患を示すというより、未来への警句となって登場せざるを得ない。実のところ奥野は、はじめから医者の立場を放棄しているのである。そして私は、この解決不可能な疾患を見つけてしまった医者に、観察者でも医者でもない記述、いいかえれば過去を未来への警句として記述する可能性を、とりだそうと思う。

## 3 予感する

さしあたりの論点は、奥野のいう「症候群」の現在への適用にある。たとえば奥野は、別の論考で、過去のファシズムの「症候群」から未来の全体主義を思考しようとしている。その時この記述者は、経験の中にいながら経験から離脱していくことになるだろう。たとえば奥野は、エルンスト・ユンガーの『労働者』に言及しながら次のように述べる。

実証科学の行動域の限界とは「経験」であり、「経験」が属さない帯域は未来である。「労働者」のなかに仮構されたものは、いまいったような国々の体制の過酷な本性がやがて回復不能のシステムとなり、遂行され、さらに一定程度過去のものとなったとき、それぞれの体制の実態を「経験知」として対象化しながらあらわれた各種のファシズム論や、特に全体主義論のあるものが、未来の不確定性のなかにようやく恐怖をもって予感しはじめるなにがしかの「未知の地上権力」の相貌であり、それを形象としてあらかじめ「既知」のなかにとり出そうとする努力である。(41)（強調、引用者）

既知のものとしてあるはずの過去の経験から記述者が知覚するのは、「未来の不確定性のなかにようやく恐怖をもって予感しはじめる」未来である。奥野が過ぎ去ったはずの過去のファシズムの経験を、未来への警句として読もうとするとき、既知なるものから、予感という知覚とともに未知なるものが獲得される。奥野はこうした思考を、実証科学に対して「仮構に対する解釈学」とよぶ。さらにこの予感される仮構は、夢ともいいかえられている。

夢は実在の外にあることによって、ときには実在の制御を冷笑する。夢が危険であるのは、それがいつかは実現されるかもしれないからではなく、この制御不能の即自性においてである。夢が「開いて見せる」のは夢自身ではない。……夢は夢見られるとどうじにそのひそかな道のりをこそすでに開き始めているのである。(42)

ここで、奥野のいう予感が、計測された予測でもなければ運命付けられた予定でもないことが明らかになる。そこでは、過去の経験から未来(夢)が予感され、そして未来が予感されている今において、既にその未来は今に作動しているのである。すなわち、過去と未来は予感するという今において交錯しているのであり、そこでは既知であるはずの過去が未知へと投げ出され、その結果、今は、既知である過去の根拠も予定されるべき未来像も失った不確実性の中に、宙吊りにされていく。過去の経験の警句的な読みとは、予感という知覚と宙吊りにされた今において遂行されるのである。

ではこの不確実性の中で、いいかえれば予感という知覚において、何が獲得されるのか。まず、過去の経験から浮びあがった未来へと継続する今の危機(疾患)は、今における法や統治(治療)の対象とは異なる相貌をもつ警句的な存在として、設定されることになるだろう。この時点で医者であることは、既に放棄されている。しかも未来へ継続する危機は、予定でも、予測でも、運命でもなく、今における作動態として設定されるだろう。このようにして設定される今は、新たな法に向かうことが予測される力の作動状況であると同時に、そこには予測には収斂しない統治とは別の力学の展開が、いいかえれば未来を別物として措定する好機が、常に存在する。未だ決着は、ついていないのだ。

身構えが症候学的に暗示する事態は、多くの場合、結果的には鎮圧や新たな法を導くことだろう。確かに身構えている状況は、次の瞬間における暴力の作動、あるいは新たな法の登場を暗示しているといえる。だが身構えが、鎮圧あるいは法といった事後的な結果においてのみ記述されるならば、その記述は既に鎮圧の歴史あるいは統治の歴史でしかない。「負けてしまったのはこういう原因からだ」という誤った因果律にもとづく歴史記述は、それがいかに良心的で、過去に殺された者たちへの同情に満ちていようと、拒否しなければならない。したがって要点は、身構えから継続する危機を引き出し、そこに別の未来の可能性をいかに記述するのかという点にある。

身構えとは、ある社会のある時期の身振りではない。そこから警句として予感されるのは、未知なる存在としての待機中の暴力であり、その今における作動である。そしてまさしく、過去の結果と未来への予定という因果律において定義されたはずの現在が宙吊りにされる不安定な状態において、今何をなすべきかという問いが思考可能になるのである。そこに、圧倒的弱勢の位置における、暴力に抗する可能性がある。

暴力が既に傍らで行使され、次の瞬間の作動も予定されたものであるとしても、いいかえれば銃殺の順列通り作動することが十分予測されたものであるとしても、いまだ決着はついていないのだ。暴力は、依然としてどこまでも未知なる存在であり、かかる意味において待機中である。またこの待機中の未知なる暴力は、過去の経験においてすでに暗示されているのであり、その過去の経験から待機中の暴力を夢として予感することは、今における暴力の作動を察知することに他ならない。そしてこの今における暴力の作動は、殺されてしまった過去の経験に歴史的根拠をもっているわけでもなければ、予測される未来の暴力に向かうレールの上に位置しているわけでもないのだ。作動中の暴力を、何をなすべきかという問いにかかわる闘うべき状況として思考するには、過去を過去として対象化し未来を未来として予測するのではなく、宙吊りにされた現在において遂行されるこうした予感という知覚こそが、求められるのである。

## 4　確証する

この予感するという用語について、さらに次の二つの文章を重ねよう。一つ目はジル・ドゥルーズとフェリックス・ガタリ（以下ドゥルーズ＝ガタリと記す）による「戦争機械（La machine de guerre）」にかかわるもの、二つ目はピエール・クラストルによる「国家に抗する社会（〈La société contre l'Etat〉）」にかかわるものである。

> 国家はすでに出現する前から、これらの原始人社会がその社会の存続のために祓いのける現勢的な極限として、もしくはこれらの社会が収斂していく点、みずから滅びることなくしては到達できない点として作用している。……祓いのけることは、同時に先取りすることでもある。確かに、国家が実際に出現する仕方と、国家が祓いのけられる限界としてあらかじめ存在している仕方とはまったく異なるのだ。そこには否定しがたい偶然性が介在している。しかしいまだ存在しないものを「予感」するという考えに肯定的な意味を与えようとすれば、いまだ存在しないものが、存在しているのとは異なった形態のもとで、どのように作用するのかを示さな

ければならない。(43)

ここでドゥルーズ＝ガタリにおいて述べられている予感（pres-sentiment＝感傷の手前！）とは、国家という未知の存在を登場予定の存在としてではなく、「存在しているのとは異なった形態のもとで」、それを思考することを意味している。国家を祓いのけ続けるには、このような予感という知覚を伴う思考が必要なのだ。そしてこの戦争機械にかかわる文章は、「強制力もしくは暴力が不在のとき、権力について語ってはならないのか」という問いから開始されたピエール・クラストルの思考から、導かれているのである。したがって、「原始人社会」が「みずから滅びることなくしては到達できない点として」国家が作用しているというドゥルーズ＝ガタリの記述は、グアラニ社会の予言者についてのクラストルの記述と、重ね合わされなければならない。

古の野生の世界がその基礎からゆらいでいるという感覚に把えられ、社会的、宇宙的破局の予感に悩まされつつ、予言者たちは、世界を変え、別の世界に移り住むべきであると、すなわち、人間の世界を捨て、神々の世界へ到達すべきであると決めたのだ。(44)

クラストルが「国家に抗する社会」において発見したのは、「不在において何かが存在する」(45)（強調、原文）ことを予感し、こうして予感された国家という暴力を、今において祓いのけ続ける思考なのである。いまだ存在しない国家を予感し、今においてその登場を祓いのけ続ける「国家に抗する社会」。クラストルが予言者たちの言葉に発見したこの予感という知覚を、ドゥルーズ＝ガタリはさらに戦争機械を思考することとして、引きついでいるのである。すなわち、未知なる存在としての暴力の位置に戦争機械は設定されているのであり、あらゆる既知の暴力は、その代補に他ならない(46)。いいかえれば戦争機械とは、暴力を既知に閉じこめることなく永遠に未知の存在として、すなわち予感すべき存在として再設定するための認識装置なのだ。戦争機械はかかる意味において永遠に実現しない外部に存在する理念なのであって、永遠に待機中の暴力に他ならず、既知の存在としての暴力において予感される存在でしかない。

そして最も重要なことは、こうした予感という知覚により感知される暴力こそ、身構えている状態が暗示する暴力だということだ。圧倒的弱勢の位置から、あるいは死体の傍らにいる位置から暴力を感知するとき、その者は身構えている。そして身構え続ける限り、感知された暴力に対して何をなすべきかという問いを思考しうる可能性は、依然として存在し続けるのである。既知の世界において弱勢に位置しているとしても、思考すべきは未だ不在の暴力の、今における形態であり、かかる思考においては、その暴力は闘うべき状況の中に依然として存在しているのだ。圧倒的な弱勢の位置において身構えている誰かを、既知の暴力に圧殺されることが予定されている存在としてではなく、あくまでも未だ決着がついていない状況において存在せしめるには、その者が暴力にかかわって作動させている知覚が、自由な観察や計算ではなく予感という知覚であるということを、まずもって知る必要があるだろう。そしてその予感という知覚は、全体主義を思考する奥野のものでも、戦争機械を思考するドゥルーズ＝ガタリのものでもあり、また私のものでもある。

さて、予感という知覚に自らの思考を重ねようとするとき、ただちに問うべきは、こうした予感という知覚に誘引された思考は、いかなる記述において表現されるのかという問題である。この思考はいかなる文体において、遂行されるのか。というのも、記述をめぐる議論の迂回において一貫して問題にしたいのは、この予感という知覚が記述するという営みとどのように繋がるのかという点に他ならないからだ。たとえばドゥルーズ＝ガタリは、この点について次のように述べている。

戦争機械の外部性は同様に民族学によって確証される(今は亡きピエール・クラストルを讃えて)。(47)

だがしかし、この確証する(attester)という動詞は、いかなる文体を招き寄せることになるのだろうか。民族学によって確証されるとするなら、この確証にかかわる記述の文体と民族学の民族誌記述とはどのような関係にあるのか。あるいは、戦争機械を思考することにおいてなされるべき記述は、資料や聞き取りという領域とどのようにかかわるのだろうか。

こうした問いは、ドゥルーズ＝ガタリが提起した戦争機械を思考するということを、より精度の高い症候学に邁進することなく遂行しつづけるためにも、必要な検討課題である。彼らの戦争機械についての議論には、多くの民族誌記述が登場するが、主要には次の二人の人類学者によるものである。一人は先ほど述べたクラストル、そしてもう一人は、レヴィ＝ストロースである。そして検討すべきは、ドゥルーズ＝ガタリのいうように戦争機械という理念が民族誌により確証される際、この二人の民族誌にはいかなる役が割り振られることになるのかという点である。戦争機械を思考することが、果たして民族誌が想定するような一つのある社会のある時代のこととして、設定されうるのだろうか。あるいは、そもそもいかなる記述が民族誌なのか。またあるいは、この二人の民族誌記述と、戦争機械の確証がそれぞれどのように符合し、また反発するのか。

確証をめぐるこうした問いに対しては、さしあたりドゥルーズとフーコーに対してなされた、やや理不尽ともいえるスピヴァクの批判を念頭においておく必要もあるだろう。つまり、彼らの持ち出した「現実」に対し、スピヴァクは、「それは先進資本主義諸国のネオコロニアリズムの正当化の基礎をなしている実証主義的経験主義がみずからの闘争の場を「具体的経験」や「実際に起こっていること」に定位するのに手を貸してきた」とし、「知識人のはたしている歴史的役割にかくも無批判でいながら、被抑圧者の具体的経験を価値づけようとする立場」として批判するのである(48)。またスピヴァクは、ゲイル・ルービン、ジャン＝フランソワ・リオタール、ロバート・モーリスさらにレヴィ＝ストロースに言及したうえで、「西欧がなした最も洗練された思想あるいは行為を批判したり是認したりするために、静態的な民族性を他者に割り振るという傾向性」を指摘し、「私たちはこうしたあまりにも魅力的な展開による奇妙な政治に対して警戒する必要があると考える」

と述べている。[49]

ここでスピヴァクのこうした批判を戦争機械における民族誌記述の問題として設定する際、レヴィ＝ストロースをめぐって既に展開されたある批判の再読を、一つの焦点としてとりあげたい。すなわち、戦争機械における民族誌をめぐる問いは、ある社会や歴史を語る言語行為に関わる問題なのであり、そこではデリダのあのレヴィ＝ストロース批判が、やはり議論されなければならないだろう。スピヴァクの批判は、さまざまな葛藤を含みながらも明らかにデリダのあの激しいレヴィ＝ストロース批判の延長線上に位置している。またこうした民族誌記述における言語行為の位置については、浅利誠が指摘するように、言葉の不在をめぐるレヴィ＝ストロースとシュールレアリスム、とりわけブルトンとの交錯する関係にも考慮する必要があるだろう。こうしたレヴィ＝ストロースの記述をめぐる批判の潮流を、戦争機械をめぐる議論に介入させることにより、この確証するという動詞が引き寄せてしまう文体の問題を検討する。またこうした文体にかかわる議論の中で、レヴィ＝ストロースとクラストルの違いの意味が、明らかになるだろう。

## 5　先取りする

さて、前述したように、ドゥルーズ＝ガタリにおいて予感とは、国家という未知の存在を登場予定の存在としてではなく、今において祓いのけ、交渉し続ける対象として知覚し思考することを意味していた。またそれは、予言者たちの言葉からクラストルが導いたものでもある。しかし、この予感という言葉をめぐる両者の関連性において、ドゥルーズ＝ガタリがクラストルの記述を次のように批判していることを看過してはならない。

彼には原始社会を一つの位格(hypostase)、自足した実体と見なす傾向があった。[50]

また、「クラストルは、その最晩年の仕事において、反国家的社会の先住性と自律性という考えを曲げず、この社会のメカニズムは、この社会が祓いのけようとするいまだ存在しないものに対する予感、あまりにも神秘的な予感によると考えていた」[51]とも批判している。クラストルは国家に抗する社会を「実体的」で「自足的」な存在とみなし、こうした社会に所属する「神秘的な予感」こそ、未だ存在しない国家を祓いのけ続ける源であると考えているというのだ。ドゥルーズ＝ガタリの確証という言葉には、クラストルへの圧倒的な共感とともに、その記述がある社会に事実化(＝歴史化)され閉じられてしまっているという認識と、「神秘的な予感」につつまれた予言者への批判が、含意されているのである。

ところで前述したように、戦争機械はこうしたクラストルのいう予言者の予感とともに、レヴィ＝ストロースの議論した双分制からも導かれている。ドゥルーズ＝ガタリは、この双分制から、権力に対する「先取り‐祓いのけのメカニズム(les mécanismes d'anticipation-conjuration)」[52]を発見するのである。

> 同じ一つの集落を、切片化され平等な関係をもつ集落として、また包括的で階層化した集落として、二つの仕方で記述できることをレヴィ＝ストロースは示した。そこには、水平な二つの切片に共通する中間点を先取りするものと、もう一つ反対に、一つの直線の外部にある中心点を先取りするものが、二つの潜在性として存在している。(53)（強調、原文）

すなわち、ここで述べられているのは、レヴィ＝ストロースが極めて幾何学的に提示したあの有名な双分制のモデルである(54)。それは、同心円構造の中心という権力の登場を先取りしながら、その登場と祓いのけ続けるシンメトリカルな構造をあわせもつという社会であり、静態的で閉鎖的体系に見えるシンメトリカルな村落構造は、同心円的双分制の中心に向かって権力が形成され、村落が自分を超えて拡大しようとする運動を、不断に妨げ続ける社会であることが含意されている。レヴィ＝ストロースのいうように、「シンメトリカルな二元性に達しようとする一切の努力は同心円的双分制を前提に(55)」しているのである。そしてこの前提にされた同心円的双分制こそ、先取りされた未知の権力の様態を示しているのであり、シンメトリカルな二元性に達しようとする努力こそ、この未知なる権力を祓いのけ続ける営みに他ならない。そしてドゥルーズとガタリは、このレヴィ＝ストロースのいう「前提(supposition)」に先取り(anticipation)を、「努力(effort)」にお祓い

(conjuration)を、重ねるのである。

ここで問題にすべきは、くりかえすが、戦争機械という認識の是非というより、戦争機械を思考することにおいて、ある社会、ある時代に関わる記述というものが、何を誘引していくかという点であり、目指されるべきは、こうしたある社会ある時代に関わる記述によって誘引される事態への対処の仕方を探ることである。それはまた、身構えに関わる記述のための、留意すべき諸点でもあるだろう。そしてこうした諸点を探る為には、この二人の人類学者の戦争機械における位置関係を、再調整する必要があると考える。

未知であるが既に潜在している暴力を、クラストルは予言者の言葉から、レヴィ＝ストロースは村落構造に前提とされているシステムから、それぞれ記述した。そして戦争機械を確証する(attester)という営みにおいて、ドゥルーズ＝ガタリは、あえていえば、クラストルに予感(pressentiment)という知覚を、レヴィ＝ストロースに先取り(anticipation)という機能を重ねたのである。[56] この確証するという動詞をめぐる用語の微妙な違いが暗示する事態、正確にいえば戦争機械を思考するということに関わって両者の記述が誘引する可能性の違いを、ドゥルーズ＝ガタリがクラストルの記述を「自足的」と批判したことも含めて、再度議論しなければならない。

さて戦争機械において刻まれたレヴィ＝ストロースとクラストルのそれぞれの痕跡の微妙な違いを考えるためには、さしあたり師弟関係にあるとされるこの二人の人類学者の間に、どのような補助線を引く必要があるのだろうか。たとえば渡辺公三は、次のような見事な線を引いている。

『悲しき熱帯』に横溢する、高揚した、時には過激とも言えるペシミズムは、同時に、この世界から可能な限り遠い地点へ退くことによって、あまりに豊穣なこの世界に合流しようとする試みにも見える。それはひとつの過剰を過大な距離で中和しようとする平衡感覚などというものではなく、むしろほとんど触知しえぬズレをもってもっとも遠いものと最も親密なものとが一致しうるということへの確信、人類学というひとつの企てへの決意と言うべきものではないだろうか。これに対してクラストルは、ある意味では無防備なまま affective な関係あるいはパセティックなものへ直接向かおうとするように見える。そして未開社会の苛責ない加入儀礼に耐える戦士の沈黙に国家を斥ける優しさをも聞きとろうとするのだ。こうしたクラストルの態度には、もうひとつ別の、現実への身の処し方、信念あるいは決意があらわれている。(57)

レヴィ＝ストロースの偉大さは、結果的に了解される観察の明晰さではなく、明晰さを選び取るという意識的選択にある。すなわち「観察者自身が彼のなす観察の一部である」（強調、原文）ことを十分承知しながら、「自己を限りなく客体化（対象化）しうる能力」にレヴィ＝ストロースは賭けるのである。(58)だがこうしたレヴィ＝ストロースに対して、クラストルは沈黙さえ聞き取ろうと、無防備に戦士ににじり寄る。

ここでなすべきことは、この二人の人類学者の違いを類型化して論じることではない。両者の違いから考察すべきは、くりかえすが、警句を警句として記述するという可能性、すなわち、医者や観察者になることなく記述し続ける可能性を明示することにある。そこではやはり予感という知覚が問題になる。そしてこうした作業にとって、渡辺が指摘している両者の間にある言語行為への対処の違いは、極めて重要であろう。すなわちレヴィ＝ストロースがコミュニケーションの三つの水準として女性、財(労働)、言語を設定したのに対し[59]、クラストルは、「「記号」から交換価値が除去」される可能性、すなわち「女性、財、語から交換すべき記号としての機能」が奪われる可能性に注目しているのであり[60]、レヴィ＝ストロースが言語行為を、合意あるいは交換といったコミュニケーションの体系の上に設定しているのに対して、クラストルは合意や交換から離脱する可能性、すなわち「言葉がもはや交通の手段としては用いられず、「他者」への関係という「自然」な目的から逸脱」する可能性を[61]、言語行為自身の内部に見出そうとするのである。体系性を水準として区分しながら論じるレヴィ＝ストロースと、体系性から逸脱する可能性を体系性の中で交換される言葉そのものから探ろうとするクラストル。両者の言葉に対する基本的な構えの違いは、「双分制」と「国家に抗する社会」という記述された社会の直喩的な意味内容をこえて、いいかえれば戦争機械の確証のために動員された民族誌記述という両者に仮託された役割を超えて、戦争機械の記述の文体のあり方に、深く関与してくるだろう。

## 6 工作者(62)

レヴィ＝ストロースの民族誌記述において、言語行為がどのように扱われているのかという論点は、幾度となく議論になったあの「マルセル・モース論文集への序文」において展開されたマナあるいはハウをめぐるレヴィ＝ストロースの考えに、集約されているといってよい。またそこでのレヴィ＝ストロースの主張は、乱暴にいえば、「全ての世界論が構成する諸シンボルの体系においては、マナは単にシンボル的ゼロ値であるといえよう」という点に尽きる。(63) シニフィアンがシニフィエに対して過剰であるという不安定性を、言葉の不在すなわち欠如(ゼロ値)を設定することにより、一気に安定化、体系化させているのである。逆にいえば言葉は不在から一挙に誕生せざるを得ず、この「ゼロ値」としての不在の存在を指し示す記号として、マナやハウがある。そこでは、浅利誠が指摘するように、ブルトンがこだわりつづけた体系的なシニフィアンが派生する手前の地点、いいかえれば「ゼロ値」を前提して既に誕生したシニフィアンではなく、シニフィエにとり憑かれた「アウラを帯びたシニフィアン」は、思考の前提からあらかじめ排除されている。(64)

またマナやハウを「ゼロ値」と呼びなおすことは、シンボル体系における無意識の設定とも関連する。

ハウは、問題が格別の重要性をおびていた特定社会の人間たちが、ある無意識的必然性を把握するさいにとる意識形態であり、この必然性の理由は別に存在するのだ。[65]

「別に存在するのだ」と記したあとで、レヴィ゠ストロースはモースをひきあいに出しながら、「原住民の理論を描写すべきなのか、原住民の事象について理論を作るべきなのか」と問いただしている。すなわち原住民たちは、シンボル的秩序の中で無意識なる存在を意識化し、言語化しようとしてハウを獲得するが、レヴィ゠ストロースはハウという名辞を再び無意識の闇の中に葬ったあとで、そこに「ゼロ値」という新たな学的名辞をあたえ、彼ら／彼女らの秩序の必然性を、新たに作られた理論でもって(再)解釈するのである。

ここでレヴィ゠ストロースの「理論を作る」という選択を問題化するためには、ゼロと理論的名辞としての「ゼロ値[66]」、あるいは無意識と理論的名辞としての「無意識」を区別し、後者が前者の言語化であることを確認しておく必要があるだろう。マナやハウがそうであるように、「ゼロ値」あるいは「無意識」も、言語化できない領域の比喩なのだ。そして問うべきは、理論の正しさや普遍性ではなく、この理論的比喩がもつ、パフォーマティブな側面に他ならない。すなわち原住民はゼロをマナと言語化したのに対して、レヴィ゠ストロースはゼロを「ゼロ値」として言語化し、原住民とは異なるシニフィアンの秩序を獲得したのである。「ゼロ値」による体系の理論製作者に身を置き直す人類学者レヴィ゠ストロースが、そこにいる。

レヴィ＝ストロースの転身において重要なのは、「ゼロ値」という名辞を導入した瞬間に、原住民と人類学者が、まさしく民族誌を記述するという営みにおいて、住む世界を分かたれるということである。いいかえれば、マナを「ゼロ値」に置きなおした瞬間に人々は原住民に、レヴィ＝ストロースは人類学者に、なる。また、レヴィ＝ストロースがデュルケイムとモースに対して、「彼らのマナの理論は、彼ら自身の思考の中でマナの理念が格別地位を占めるべきだという要請にもとづいて、この格別の地位が含意するさまざまな特性を、現住民の思考へとつぎこんだものにほかならないのではないか」[67]（強調、原文）と批判する時、マナをマナとして語る彼らは、レヴィ＝ストロースにとっては観察されるべき客体なのだ。前述したように、「自己を限りなく客体化」することに民族誌記述の軸を据えるレヴィ＝ストロースにとって、無意識とは自己と他者が出会う場所だとされている。「われわれはこの平面で、われわれ自身から逸脱せずに、しかも、同時にわれわれのものでもあり他者のものでもある活動の諸形態」に出会うのである。だがこの無意識にレヴィ＝ストロースは、マナではなく「ゼロ値」を設定し、新たな自分の世界へと旅立つのである。

だがマナとして比喩的に表現された無意識は、別の言語化をたどるだろう。それは「ゼロ値」のように乱暴な切断と新たな体系を一気に作り上げるのではなく、むしろ言語行為によりこれまでの体系が軋みを生み出していく介入的なプロセスである。そこでは言語化は、言語自体の秩序を揺るがしていく力として登場し続ける。それはまた、いうまでもなくクラストルが見出した、既存の秩序から不断に離脱していく言語行為の可能性でもあるだろう。

ここに観察者や医者とは異なる、工作者という言葉を設定したいと思う。また依然として、確信犯であるレヴィ＝ストロースが検討されなければならない。というのもシニフィアンの秩序の内部にいながら、潜在力を引き出し、何事かをなしうるという記述は、レヴィ＝ストロースのいうブリコルール（器用仕事者）に極めて近いからである。そこでは、安定したシニフィアンの秩序は前提にされてはいない。

ブリコルールが用いる資材は、ある社会にあらかじめ存在しているのだ。「彼の使う資材の世界は閉じている」のである[68]。またブリコルールが行う作業は、設計され計算された計画にそって進行するのではなく、あらかじめ与えられた範囲の資材と、資材に隠されたいまだ実現していない潜在的な有用性に支配される。「もちあわせ」と「まだなにかの役にたつ」が、ブリコルールたちの合い言葉なのだ。したがってブリコルールは、仕事への支配力を完全に持つことはありえず、仕事を規定している力はそれぞれの資材に分散されて存在している。これに対して、エンジニア（技術者）の使う資材は閉じていない。またその資材の有用性は、既に透明であり、計算し得るものである。エンジニアたちは計算にもとづいて計画を立案し、資材を調達し配置していく。そこでの行為の意志は、完全に技術者に帰属する。

こうしたエンジニアとの対比の中でレヴィ＝ストロースが設定したブリコルールは、自らの行為に関わる意志が実現予定のものとして当初から設定されえないがゆえに、自分が何を目的としているのか、何をなさんとしているのか、そして自分はなにものなのかという主体に関わる基本的な問いに対しては、いつも完全には答えることはできない[69]。すなわち「器用仕事(bricolage)の唯一の弱点——だが器用仕事という資格においては、これは克服不可能ではあるまいか——は、自己を隅から隅まで自己自身の言説で正当化しえないということである[70]」。そして、このようなレヴィ゠ストロースが「未開社会」の「野生の思考」として見出したブリコラージュにおいて、今繰り返さなければならないのは、デリダがレヴィ゠ストロースに向けて発した次の問いである。

たしかにこの民族学者が自分を「技術者」あるいは「器用仕事者」(bricoleur)と考えているかどうかは、なお自問されねばならない[71]。

ブリコルールであるということと観察対象をブリコルールとして認識するということは、決定的な違いを生む。またデリダに即していえば、この問いはさらに重大だ。というのも、デリダにとってレヴィ゠ストロースがいうような、「あらゆる器用仕事と手を切った技術者という観念は、創造主義的神学に依存している」のであり、「ただそういった神学だけが、技術者と器用仕事者との厳密で本質的な差異などを信じることができるのだ[72]」。したがって、「完全な言語表現はみなある寄せ集め細工的な作業(ブリコラージュ——引用者)をせざるをえないことをみとめ、技術者も学者もまた一種の寄せ集め細工であることをみとめると、寄せ集め細工という発想そのものがたちまち脅かされることになり、それに意味を与えていた相違はただちに解消してしまうことになるのである[73]」。

彼ら／彼女らがブリコルールであると民族学者が記述することは、その記述自身がブリコラージュでしかないにもかかわらず、別の記述であるかのような区分を引き起すのである。マナを「ゼロ値」に置き換えた時と同じく、レヴィ＝ストロースは彼の記述自身によって二つの世界を作り上げる。だがここでもなすべきことは、ブリコルールであるにもかかわらずエンジニアであろうとするレヴィ＝ストロースを、神学者として批判することではない。そこで議論すべきは戦争機械に関わる記述が、二つの分断された世界を遂行的に作り上げてしまう危険性であり、予感という用語において追求すべきは、二つの世界に区分けするのではなく、両者を繋いでいくような記述の可能性に他ならない。戦線は個別に設定されるべきではなく、またさしあたり既に物質化してしまった個別の戦線は、神によって統括されるべきでもないからだ。

次に、こうしたブリコルールとエンジニアという類型を解除した上で、レヴィ＝ストロースの民族誌記述がなぜ、分断された二つの世界を作り上げていくのか検討しなければならない。結論から言えば、「彼の使う資材の世界は閉じている」というためにレヴィ＝ストロースが前提にしているのは、フィールドという領域である。それは、ひとつには経験的なものとして、また他方では、「声の届く範囲に対する賞賛」[74]として提出されている。レヴィ＝ストロースにおいてブリコラージュが、フィールドにおけるブリコラージュでとどまりつづけるのは、まずはそれがあくまでも経験的な世界の産物であるからに他ならない。逆にいえば、レヴィ＝ストロースが自らの構造主義を経験主義批判として登場させるとき[75]、ブリコラージュは経験世界に封印され、自らはその外に躍り出るのである。またこうした経験の世界は、言葉の世界における種別化によってもささえられている。対面関係により営まれる話し言葉の世界こそ、民族誌記述の彼岸にある世界(フィールド)なのだ。そして周知のように、この話し言葉という領域こそ、デリダが「認識論的音声=ロゴス主義」としてレヴィ=ストロースを批判する最大のポイントを形成しているのである。すなわち「民族学的告白と民族学者の理論的言説の境界線(76)」を引くために、「文字に或る特殊性を与え、話し言葉はそれを免れていると結論付ける(77)」のである。

この言葉の種別化は、いいかえれば、話しているのに話しているとは見なされず、また書いているのに書いているとはみなされないという事態に他ならず、この事態は文字どおりフィールド・ワークという営みの中で、確認され、維持されていく。スピヴァクがデリダのレヴィ=ストロース批判を引きながら、「ネイティブ・インフォーマントとしてのジェンダー化されたサバルタンがこうした民族誌的な偏見(a version of ethnographic prejudice)の解釈により沈黙させられる(78)」と批判したのも、こうしたフィールド・ワークという営みに他ならない。そしてこの言葉の種別化による記号の分類の中で、言葉がコミュニケーション以外の何事かを成し遂げているという痕跡が、消し去られていくのである。線を引くことは、書くことの外へ、もごもごいうことは話すことの外へと葬り去られるのである(79)。

言語行為がブリコラージュであるならば、例えば話し言葉はいつも不完全であり、話しきらない何事かをたづさえていると見なさなければならない。またそれは、クラストルの言葉に対する基本的な構えでもあるだろう。そろそろ確証するという動詞から、クラストルの予感という知覚を、救い出す時が来たようだ。

## 7　再　開

レヴィ＝ストロースはマナ、あるいは無意識に隠されていた力を、理論的名辞により再度埋葬してしまった。だがマナや無意識は、「ゼロ値」として静態的な秩序を措定する原理ではない。「無意識という言葉があらわしているのは、もはや超越的な組織平面を支配する隠れた原理ではなく、構築されるにつれて自らの表面上にあらわれてくるような、内在的な存立平面のプロセスである。無意識は作られるべきものであって、見出されるべきものではないのだ。もはや意識－無意識の二項機械は存在しない(80)」。

マナをマナとして書き繋ぐということは、シニフィアンの不安定さの中で記述しつづけることである。あるいはその不安定性を、力として引き寄せることである。ゼロあるいは無意識の位置に封印されていたものが、存在を主張し始め、言葉を獲得しはじめる時、これまでのシニフィアンはざわめき、不安定に陥り、体系は崩れ、そして開かれていく。それは、例えばレヴィ＝ストロースの「ゼロ値」のように、新たな秩序あるいは支配の到来、すなわち全称命題の登場の予感でもあるが、こうした再度の埋葬に抗しながら、力を力として引継ぎ、戦線を拡大していく好機の予感でもある。言葉の外に存在していたものたちが言葉を持ち始めることは、かかる意味において危険性と可能性を併せ持っているのだ。いま目指すべき記述を、マナと「ゼロ値」の間にとどまりつづけ、力の封印をときながら再度の埋葬に抗しつつ遂行される記述に設定しよう。それはまた、症候学から出発しながらそれを病巣の発見で終了させないことでもある。「文字は警句のように生きていく」(81)のである。

またこの記述においてシニフィアンのざわめきは、もはや原住民のものでも、民族学者のものでもないだろう。このざわめきは、体系的なシニフィアンの領域において与えられる安定した彼ら／彼女らにも、彼ら／彼女らから切断された私たちにも、依拠しない。あえていえば、シニフィアンの不安定さの中から予感という知覚において見出される私たち、いいかえれば、新たな支配を呼び込むことを拒否しながら安定した秩序に安住することのない「困難な「わたしたち」(82)」が、記述において遂行的に見出されていくのみである。そしてシニフィアンの不安定さが、暴力の濫喩的表現と重ね合わせられるとき、いいかえれば戦争機械にかかわる言語表現の問題として設定されるとき、この「困難な「わたしたち」」は、身構えている。

このような記述に関わる記述者と言葉との関係は、安定したシニフィアンの体系内部にとどまりつづける行為者でもなければ、その外に位置する観察者でもないだろう。さしあたり体系をなすシニフィアンの中にあってそのシニフィアンに別の潜在的な可能性を予感しつづけながら、その潜在力を未来への可能性として記述しつづけ、また記述しつづけるということそれ自身において、自らも転戦していくようなそんな記述者と言葉の関係が想定されている。そして工作者とは、この記述者のことだ。クラストルの民族誌を確証に使いながら、それを「自足した実体」としてしまったことにより中断されたのは、戦争機械を思考することに関わるこうした記述の可能性である。双方制から「先取り－祓いのけのメカニズム」を導く過程で生じたであろう予感から先取りへの動詞の微妙な飛躍は、この中断の痕跡でもあるだろう。

そして、圧倒的な弱勢の位置において身構えている誰かを、既知の暴力に圧殺されることが予定されているある時代のある社会の存在としてではなく、あくまでも決着がついていない今の状況において存在せしめ、かかる状況における暴力に抗する可能性をそこから思考するために、記述は予感において再開されなければならない。身構えは、分断されたある時代のある社会の身振りとして解釈され分析されることを求めているのではなく、予感において再開されるべき記述を断固として要求しているのである。四貫島の主人の身構えは、微視的、解剖学的探索を求めているのではなく、記述者に予感という知覚にもとづく記述を求めているのである。そしてここでいう予感とは、くりかえすが、今検討したような戦争機械にかかわる思考のありようを示しているのであって、思考が飛躍のたびにずれたり脱線したりしないために時には直接言及されることはあっても、重要なのは、当然ながら思考することであり、かかる意味で思考の連結機のようなものである。

今、沖縄という言葉に出会うたびに私の中に滓のように溜まりつづける違和感が、言葉ににじり寄っていく。それは観察でもなく解釈でもなく、予感と共に開始される思考である。この思考の初発は、多くの場合、微視的な症候学と近似するのであり、身構えといった領域が観察対象として据えられている。まずは症候学から出発しなければならないのだ。だが、そこから転戦を開始しなければならない。身構えを他者の身振りとして分析するのではなく、そこに剝き出しのまま放置されている神経系に自らが接合し、予感と共に記述を再開しなければならないのである。

# Ⅲ　伊波普猷へ

帝国主義にとって沖縄人が日本民族であるとか、ないとかというのが問題なのではなく、戦前・戦後・現在を通じて「沖縄人」でなければならなかったのである。そして我々は日本人ではない。したがって沖縄人が日本民族の一員になろうとするとか、沖縄民族なるものをつくりあげようとするのは無意味である。我々は沖縄人として闘い、沖縄人として解放される。(83)

——沖縄青年同盟

## 1　「三国人」

今日の東京をみますと、不法入国した多くの三国人、外国人が非常に凶悪な犯罪を繰り返している。もはや東京の犯罪の形は過去と違ってきた。こういう状況で、すごく大きな災害が起きた時には大きな大きな騒じょう事件すらですね想定される、そういう現状であります。こういうことに対処するためには我々警察の力をもっても限りがある。だからこそ、そういう時に皆さんに出動願って、災害の救急だけではなしに、やはり治安の維持も一つ皆さんの大きな目的として遂行していただきたいということを期待しております。(84)

二〇〇〇年四月九日、陸上自衛隊練馬駐屯地において行われた創隊記念行事での石原慎太郎東京都知事の「三国人」という発言は、ある人の心には深く突き刺さり、またある人の耳には共感とともにあっさりと聞き流された。ここでは、「三国人」という言葉の歴史的定義や、石原の現状認識の真偽が重要なのではない。問題なのは、人々の間に響きわたったこの言葉の残響音を、どのように聞き取り、その残響音により刻印された傷痕をどのように見出し、その傷痕において今もなお継続中の余震をいかなる事態として記述するのかということだ。

もちろん、石原の発言が、グローバル化の中で展開する「世界都市」を再領有しようとする国家の再定義と、その中でめざされる軍事的暴力の再配置、軍事の警察化という事態にかかわっていることはいうまでもない。それはまた、ポスト冷戦にむけた植民地主義の新たな継続でもある。私たちは依然として池田のいう「進出」の時代に生きているのである。

だがこうした説明(=分析)だけでは、圧倒的に不十分である。なぜなら、くりかえすが暴力とは、それが物理的に行使されることにおいてはじめて機能するのではなく、その存在が暗示された時点ですでに作動しているのである。従って「三国人」という言葉が暗示する軍事的暴力の再配置は、その計画が具体的に実現されてはじめて機能するのではなく、その存在が暗示された時点ですでに作動しているのである。暗示は未来予測ではなく、すでに始まりなのだ。「三国人」において暗示される既に作動している暴力を感知し、予感と共に描きなおされる今において、暴力に抗する可能性が引き出されなければならない。

石原の「三国人」発言を聴き取った目取真俊は、祖母について記述しはじめた(85)。沖縄の今帰仁から神奈川の紡績工場に働きに行き、関東大震災の半年前に帰郷した目取真の祖母は、その震災について伝え聞いた話を、目取真にまた聞かせていたという。「標準語がうまくしゃべれない沖縄人が、朝鮮人と間違えられて殺されそうになった」。石原が発した「三国人」という言葉は、目取真に、この祖母の話を想起させたのだ(86)。

この目取真の記述は、祖母の思い出話でもなければ、沖縄近代史の証言でもない。それはまずもって石原が放った「三国人」の残響音なのであり、グローバル化の中で再編されつつある植民地主義の、いいかえれば池田のいう「進出」の時代の戦況を形成している。またそれは戦況であるがゆえに、いまだ決着がついていない未来への見取り図を、今において予感する作業でもある。記述することが、残響音を蘇らせ、傷痕をうきだたせ、余震を闘争の一部として提示し、新たな戦況の展開を生み出すような可能性。石原の「三国人」にかかわって追求すべきは、雑駁にいえば、こうした記述の可能性に他ならない。
目取真が想起したおばあの関東大震災の話とは、いかなる事態なのか。たとえば沖縄研究者として知られる比嘉春潮は、この震災のさなか、東京にいた。一九二三年三月に東京に来て改造社の社員だった比嘉の淀橋にあった家に地震の数日後の夜半、自警団が訪れた。(87)

「朝鮮人だろう」(自警団)
「ちがう」(比嘉春潮)
「ことばが少しちがうぞ」(自警団)
「それはあたりまえだ。僕は沖縄のものだから君たちの東京弁とは違うはずじゃないか」(比嘉春潮)
「何をいっているんだ。日清日露のたたかいで手柄を立てた沖縄人と朝鮮人をいっしょにするとはなにごとだ」(友人)

比嘉たちの言い分は「私たちは朝鮮人ではない」ということであり、この主張は最終的には受け入れられ、結果的に比嘉たちは難を免れた。この比嘉の体験談にみられるこうしたダイアローグは、震災後のこの時期には様々な場所で流通し、多くの場合、「私たちは朝鮮人ではない」という言い分は承認されていったのである。だが後述するように、問題は難を逃れたという結果ではなく、そこにいたるプロセスであり、そのプロセスにおいて何が生起しているのかということだ。

またこのダイアローグは、繰り返し引用した「君達も間違われて殺されないように」という教師の発言と同様に、沖縄と朝鮮の差異を示すものとして、さしあたりは納得されるかもしれない。「朝鮮人」と「沖縄人」の間には帝国内部の種差が確かに存在するのであり、こうした帝国の階層構造を分析する者もまた、その一つの確証としてこの証言を読み取ることだろう。沖縄は植民地だが朝鮮とは違う。そう、半植民地。あるいは、国内植民地。[88] だが、東京駅前で丸焦げの死体の横を通りすぎ、首里出身の友人が「殺されたとしか考えられない」と思っている比嘉において、「朝鮮人」と「沖縄人」の違いとは、なんだったのか。彼が「ちがう」といって自らを提示した時、そこで生じた事態は、事後的にそして学的に考察される帝国の種差に還元して記述されるべきではないだろう。

あるいは、比嘉が自警団に「ちがう」といったとき、それは殺す側に振り込まれることを受諾した言い分としても了解されてしまうかもしれない。「日清日露のたたかいで手柄を立てた沖縄人」という友人の言い分は、黒焦げの死体が横たわっている状況において聞き取られなければならないのだ。そしてこの言い分を読むものは、比嘉の文章においてはさしあたりは発せられていない自警団の言葉を、想像すべきである。「ならば殺してみろ」。

わたしが日本人に殺され、沖縄人を殺し、朝鮮人を殺したのだ。[89]

何度もくり返すが、学的に措定された帝国内部の位置をめぐって、国内とも植民地とも分類されないあいまいさを、沖縄は幾度となく割り振られてきた。したがってこの比嘉の証言をどのように読むのかということは、沖縄と植民地主義の関係にかかわるもっとも基本的な構えに関わる問題でもある。そしてはっきりしていることは、この会話を、帝国の階層構造の証左として、あるいは明確な殺す側、殺される側に括りなおして読むならば、比嘉において引き起こされていた事態、そしてその事態を「三国人」にかかわる残響音として想起した目取真の介入は、その読みと記述という実践において、裁断され、封印されることになるということだ。

私たちは帝国の一員である。私たちは日本人である。私たちは日本社会のメンバーである……。沖縄をめぐって繰り返されてきたこうした主張は、そのつど承認され、おおくの場合、なんらかの合意を形成してきた。それはまた、労働市場への包摂にかかわる契約的合意にも重なっている。そしてこの合意形成の空間こそ、沖縄という歴史的地理的な領域を物質化してきたのである。沖縄は日本である。だから朝鮮とは違う。あるいは逆に、別の主張をかきあつめ、合意に至らない場面を沖縄にかかわる特有の事例としてとりあげ、そこに沖縄を割り振る者もいるかもしれない。植民地である証拠を収集し、そこに沖縄を割り振る。沖縄は、やはり、植民地だ。そして何度も指摘したように、日本である、植民地であるという繰り返された分類の中で沖縄は、放置され、引き裂かれることになるのである。重要なのは、日本であるというさしあたりの合意を、いいかえれば歴史的、地理的に物質化された沖縄という領域を、すなわち、「「沖縄人」でなければならなかった」ということを、(90)いかなる事態として考えるのかということなのだ。

四貫島の主人の沈黙がそうであるように、合意の中で事後的に綴られた饒舌やその饒舌のファイルとしての歴史が、綻ぶ微視的な瞬間がある。それは確かに、まずは症候学的にキャッチされる事態だろう。たとえば詩人山之口貘は、よく似た会話を二度ほど彼の随筆の中で文章にしている。一度目は一九三一年三月二日の『都新聞』(91)であり、二度目は一九五七年九月の『婦人画報』(92)である。会話の内容は微妙に違い、それが同じ会話なのか、それとも同じようなことが二度あったのかは定かではない。また二度目に書かれた時、その状況は戦時下になっている。ただこの会話が、山之口貘において保持されつづけていたことだけは確かだろう。それはこんな会話だ。

「沖縄の人達も、君に忠にということは考えているんだろうね」(ある文化人)

「外国人ではないんだからね」(山之口貘)

「それはそうだ」(ある文化人)

私たちは「外国人ではない」。幾度も繰り返されてきたこの質問と応答。そしてこのやりとりは、ここでもやはり、「それはそうだ」という合意を導いて終結する。そしてくりかえすがこのダイアローグの事後的な合意をどう読み、記述するのかということこそが、最大のポイントなのだ。合意とは異なる別の証言や証拠を探し求めることも、事後的な合意をその意味どおりに読み、追認することも、沖縄を分裂させ、展開中の闘いに封印をすることになるだろう。そして乱暴に言えば、封印されつづけている。

自分たちは「外国人ではない」という主張は、確かに受け入れられている。だが、それにもかかわらずそこには、合意とはいい難い事態が、同時に生じているのではないだろうか。この友人の質問は、既に尋問であり、傍らに「外国人」への暴力を待機させながら行われているのではないだろうか。というより、この尋問自身が、既に何らかの暴力の作動ではないのだろうか。既に暴力が作動しているがゆえに、山之口貘は次のような説明を、このやりとりの間にはさみ込むのではないのだろうか。詩の場合ならきっと書き加えないであろう説明を、貘はこのやりとりの間に挿入しているのである。付け加えられているのは、次の文章だ。

ぼくは、彼のその一言で汗びっしょりになった。もちろん冷汗である。

彼がもし説明を付加しなかったならば、ダイアローグを読む者は、「それはそうだ」という合意形成としてこの会話を解釈するかもしれない。そして今問題にすべきは、山之口貘がお節介にも説明を加えてくれたということではなく、「外国人ではない」という自己提示とこの提示にかかわる合意をいかに読み、記述するのかという点にある。冷汗において暗示されている暴力の作動と合意とは異なる事態を、たとえ冷汗について直接言及がなくても、合意の内部に見出しつづけ、記述するということ。これが沖縄と名付けられた領域について言及する際の、最低限の原則である。これから言及する伊波普猷のテキストがそうであるように、沖縄の思想、あるいは沖縄の歴史と呼ばれる領域には、事後的な合意の中に存在する冷汗が封印(鎮圧)されつづけているのである。それはまた、歴史に関わる記憶の圧倒的な非対称性でもあるだろう。この合意は、ある文化人にとっては瞬時に忘却され、獏にとっては冷汗としてその身体に刻印され続けるのだ。

自警団の尋問に対して比嘉は、「ちがう」といい続け、いい続けながら冷汗を流しつづけている。そんな比嘉を自警団は、「ええ、面倒くさい。やっちまえ」とどなりながら警察署に連行していった。そして淀橋署で巡査は、かれが朝鮮人ではないことを証明し、自警団は引き上げたのである。この一連のプロセスは、単に間違えられた経験でもなければ、自警団の排外主義的暴力を示すものだけでもない。重要なのは、比嘉の「ちがう」という言語行為において、「ちがう」という最終的に了解される結論には還元できない別の事態が、生起しているという点である。自警団とのやりとりの中で、比嘉は次のようにつぶやいている。

私としては、淀橋署に奄美大島出身の巡査がいるのを知っていたから、ここで事が面倒になるより、署へ行った方が安全と思ったのだった。(93)

大体、近所の連中もわれわれが朝鮮人ではないことは知っていたはずだ。社会主義者というので危険視されたにちがいないので、安心できない。(94)

奄美大島出身者、社会主義者……。「ちがう」といい続けながら比嘉は、こうした名称で呼ばれる人々との関係を、密かに呟やいている。この人々とは誰なのか。それは、比嘉の毎日の生活や付き合いの中で形成された人間関係に属するものであるだろう。そのような東京での日々の生活に根付いた具体的人間関係が存在するがゆえに、ここで奄美出身の巡査や社会主義者たちが登場していることは確かである。またこのような人間関係を微視的にそして症候学的に事実化していく歴史学的実証は、必要な作業である。だがこの人間関係を、沖縄と奄美の連帯だとか、社会主義者の可能性として定式化しないでおこう。その瞬間に記述者は、冷汗に共感しながらも、冷徹にそれを暴き、分析を進めるレヴィ＝ストロースへと身を翻すことになる。しかもレヴィ＝ストロースとは異なり、何の自覚もないままに。

暴力に身をさらされ続けるプロセスにおいて生起する事態は、結果的に暴力が行使されたり、されなかったりするということにおいて表現されるべきではない。さらされているという状態、待機中であるという状態において、冷汗を流す事態は既に始まっているのであり、こうした事態を生みつづけているという意味において、その暴力は既に作動している。また冷汗は、待機中の暴力に身をさらしながら自らを提示しつづける遡行的なプロセスがいつも存在しているということを、暗示しているのである。暴力に対する徹底した受動性に、潜在力がいつもとり憑いている。身構えとは、誰かの身振りのこととしてではなく、この受動性と潜在力においてこそ、記述されるべきなのだ。(95)

その潜在力を秘めたプロセスは、暴力の実際の行使において事後的に定義されるプロセスの中に同時に存在していると、さしあたりはいえるだろう。そして事後的に定義され続けているがゆえに、流されている冷汗は、殺されるかもしれない冷汗でもあり、同時にそれは殺してしまうかもしれない冷汗でもあるだろう。だが、殺すか殺されるかという予感は、あらかじめどちらかに振り込まれていることを前提にした予定ではないとしても、いまだ暴力が具体的に行使された殺す側と殺される側という結果に縛られている。前述したような本来の意味での予感という知覚の持つ可能性は、殺す側と殺される側に引き裂かれながら、さらに別の可能性を見出しつづけることにある。そして比嘉がつぶやいた奄美大島出身者、社会主義者は、まさしくこうした可能性が、比嘉の実生活のなかで顔をもった瞬間に他ならない。

だからこそその顔は、事実として定義された奄美大島出身者、社会主義者としてのみ分析されてはならないのである。こうした分析作業において、比嘉の切迫した情況における身構えは、事実確認的言説の中に埋葬されることだろう。予感という知覚においていかなる顔を見出すのかという問いは、比嘉の経験に委ねることでもなければ、奄美大島出身者、社会主義者をめぐる事実確認の問題として設定することでもなく、比嘉の「ちがう」という言葉に出会った者たちの、文字どおり応答責任にかかわることなのである。マナに対して記述する者が、そこに「ゼロ値」を与えることにより彼ら／彼女らの社会を(再)定義し、その瞬間に記述者である自分はその社会から離脱するように、比嘉の冷汗を、奄美大島出身者や社会主義者の冷汗として再定義することは、なんとしても避けなければならない。

目取真が、おばあの話から記述したのは、歴史学の史料となる証言の紹介でもなければ、関東大震災の分析でもない。それは「三国人」と発言した石原や、あるいは天皇の前で「君が代」を歌わなかった彼女に言及したあの男が力をもつこの世界において、私は「三国人」とは「ちがう」、あるいは私は「君が代」を歌ったと答える者たちの内部に、いかに別の可能性を作成するのかという工作者の記述なのである。目取真は、そのために関東大震災の記憶を接合したのだ。剝き出しのまま放置された神経に目取真は接合し、待機中の暴力を予感しながら、記述する。

## 2　伊波普猷へ

そして私も、暴力を予感しつづけながら、伊波普猷に向かい転戦をこころみる。次章から始まるであろう転戦の試みの前に、まずは、関東大震災における比嘉春潮の「ちがう」という自己提示に、一九一〇年、韓国併合直後の比嘉の日記における次の記述を重ねよう。

去月二九日、日韓併合、万感交々至り筆にする能はず。知りたきは吾が琉球の真相也。人は曰く、琉球は長男、台湾は次男、朝鮮は三男と。嗚呼、他府県人より琉球人と軽侮せらるる、又故なきに非ざる也。琉球人が琉球人なればとて軽侮せらるるの理なし。されど理なければとて他人の感情は理屈に左右せらるるものにあらず。矢張り吾等は何処までも「リギ人」なり。ああ琉球人か。(96)

まずここで表明されているのは、台湾や朝鮮と間違えられるのではないかという恐れである。「琉球は長男、台湾は次男、朝鮮は三男」という有名な表現において比嘉が示すのは、帝国の階層構造というより、その区分が流動化し重なり合う危険性に他ならない。また「理なし」という比嘉の自己提示は、こうした危機状況における暴力への予感の中でなされているのである。自分はなにものかという問いかけにおいて比嘉は、一方では植民地支配を受ける長男を自らの内部に発見し、他方では「ちがう」といって自己を提示しているのである。そして「ちがう」と述べるときに感知された暴力は、「台湾人」や「朝鮮人」に一直線に向かって行くものではなく、したがって「ちがう」ということにより、すぐさま回避できるものでもない。傍らに展開するが他人事ではない暴力を感知しているのである。そしてこの感知は、恐れであると同時に、新たな関係性への予感でもあるだろう。

「ああ琉球人か」には、「次男」、「三男」との関係にかかわるこうした恐れ、予感が錯綜している。後に比嘉が受ける自警団の「朝鮮人だろう」という尋問は、比嘉において既に自問されていたのであり、目取真がおばあの話というシナップスを経由してたぐりよせたのは、このような尋問あるいは自問の中で新たな関係性を見出す比嘉春潮に他ならない。

そしてこの「琉球は長男、台湾は次男、朝鮮は三男」を比嘉に告げたのは、比嘉が尊敬してやまない伊波普猷であった[97]。伊波は、東大卒業後帰郷し、韓国併合の年の一九一〇年に開館した沖縄県立図書館の初代館長に就任していた。「沖縄は長男、台湾は次男、朝鮮は三男」という言葉を比嘉に告げた伊波は、ほぼ同時期に、比嘉にある本を読むことをすすめている。アメリカ人のチャールズ・S・レヴェンワースの手により上海で出版された *The Loochoo Islands* (North-China Herald Office, 1905)である[98]。当時上海南洋公学で教鞭をとり、アロー号事件についての著作もあるこの米国人による同書の本文の最終章——「日本の琉球における植民地化」(Japanese Colonization in the Loochoos)。

これまでに述べてきたことから、これらの島々において日本人は植民者として多大な成功を収めたということは明らかであろう。……確かに日本人の琉球政策には大きな困難はなかった。というのも原住民(the natives)は従順で愛想がよいからである。この島々には〝首刈り〟はいないし、住民達にはマレー人の血はながれていない。大きな西表島の秩序を維持するのに四人の警官で十分だし、与那国では一人で十分である。依然として植民地化は、世界を見ればわかるように、どこでも決してたやすい事業ではない。たとえ我慢強い、従順な民族のいるところでも、支配を被ることに対しては、控えめだが頑強な、永続する多くの抵抗がしばしば起きる。だが、明かに日本人は、琉球人の心をつかみ、その結果反感もなく、その成功を確固としたものにしているようだ。中国の改革と独立、そしてアジアの復興(renaissance)のために奮闘している世界列強とともに、日本人の琉球での成功、そしてより最近の台湾での多大な成果は、いま日本の前に横たわる朝鮮の再統合と開発をめぐるより大きな、そしてたぶん険しい困難に対して、成功を約束している。(99)

比嘉が「沖縄は長男、台湾は次男、朝鮮は三男」と記した翌年の一九一一年に、伊波は『琉球人種論』、『琉球史の趨勢』、そして同年末には『古琉球』を刊行した。また同年には、河上肇が来沖し、いわゆる「舌禍事件」がおきている。「アジアの復興」をもたらすというレヴェンワースの植民地化の考えに対して伊波は、直接には何も言及していない。だがいま問題なのは、当時の植民論の中でのレヴェンワースの思想史研究的な位置でもなければ、レヴェンワースと伊波との植民論をめぐる比較でもない。(100)つまりこれから検討すべき問題は、伊波がいかなる植民地論を展開したのかということでもなければ、沖縄を植民地として分析したのかどうかでもない。

くりかえすが、思考すべきは、沖縄が植民地かどうかではなく、たとえばレヴェンワースが「琉球における植民地化」と表現した状況の中にあって、伊波が何を感知していたのかという問いである。すなわち、他人事として植民地主義を記述するのを拒否するために起点になるべきは、伊波の身構えであり、そして向かうべき問いは、その身構えにおいて予感された暴力をいかなる事態（可能態）として記述するのか、である。この身構えこそが、「沖縄は長男、台湾は次男、朝鮮は三男」という言葉、あるいはレヴェンワースの書を媒介にして見出されるべき、死体の傍らにとどまりつづける者としての、伊波と比嘉を繋ぐ連関に他ならない。

伊波は身構えている。そして記述者でもある伊波は、自らの中に身構えている者を見出しながら、その身構えにおいて予感されている暴力を記述しようとするだろう。そして、そこで予感される暴力こそ、抗するために描かれるべき植民地状況そのものであり、それはすでに脱植民地化の可能性である。この可能性は、「沖縄民族」に割り振ってしまうべきものではない。誤解を恐れずにいえば、伊波は、帝国主義の中で物質化された存在（＝「沖縄人」）に対して、「その存在を乗り越える限りにおいて存在と連帯している」[101]のである。そして私は、伊波の記述から症候学的に見出されるであろうこの伊波の身構えから、転戦を始めよう。

# 第一章　症候学

# I　占領と登記

一八七五年の樺太・千島交換条約、一八七九年の「琉球処分」により、近代日本の領土が確定した。それから十数年後の一八九二年と翌年の一八九三年、笹森儀助は、新しい北と南の国境線をあいついで視察した。国境防備の視察を目的に掲げるこの二つの探検には、南北国境線近くに居住する住民の「人種及風俗」が調査項目として含まれていた。[1] 彼の調査報告は『千島探験』(一八九三年)、『南島探験』(一八九四年)として公にされるが、『南島探験』の一部は、「琉球群島における人類学上の事実」というタイトルで東京人類学会の『東京人類学会雑誌』に連載されている。[2]

周知のように、近代日本は、アイヌ・モシリ、琉球、台湾、朝鮮、「南洋群島」、「満州」を次々に包摂し、その国家の範域を帝国として広げていった。またこうした帝国の歴史に対応して、一八八四年に小さな研究会からはじまり、二年後の一八八六年に東京人類学会として出発した日本の人類学も、帝国の範域の中に繰り込まれていった領土と住民を次々と観察し、研究対象にしていったのである。[3] たとえば鳥居龍蔵の調査の展開は、如実にこのことを示している。すなわち一八九五年の「遼東半島調査」以降、鳥居の調査地は、琉球、千島列島、台湾、朝鮮、「満州」へと拡大していったのである。[4] 後に人類学として語られることになるこうした調査は、何よりもまず軍事力により新たに抱え込んだ国家の領土に属する住民に向けられていた。この領土を代表する住民を調査し、彼ら／彼女らがどのような種類の存在なのかを観察し、記述していくこうした作業は、その作業を実行した人類学者たちがどのような意図を持っていたとしても、領土および住民の国家への登記に他ならない。

またこうした登記作業は、従来の知識の再コード化でもあった。江戸中期の天文学者であり外国地誌にも詳しかった西川如見の『四十二国人物図説』(一七二〇年＝享保五年)には、「朝鮮」「琉球」「答加沙谷(タカサゴ)」など四二もの「人物」の分類がなされている。そこには、全身図とともに短い説明が加えられており、たとえば「琉球」については、五人の人物像とともに、「琉球は南海中の島国なり。古は龍宮といふ。中古流求といひ、末代より琉球とす。暖地なり。北極地を出る事二十五六度」という説明がなされている。一九二〇年代になって膨大な人骨測定をもとにして日本原人説を主張した人類学者の清野謙次は、この西川如見の『四十二国人物図説』について「日本における まとまった人種図譜の嚆矢」[5]であるとし、「人種学に関する著述の先駆をなすものである」としている。[6] だがその一方で清野は、こうした江戸期の「人物図譜」と一八八四年に開始された日本の人類学との間には、人種を定義する方法において決定的な差異があることを見いだしている。すなわち清野は、一八七四年に刊行された抄訳のよせ集めである『世界人種編 上・下』(秋山恒太郎訳)に記載されているJ・F・ブルーメンバッハの有名な人種分類の紹介こそ、日本で最初の人種学の登場であり、この人種分類が「人物図譜」と決定的に異なるのは、「五人種の言語体質等を各別に記載し、体質に於いては特に皮膚、毛髪、目色、頭顱、身軀の割合、人身の体重、身体の強力等に就いて述べ」ているところに求めている。(7) そこには、「人物」を視覚的に表現する図像にかわって、身体や骨の各部から人種を構成する諸徴候を見いだしていく調査方法が、人類学とともに登場したことが含意されているのである。すなわちこの清野の指摘からは、図表にかわって人種を示すいくつかの徴候が設定されるということこそが、日本の人類学のはじまりであることがわかる。ありのまま写生し記述するのではなく、いくつかの限定された普遍的徴候の背後に人種を構成しようとする新たなコード化こそ、清野が人種の定義において注目した点に他ならない。(8)

一八五九年、パリにおいて世界最初の人類学会が設立されてから二五年後の一八八四年、坪井正五郎を中心として、日本の人類学会がスタートした。日清戦争前後における日本の人類学の基本的なモチーフを強引にまとめれば、前述した笹森儀助と同様に、領土内の人間をどう表象していくのかという問いがあった。確定されたばかりの領土内の人間を、いかなる人種として表象していくのかという問題こそが、のちに日本人種論とよばれる当該期の日本の人類学の課題だったのである。(9) こうした課題は、自分たちとは何かという問いかけよりも、さしあたり、北と南の国境線上に位置する住民は何者なのかという問いの様式をとった。そこで焦点になったのは、アイヌ・モシリと琉球列島に存在した住民たちである。彼ら/彼女らは、「アイヌ」、「アイノ」あるいは「琉球人」、「沖縄人」と命名され、症候学的に分析されていったのである。本章で考察したいのは、のちに日本人種論として表現された「アイヌ」と「琉球人」にかかわる症候学的言説である。

観察された徴候から「アイヌ」、「琉球人」という命名を行う人類学の性格について、注目すべきは、その人体測定学(anthropometry)としての特徴である。一九世紀の後半にパリ、ロンドンを中心に登場した人類学の特徴は、人体測定学と呼ばれたように、人種を示す徴候を観察するだけではなく、多くの人間の身体を測定し、人種を定義していくことにあった。こうした人体測定は、E・ベルツの『日本人の身体特性』といった直接日本を研究対象にした外国人研究者による研究から、導入されたという側面が強い。まっさきに「アイヌ」や「琉球人」が研究対象としてとりあげられたのも、いわばベルツらの外からの視線が、こうした人々を日本人種を論ずる際の研究対象としてとりあげた事に起因している。だがこうした人体測定は、当時日本に招聘されたベルツらによってのみもたらされたわけではない。

周知のように人類学による人種の定義は、人種間の優劣を科学的に定義する優生学や社会ダーウィニズムと一体になりながら展開したのであり、そこに一九世紀における帝国主義の拡大が、密接に係わっていることはいうまでもない。たとえばパリで人類学会を設立したポール・ブロカは、身体の中でもとくに頭蓋計測を重視し、頭蓋容量と人種の優劣を関連づけようとした。人類学は植民地住民として帝国に包摂された人々の毛髪、皮膚の色、体格、頭蓋容量、等をきめ細かく測定し、植民地支配下にある住民を劣等な人種として、定義していったのである。だがパリやロンドンで展開した当該期の人体測定学を特徴づけるのは、こうした人種の優劣を主張する優生学や社会ダーウィニズムだけではなく、スティーブン・J・グールドが指摘しているように、そこには数量化への傾倒がある。「もう一つの潮流が、これまた抗しがたい勢いで人間科学に押し寄せることになった。それは数字への魅力である」[10]。たとえば、優生学の父と呼ばれているフランシス・ゴルトンは、様々な身体測定の技法を開発した。ゴルトンは、一八八四年のロンドンでの衛生博覧会では測定機具を備えた実験室を展示し、博覧会に参集した人々の身体を次々と測定していったのである。

一八八六年において、すでにこのゴルトンによる身体測定は、日本に紹介されている[11]。ロンドンの衛生博覧会でゴルトンが展示した身体測定機具をとりよせるために、ゴルトンへ書簡を送った当時の理科大学長であった菊池大麓は、「模造し各学校等にそなへ置き広く日本人の身体を測定しその尋常の身丈、目方、視力、髪色、眼色等を定めんと欲するなり」と述べている[12]。こうした身体測定をめぐる同時代的連鎖において看取すべきは、領土と住民にかかわる新たなコード化にかかわって、数量化への傾倒が、日本の人類学においても明らかに存在したという点である。またこうした人体測定学においては、調査対象が「アイヌ」と「琉球人」に限定されるのではなく、全国民に向かっていた。たとえば、たびたび『東京人類学会雑誌』に掲載された羽柴雄輔の身体測定は、尋常小学校の身体検査そのものであった[13]。そこでは人種分類というよりも、人種に関わるコード化と国民を対象とする徴兵制や学校制度の展開との関係こそが、考察されなければならないだろう。またこうした人類学的調査と徴兵検査の重なりは、具体的な測定の現場においても看取し得る。たとえば坪井正五郎は伊豆諸島において住民の身体測定をおこなっているが、この人類学調査は、徴兵検査場において徴兵検査委員、陸軍中佐、軍医とともに行われている。[14] 人類学調査は、徴兵制にともなう国民の身体の測定と具体的な測定作業のプロセスにおいても重なり合っていたのである。

こうした新たなコード化において看取された数量化への傾倒とでもいうべき特徴と徴兵制や学校制度との関連は、近代統計学にもとづく諸統計においても指摘することができる。それは、明治初期のいわゆる統計熱と、一八七三年の徴兵令の発布ならびに一八八九年徴兵令改正による文字通りの国民皆兵制の登場との関連に他ならない。日本における近代統計学の開始は、坪井正五郎らが人類学を旗揚げした一八八四年の八年前の一八七六年であった。この年に杉亨二や呉文聡によって、のちに統計協会となる表記学社が設立され、一八八〇年には統計協会の機関誌である『統計集誌』が刊行されている。こうした日本の統計学の背後には、国民の軍事動員にかかわる身体測定とその身体的能力のデータ化という逼迫した要請が存在したのである。[15] また、こうした徴兵制に係わる身体の測定は、学校における身体測定としても展開し、一九〇〇年の文部省令「学校生徒身体検査規定」以降今日に至るまで、定期的に国民の身体は測定され、その膨大なデータは蓄積され続けている。[16]

またそれは、ゴルトンが作成した身体測定機具を「各学校等にそなへ置き広く日本人の身体を測定し」ようとした菊池大麓において、彼のいう「日本人の身体」が何を意味していたのかという問題でもある。菊池は「身体測定の用」について「個人の進歩」を第一に揚げた後に、次のように述べている。

統計上の用、一国の強弱はその国民の強弱による。而してその国民あるいはその一部局は身体上如何なる有様なりや。(17)

ここでは、個人の身体は国民の身体として定義されている。菊池における「日本人の身体」は、人種分類というより国民の身体とその強弱にかかわる問題だったのである。同じことは、近代統計学を作りあげたケトレに言及しながら身体測定について論じた三輪徳寛についてもいえる。三輪は、『東京人類学会雑誌』に「生体測定」と題された論文を執筆し、そこで「日本人」の「身体諸部の割合」を比較検討しているのである。(18)

測定された個人の身体を菊池や三輪が「日本人」の身体と命名するとき、そこには人種分類とは異なる近代統計学による国民の定義とでもいうべき問題性が看取されなければならない。いいかえれば、統計学は測定された身体を国民へとコード化したのである。またこうした身体測定は、犯罪統計、衛生統計、人口統計、労働統計、軍事統計の中で登場するのであり、そこで測定された身体は、栄養学、犯罪学、衛生学、教育学といった教育、医療・衛生、治安をめぐる諸学によってその意味付けがなされているのである。

以上のように、領土と住民の登記を行う新たなコード化とは、ある限定された特定の学知にかかわることではない。新たなコード化は、人類学、医学、優生学、衛生学、統計学、犯罪学、栄養学を横断しながら登場したのであり、そこに共通して看取されるのは、未だ何であるか知覚できない存在に対して、あらかじめ設定された徴候を調査し、そこから日本人にかかわるシニフィアンを構成しようとする症候学的な作業である。また序章で述べたように、症候学である以上それは、より精度の高い観察とその為の新たな制度を措定していくことだろう。さらには、こうした症候学により観察された徴候が、治療されるべき症状として設定されるとき、症候学は文字どおり新たな法と統治の展開の一翼を担うことだろう。

本章では、領土と住民の登記をおこなうこうした症候学的な作業を考察するが、以上のような概観からただちに了解されることは、この登記にかかわる症候学には、乱暴にいえば、二つの方向性が包含されているという点である。一つは人類学に象徴されるような、さしあたり人種分類としてまとめることのできる方向性であり、徴候から人種を定義していく作業である。人種集団を確定しようとするこうした作業は、次節で検討する日本人種論でもわかるように、日本人、あるいは日本人種という自己同一性と深くかかわっていると、さしあたりはいえるだろう。今一つは、統計学に象徴される展開である。そこでは、集団というよりも分割不可能な存在である個人が対象になるのであり、集団を分類により表現することよりも、測定された数値により個人を表現することが、一義的に求められるといってよい。この二つの方向は、学問分野において区分されるのではなく、融合し、干渉しあいながら展開する。国家が帝国として拡大しつづける中で、その領土と住民の登記は、こうした人類学と統計学に象徴される二つの方向性をもつ症候学により遂行されたのである。

こうした症候学に対してこれから問題にしようとしている点は、学知が日本人という自己像や日本人に対する他者認識を構築したということにあるのでもなければ、自己像や他者像が構築物であると暴露することを目的にしているわけでもない。こうした自己同一性に関わる論点は分析されるべきだが、問題にすべき焦点は、構築されたということにあるのではなく、症候学的観察が失敗しつづけるという点にこそ存在する。たとえば先に述べた症候学における二つの方向は、次節以降に考察するように、お互い癒着しながら、反駁し、混乱を生みつづける。そこでは、人種分類を目指すが分類しきれず、統計学的に個人を測定しながら再分類をこころみるが、それも完遂されないというプロセスが浮びあがるだろう。そして、この完遂されないということこそが重要なのであって、自己像であれ他者像であれ、表象が完成したことを前提にして、それらを構築物として暴露するということを、本章はめざしているのではない。症候学が作り上げるシニフィアンは常に安定しないし、登記は完遂されないのである。

こうした症候学について、今後の本書の全体の議論とかかわる点として、三点ほど注釈を加えておく。まず第一に、このシニフィアンの不安定性、あるいは登記の不断の失敗に、資本主義に関わる脱領土化(déterritorialisation)と再領土化(rêterritorialisation)の運動を重ねたいと思う(19)。具体的な考察は後段に委ねるが、市場の展開は、登記された領土や住民を交換価値をもつ商品として流動化させるのだ。確かに、「社会は、交換主義者ではない。社会は登記するものである。つまり、身体を交換することではなくて、この身体にしるしをつけることが仕事なのだ。身体は大地に属するものであるからである」[20]。だが市場は、「種々の流れを脱コード化し、社会体に対する登記様式の崩壊」を導くのである[21]。交換により引き起こされた崩壊は、すぐさま新たな症候学により補われ、社会はその姿を取り戻すが、しかしそれはまた次の崩壊への序曲になるだろう。二つの方向性として整理された症候学の性格規定は、単なる学知の融合の問題ではなく、この症候学による登記が、不断に脱領土化と再領土化にさらされつづけることの証左なのである。そして、こうした危機にさらされるプロセスの始まりであるという点にこそ、新しいコード化の含意がある。

ところで、序章においても述べたように、症候学の検討から引き出されるべきは、時期的あるいは地理区分された領域における学知と統治の関係性を分析することではない。症候学において見出されるべきは、観察されながらその観察の臨界において身構え(sur la défensive)つづける者たちであり、統治や暴力は、この身構える者たちにとって、それがどのように感知されているのかという点においてこそ、表現されなければならないのである。またくりかえすが、この身構えている者たちに対して求められるのは、その者たちを命名するためにより精度の高い症候学を導入することではなく、予感という知覚である。この者たちが身構えつづけながら感知した統治や暴力を、予感という知覚において記述するのである。次章を先取りしていえば、伊波普猷の記述は、自らの内部に身構えているなにものかを発見し、暴力を予感しつづけながら生み出されたものであるが、それはより精度の高い症候学に向かったのではなく、予感という知覚にもとづいて遂行されていったのだ。かかる意味においても、登記は失敗しつづけるのであり、これが第二の注釈である。本章は、こうした伊波の痕跡を思考するための、準備作業に他ならない。

第三の注釈は、この身構える者たちにかかわって、その者たちが潜む場所を領域化してはならないということである。またそれは、症候学の批判的検討という作業ともかかわっている。症候学の批判的検討は、症候学の外部に現場やフィールドを想定し、それを根拠に学知を批判することではない。こうした批判は、批判の根拠になる現実を他者に押し付ける現場主義と、より普遍的な場所に身を翻す無自覚な観察者を再生産することになるだろう。まずもって症候学からはじめなければならないのであり、その記述に寄り添うことにより、はじめて症候学の失敗が浮びあがるのである。そしてこの失敗の瞬間こそ、身構える者たちにかかわって新たな記述が生成する臨界点である。伊波の記述に潜む未発の潜在力に出会いなおすためには、伊波が身を置きつづけた症候学からこの臨界点へと遡行しなければならないのである。

# II　日本人種論

## 1　畸形という存在

元来、人種学というのは植民地主義の中での西洋の自己同一性を保証していく学知であったとさしあたりいえるが、同様の設定はこの日本人種論の場合でも可能である。すなわち、アイヌ・モシリや琉球列島の住民を観察するなかで、「日本人」という自己同一性が保証されていくのである。こうした日本の人類学における人種構成には、二つの方法があったといえる。一つは、徴候のアナロジーを基本とする分類であり、今一つは徴候の測定である。順に論点を開示しよう。

分類とは、観察される客体である「アイヌ」や「琉球人」に、「日本人」との類似性、相違性を示す徴候を発見していく作業のことである。たとえば、言語という徴候においては類似性が確認され、体毛や入れ墨などの徴候においては相違性が設定されるといった具合である。こうした作業の中で、「日本人」という自己同一性は観察の客体の中に見いだされる類似性として、また他者性は同じく観察の客体における相違性として、確認されていく。いいかえれば、観察される客体である「アイヌ」や「琉球人」に諸徴候を発見していく作業こそ、自己と他者の二つのカテゴリーを表出していくのである。

こうした分類において注目すべきは、この徴候の設定が、「アイヌ」や「琉球人」を観察する人類学によりあらかじめ準備されているという点である。同一性を確認するにしろ他者性を主張するにしろ、それを指し示す徴候が、あらかじめ選択され設定されてしまうところに、分類をめぐる症候学的言説のもつ権力作用を看取しなければならないだろう。またさらに注目すべきは、観察される客体である「アイヌ」や「琉球人」は、自己と他者の限界をふちどる多くの徴候にまみれ、たえず言及されるのに対して、「日本人」自身は直接言及されないまま、沈黙しつづけるということである。アナロジーにより「アイヌ」や「琉球人」を「日本人」に翻訳していく場合でも、観察され言及されるのはいつも「アイヌ」や「琉球人」の徴候なのである。したがって「日本人」という自己同一性は、「アイヌ」や「琉球人」という客体に設定された徴候をとおしてしか確認されず、こうしたアナロジーによる類型化をくりかえすことにより、限界領域だけは諸徴候により強固に縁どられていくのである。結局のところ「日本人」とは、「他のものがそうでないところのものなのであって、それ自体としては、それと区別されるものの終わるところにしか実在しないのだ[22]」。

さて、分類という方法にとって分類不可能な存在は、分類を無効にし、自己同一性を破壊し、分類という方法に収まりきらなかった雑多な存在を顕在化させる契機でもあるはずだ。前述した人体測定学に象徴される測定という方法は、こうした分類不可能性とそれにともなう自己同一性の危機という問題と、深くかかわっている。また測定は、徴候の問題を、同じかどうか、似ているかどうかというアナロジーから、どの程度同じかという強度の問題へと移行させることにより、危機をはらむ分類不可能な存在を、ある限定された連続面に設定し直すのである。

さらにこの連続面については、連続面を支配する法則がもとめられることになる。結論を先取りすれば、「アイヌ」と「日本人」という二つの類型では分類不可能な中間的存在も、前者を未開、後者を開化と読みかえることにより、開化の程度に応じて連続面に並べていくことができるのである。そこには、未開は開化の方向にしか展開しないという連続面を支配する時間法則が前提にされているのであり、開化以外の方向に展開しうる可能性は、抹殺されることになる。

フーコーは、『言葉と物』において、博物学の分類における「中間的産物」について言及し、こうした分類できない存在が「連続性の原理と諸存在が切れ目のない連続面を形成するという法則」をつくりあげていくのであり、この連続性は時間の連続体として登場することを指摘している。[23]だがこの分類不可能な存在は、いくつかの種の混合物ではない。それは分類の分析的空間に生まれるのではなく、「歴史的出来事」としてさしあたり「解読しがたい痕跡だけを残して消滅」していくのである。[24]フーコーはこうした存在を「畸形」とよぶ。分類不可能な存在が連続性へ序列化されていくプロセスには、「明日を持たぬ畸形の増殖」とその消滅が不断に展開しているのである。[25]分類不可能な存在が生み出す開化という連続的時間は、決してある種を起点に別の種へ移行するという平板な推移ではなく、分類不可能な「畸形」を開化の歴史へと不断に統御し消滅させていくプロセスなのである。また「畸形」を統御し消滅させていくこのプロセスにおいてこそ、個人を数値化する統計学が要請されることになる。この点については後段で再度検討しよう。

ところで、日本の人類学の方法を考えるとき忘れてはならないのは、日本の人類学の創世期に登場するE・S・モースやE・ベルツといった欧米人の日本人研究に象徴されるように、「日本人」もまた人類学の観察の客体として見いだされたという点である。したがって、「アイヌ」や「琉球人」ばかりではなく、「日本人」においてもまた、西洋との類似性や相違性を示す徴候が設定されるのである。「アイヌ」や「琉球人」をとおして確認される「日本人」という自己同一性は、同時に西洋からの眼差しの中でたえず客体化され、そこに徴候が設定されていくのであり、こうした二重の関係の中で日本人種論は検討されなければならない。

## 2　人類学博物館

今述べたように、症候学的に「日本人」を構成する作業は、E・S・モース、H・シーボルト、J・ミルンなどによりまず開始された。乱暴にいえばそれは、日本の人類学が誕生するに先立って、「日本人」自身が、観察される客体だったということに他ならない。日本人種論として展開した日本の人類学が、何を表出していったのかを知るには、まずこうした視線が、日本の人類学にいかに作用したのかを検討しておく必要がある。

いわゆるコロボックル論争においても論陣を張り、日本の人類学の形成に中心的役割を果たした坪井正五郎は、日本の人類学について次のように述べている。

我々は（パリの博物館やナショナル・ミュウジアムはないが——引用者）、研究の材料は身辺に堆積してゐます。海近き丘には貝塚甚多く、……北の方北海道に至れば毛深きをもつて有名なるアイノ人あり。南の方琉球に至れば曲玉を家宝として珍重する沖縄人あり……我々は大なる人類学博物館中に在る者といふべく、また大なる人類学実験室中に在る者といふべきでありまする。(26)

ここでは、確定したばかりの日本の領土が意識されている。坪井は、西洋からの人類学的視線に自らの人類学者としての視線を一致させ、国境線に区切られた日本を、「貝塚」「アイノ」「沖縄人」が陳列してある「人類学博物館」、あるいは「人類学実験室」と称しているのである。だが、このメタファーに満ちた文章に対しては、次の思弁的な問いをとりあえず設定してみよう。この日本という「博物館」には「日本人」は陳列してあるのか。

もし「日本人」が陳列されているのなら、観察者は西洋の人類学者の視線と一致した視線をもたなければならないし、陳列されていないのなら、観察者として「日本人」の人類学者が登場しうるだろう。そうでないと「日本人」は、観察する主体と観察される客体に分裂させられてしまう。日本の人類学における西洋からの人類学的視線の問題とは、こうした観察する視線をめぐる分裂の危機に他ならない。すなわち、西洋からの視線によりあらかじめ客体として陳列された「日本人」が、分裂に逆らいながら観察する主体として、領土である日本を自らの視線において再発見していくところに、当時の日本の人類学の隠された課題があった。[27] いいかえれば日本の人類学は、自らを観察者として設定し、その観察する視線によって日本という領土を再び観察される客体として設定し直すのである。またさらに、こうして再発見された日本という人類学博物館の中で、陳列物を検討しながら「日本人」である自己を、まるで物のように定義していくプロセスにこそ、日本の人類学がもつ自己表出の力が存在している。

この自己表出の力については、次の二つの論点が指摘されなければならないだろう。第一に、この自己表出には、症候学的な観察対象としての経験が存在するという点である。だがそれは、あらかじめ西洋の存在を実体的に設定した欧化主義やそれへの反発という平板な構図の問題ではない。重要なのは、症候学の遂行が観察対象としての経験との不断の交渉のプロセスでもあったという点であり、そこには、症候学的記述の遂行に関わる経験の言語化という論点が存在する。したがって、先にとりあえず乱暴に設定した西洋という存在も、あらかじめ固定されているわけではなく、こうした経験との交渉の中で了解され、書換えられていくのである。

そして今一つの論点は、問題が症候学的記述の獲得である以上、やはりこの自己表出の力は、「観察者自身が彼のなす観察の一部である」ことを十分承知しながら「自己を限りなく客体化（対象化)しうる能力」に賭けるレヴィ゠ストロースと、重ね合わせて検討しなければならないという点である。[28] 序章で述べたように、自らが属している世界を物のように観察し症候学的記述を行うには、いいかえれば不安定なシニフィアンを観察対象の秩序として安定化させるには、その対象内部にレヴィ゠ストロースのいう「ゼロ値」が設定されなければならなかったのだ。したがって、坪井の人類学博物館において問題となる自己表出の力とは、日本の内部に理論的「ゼロ値」を設定する作業でもある。いいかえれば、言語行為の臨界に属する領域を、言語化できない無意識的領域として、すなわち言葉に対して他者性を帯びた存在として言語化する営みが、この自己表出のプロセスなのである。

自らが観察対象であるという経験と交渉しながら、自らの内部に言語の外部を一方的に押し付けることのできる領域を確定していく中で、日本人という自己表出に関わる記述は遂行されたのである。そして今述べたこの二つの論点は、日本人種論における「アイヌ」と「琉球人」をめぐる議論の通奏低音として存在している。

## 3 「アイヌ」

明治期におけるアイヌ民族の人口減少は、さしたる検討もないまま未開で野蛮な人種の問題として、「クサイ島土人」「オーストラリア土人」「南洋諸島土人」と同一視された。[29] だがこうした議論のなかで観察された「アイヌ」は、たんに「オーストラリア土人」などの「未開人種」と同一視されたのではない。周知のように日本人種論においては、「アイヌ」は日本の石器時代人との類似性において理解されたのである。では「アイヌ」の中に見いだされた石器時代人を示す徴候とは、「日本人」という自己同一性にとっていかなる意味をもつのか。

前述したE・S・モースらの観察は、たんに日本を観察対象として設定しただけではなく、そこに野蛮あるいは未開を見出す作業でもあった。この点を最も端的に示したのが、石器時代人をめぐる食人の問題である。モースが一八七九年に刊行した報告書『大森介墟古物編』(東京大学法理学部刊)には、「大森介墟より発見せるもの多きが中にも、特に食人種の証を得たるは未曾有の例にして、日本古代の風俗是に於いてか徴せらるべきなり」という「食人種」についての記載がある。この「日本古代」の「食人種」について同報告書は、「亜米利加の土人」の「食人種族」に言及したのち、「野蛮の蝦夷人すら……あへて残酷類を食むの族といはざる」としている。[30] これに対し白井光太郎は、「日本人の祖先は人肉を食ひし証ありとの説には驚嘆張目せし次第にて、はたして吾人の祖先にこの風習ありしや否やを審査せんとの奮発心を興起し、介墟の研究に心血を傾注」したと述べている。[31] また坪井正五郎も、食人は「オーストラリア」や「フィジー」の住民などに発見できる未開の風習として、「開化の度の異なるときは思ひ掛けざる物を食する」としている。[32]

日本の領土内に発見された食人に端的に示される未開は、自己表出をなさんとする日本の人類学にとって、他者性を帯びた存在だったのである。そしてこのモースによって発見された未開を、観察される客体として日本の領土内で再発見し、そこにもの言わぬ他者を描き出す営みこそ、「日本人」という自己の表出のプロセスに他ならない。[33] ここに、「アイヌ」や「コロボックル」に石器時代人との人種的な同一性をしめす徴候を探ろうとする、日本の人類学の最初の作業がはじまる。

「アイヌ」のなかに日本の石器時代人を発見しようとする試みは、土器の有無、紋様、食人の風習、骨の形態などの項目(=徴候)をめぐって議論された。たとえば土器の紋様をめぐって、白井光太郎、佐藤重記、山中笑などは、石器時代の土器の紋様と今日の「アイヌ」の木彫紋様の類似性を指摘し、「アイヌ」を日本の石器時代人だと主張した。[34] これに対し、坪井正五郎は、紋様を「散布模様」「並列模様」「連続模様」に細分類して検討し、これに反論した。[35] また山中笑が石器時代遺跡から出土した土偶と、「アイヌ」の木彫人形の類似性も指摘したことに対して坪井は、「何処が如何に似てゐるにや私には更に解りません」と答えている。[36]

この論争で使われている方法は、まず「アイヌ」の中に紋様という徴候を設定し、石器時代人のそれと比べることによって人種を決定するという、徹底的なアナロジーである。また類似性を主張する白井、佐藤、山中と、相違性を主張する坪井のやりとりからは、アナロジーに基づく分類法の偶然性が看取できるだろう。さらに重要なのは、なぜ石器時代の人種と今の「アイヌ」を同一平面においたアナロジーが可能かという問題である。この点に関わって、やはり争点になった土器の有無をめぐる議論を取り上げよう。

「アイヌ」を日本の石器時代の人種に分類する際、石器時代人には土器が発見されているのに、

「アイヌ」には土器がないということが論議の焦点になった。この点に関して小金井良精は、「アイヌ」は「精神上大に退歩し今日の如く無気力人種」であるがゆえに、かつての土器の製法や使用を忘却してしまったのだと述べている。[37] この小金井の土器についての考察には、「無気力人種」という彼の蔑視に満ちた「アイヌ」観が如実にあらわれているが、さらに問題にしたいのは、アナロジーという方法によって表現された「アイヌ」の有する時間性についてである。

「アイヌ」と石器時代人との同一性に賛成であろうがなかろうが、諸徴候をめぐる「アイヌ」の分類は、「アイヌ」を石器時代から変化しない存在だとみなしている。また小金井自身も、石器時代の遺跡のある場所に「アイヌ」のような「石器時代に近い程度の人間」がいるということを、「アイヌ」が日本の石器時代の人種である論拠としてもちだしている。[38] 先の小金井の土器をめぐる考察で重要なのは、一方では石器時代遺跡のように変化しない「アイヌ」を設定し、他方では土器を忘却したという「アイヌ」の歴史を設定して、アナロジーが展開されている点である。分類される客体である「アイヌ」には、歴史は存在しない。また存在するとすれば、石器時代人との同一性の保証のために創られた歴史なのである。語られる客体が、語る主体と同じ時間をもつことを徹底的に否定しようとするこうした語り口こそ、J・ファビアンがいうように、人類学の典型的な語りに他ならない。[39]

日本の人類学におけるこうした議論の中で、石器時代人の未開は、「アイヌ」に客体化され、分類により他者性をおびた未開の「アイヌ」として、表象されていった。この分類という方法において表象された「アイヌ」は、石器時代遺跡と同様に永遠に未開であり続けなければならない歴史を失った存在であり、その一方で自己である「日本人」は開化という歴史を獲得していくのである。

## 4 「琉球人」

「琉球人」をめぐる人種分類は、「アイヌ」や石器時代人とのアナロジーと、「日本人」とのアナロジーの二側面において議論されている。いいかえれば、分類により切断されたはずの「日本人」と「アイヌ」(=石器時代人)が、同時に「琉球人」の中に見いだされたのである。明治期における日本の人類学の「琉球人」をめぐる議論は、「アイヌ」に比べて少なく、これまで日本人種論としてはあまりとりあげられてこなかったが、そこには、たんなる量的少なさというだけではなく、こうした「琉球人」の人種分類におけるアナロジーの混乱とでもいうべき問題があった。

「琉球人」の分類においては、曲玉、結縄記標、言語、皮膚の色、土器、体毛などいくつかの項目(=徴候)が採用されている。まず曲玉という徴候をめぐる分類を検討しよう。早い時期から沖縄に調査にいき、その報告を『東京人類学会報告』に掲載していた田代安定は、沖縄の宗教を調査する中で、祭具としての曲玉に注目し、「我が三種の神器の如き」と指摘している。(40) この指摘は、後述する鳥居龍蔵に受け継がれ、鳥居も曲玉を「内地の神道」との関係を示す物として指摘している。(41) 曲玉を神道に結び付け、「日本人」との同一性を示す徴候としてみなすこうした考えは、(42) 後に日本原人説を主張する清野謙次が、「剣と玉と鏡とはいふまでもなく三種の神器以来、日本民族として尊崇せる器物であつた」として曲玉をとりあげていることからもわかるように、日本人種論のなかでは、根強く存在していた。(43)

多くの場合、田代と同じく曲玉は、「日本人」との類似を示す徴候として「琉球人」の中に発見された。しかし田代は、沖縄の結縄記標については、それを未開に属するものとして、「南北米州及び太平洋諸島等の土人」との共通性において理解している。(44)また曲玉にしても、「日本人」という同一性を示す徴候としてのみ扱われたわけではない。坪井正五郎は「足利古墳発掘報告」(一八八八年)において古墳から発掘された曲玉にふれ、それを「アメリカ土人」などの「現在の野蛮未開人民の風俗」と重ねて説明している。(45)やや乱暴にいえば、曲玉は、「日本人」にも「野蛮未開人民」にも分類しうる徴候だったのである。「琉球人」をめぐるこうした重層的なアナロジーを念頭におきながら、次に鳥居龍蔵による「琉球人」をめぐる言説を検討しよう。

鳥居は「琉球人」(鳥居は「沖縄人」という表現を使う)に、「日本人」と同じ徴候を発見し、同一性を主張した。彼が「琉球人」に見いだした徴候は、前述した曲玉の他に、言語(琉球語)、皮膚の色などである。(46)こうした徴候により鳥居は、「沖縄人は日本内地人と最も親しき系図的民族たるを信ずる」としている。(47)その一方で、沖縄において出土した土器については、日本の石器時代の土器との類似性を指摘し、「アイヌ」が沖縄に居住していたことを主張した。しかし「琉球人」にあくまでも「日本人」の徴候を見いだす鳥居にとって、「琉球人」と未開の他者である「アイヌ」は別人種とみなされ、ここに鳥居の「アイヌ」＝「沖縄先住民」説が登場することになる。
小金井が「アイヌ」と石器時代人の類似性を主張するために、土器を忘れた「アイヌ」の歴史を創造したのに対して、鳥居は土器が発見されたにも関わらず、「アイヌ」のあとから沖縄に渡来した「琉球人」という歴史を、やはりまた創造することにより、「アイヌ」の徴候である土器を「琉球人」から切断したのである。ここに前述した「琉球人」をめぐるアナロジーの混乱は、ひとまず「琉球人」＝「日本人」と未開の他者である「アイヌ」に分割され整理された。この鳥居龍蔵の整理法は、伊波普猷において屈折しながら受け継がれていく。「琉球人」をめぐる鳥居の整理と伊波の関係については、次の第二章において再度検討する。

あくまでも「琉球人」に「日本人」を見いだし、「琉球人」と「アイヌ」を切断しようとした鳥居においても、アナロジーの混乱は存在した。たとえば鳥居は多毛という徴候において、かつて沖縄に「アイヌ」が居住したことを示すために、現在の「琉球人」と「アイヌ」の類似性を指摘しているのである。結局のところ、鳥居においても「琉球人」に、「日本人」との同一性を示す徴候と、他者性（＝「アイヌ」）を示す徴候の両方を発見しているのである。この分裂した徴候こそ、「琉球人」の特徴といえよう。

この分類における分裂あるいは不可能性は、どこに向かうのか。鳥居と同様に「琉球人」を「日本人」とみなしつつも、結縄記標に未開の「南北米州及び太平洋諸島等の土人」との類似性を発見した田代安定は、つづけてこう述べている。「同諸島（沖縄——引用者）の如きは遠く数百年の往昔より原人社界の範囲は脱化し来たりて久しく未開社界と半開社界との境上に佇停し……進化の域に赴んとするの容色を帯へり(但し或部分に於いては極めて未開に属するものも少しとせず)」。また、「教育の恵沢に感しその陋を悟り蒙を啓く」ことにより「結縄記標の如きも漸々廃滅」する。(48)

類型的に特徴を表現すれば、「アイヌ」の未開が同じ時間を共有しないものいわぬ他者として設定されたのに対して、「琉球人」の未開は開化という歴史のなかに配列され、まさしく開化しつつあるというプロセスにおいて、「日本人」という自己同一性の中に受け入れられたのである。いいかえれば分類という方法により、日本の領土の中に、運命的で変わることのない未開と、実践により開化しうる未開という二つの未開が発見されたのである。

だがこの田代のいう開化しうる未開とは、分類不可能な存在が言い換えられたものである。また開化という連続面においては、分類よりも個人を対象にした開化の測定こそが一義的に重視されるのであり、こうした連続面においては、「日本人」をめぐる「アイヌ」「琉球人」という分類よりもまずもって「明日を持たぬ畸形の増殖」こそが、議論の焦点に据えられなければならないだろう。「アイヌ」においては封印されていたものいわぬ他者が、「琉球人」においては封印を破って顔を出す。だがもはやそれは、「アイヌ」あるいは「琉球人」の問題ではない。

## Ⅲ 「未開」の改良・再定義

分類不可能性ということに関して、以下に述べる坪井正五郎の人種分類に対する考えは重要である。まず坪井は、雑婚や学習による人種の変容という問題を指摘しながら、徴候による人種分類は、決して運命的なものではなく変更可能なものであり、「一つの名称の下に含まるる人類の一群と他の名称の下に含まるる人類の一群との間には判然たる境界線を書く事は出来ません」として、人種分類に関して慎重な考えを展開している(49)。また身長測定について次のように述べる。

たとへばパタゴニア人は成長した男子は平均五尺九寸の身長であります、アフリカ内地には平均三尺少し余位のものがありまする。けれども世界の諸地方のものを比較して見まするに、平均にすれば五尺九寸のものでも五尺九寸以下のものもあり、以上のものもある、アフリカに於いても三尺位もありモット高いものもあり尚諸地のものを調べるとすべてつながつてしまひまする。各種族連続して、決してしきりの出来るものではありませぬ。……又頭の幅をはかつて広狭を申しますが、世界全体を見まするに連絡がありまする。エウロパの北方のラップ人は、前後を百とすれば左右八十五、アイヌは前後を百とすれば左右は七十七といふ割合であります、かういふ様な差はありますが、世界全体についてみれば、つながつてゆきまする。どこを界といふことが出来ませぬ。この他の点に於いても、皆中間を以て連絡しまする。[50]

同様に、皮膚の色の測定、頭の幅の測定に言及して、やはり境界が設定できないことを指摘し、結局のところ坪井は、「人類には種の差はないといはねばなりませぬ」と述べている。[51] 測定という方法は、アナロジーによる人種分類を掘り崩しながら、あらゆる個人に対して数値的な差異を指し示し、かかる後にこの数値化された個人を一つの連続面に配列さすことになるのである。ではいかなる連続面へ個人を配列するのか。坪井は「種の差はない」とした後、こう述べる。「唯その発達の程度を異にするのみ[52]」。分類不可能性は「発達」という連続面において読みとられ、個人をめぐる徴候は人種分類の類型の中に溶解するのではなく、「発達」の程度に応じて個別に配列されていくのである。[53] またそれは、測定された開化の程度が、自己と他者の分類を不可能にしながら、他者に分類されない未開を自己の中に指し示していくことでもある。結論を先取りしていえば、この自己の中に示された未開をめぐって、再び日本人種の構成が始まるのである。

ところで、坪井にとってアナロジーを基本とする人種分類の分類不可能性は、こうした測定にもとづく連続面での配列へと結びついただけではない。彼は最後にこう締めくくる。

人種によりて開化野蛮の定数あるものにあらず。人々の手腕によりては現状を新たむるを得べし。人類学は人をして自重自奮の念を起さしむるものと云ふべきなり。[54]

ここで坪井のいう開化という連続面は、「自重自奮」の実践の場でもあったのだ。この唐突な実践への移行には、明らかに「人種によりて開化野蛮」が決定されてしまうことへの反発がある。ところで測定は、分類を掘り崩し、個人の数値化された徴候を開化という連続面に配列しただけではない。測定された個人の項目は、分類不可能性を顕在化させながら、人種を示す徴候として再び構成される。いうまでもなくそれは、優生学の問題である。優生学において開化の程度は、測定された能力の優劣であり、しかもそれは基本的には遺伝により継承される人種の生得的形質であると考えられた。しかし日本の優生学は、遺伝よりも環境の要素を重視する形で展開している。[55]つまり、坪井がいう開化という連続面における「自重自奮」の実践という課題は、人類学よりも優生学において系列化されて行き、日本人種の改良というテーマを生んだといえる。今日の学的区分では、別々に整理される両者も、当該期においては日本人種をめぐる言説として、互いに重なり干渉しあっていたのである。

日本の人類学が誕生したほぼ同時期に、日本人種の改良を最初に正面からすえて論じたのは、高橋義雄の『日本人種改良論』である。[56]高橋は同書において、人種改良を「修養」と「遺伝」に分け、さらに「修養」を「体育」と「生計の品位」に分けて論じている。高橋にとって「西洋人」と「日本人種」との優劣は、遺伝に決定されるものではなく、「修養」によってのりこえ可能なものとして設定されているのである。(57)

高橋はまず、「体育」について、「智育」「徳育」を合わせもつ教育の必要性を主張するが、さらに体力の発育には「生計の品位」が重要だとする。ここで「生計の品位」とは「衣食住の程度」ということで、「国民衣食住の品位高ければその心身これに応じて共に優等の地位に進むべしと雖も、もしその品位低きときは心身も亦独り高尚の品格をそなふることを得ず」と述べている。いいかえれば、「衣食住の程度」が人種の優劣として理解されているのである。また、「我邦の衣食住を西洋諸国に比較してその品位の優劣を察し、もし大に西洋に劣りたるとの事実もあらば我邦前途の大計として次第に生計の度を高うせざるべからず」ということからもわかるように、「生計の品位」から見て「西洋人」は、「優秀人種」として想定されている。

高橋はこうした視点から、「衣食住」に関する栄養学的、衛生学的な検討を行い、「日本人種」の改良を主張するが、こうした検討の中で今度は人種的「劣性」ならびに「劣等人種」が定義されていく。まず「生計の品位」が低いのは「野蛮社会の種族」だとして、「フィジ」、「サンドイッチ」諸島の「労役に服し矮小にして菜色を帯たる下民」をあげ、また麦食を主張する中で、米食は「支那朝鮮印度」などの「文明下級」の国であるとする。さらに洋服を主張する中で、「袖の服制」は「支那朝鮮その他東洋半開の国」において行われているとする。

高橋に限らず日本人種の改良は、教育、栄養、衛生、犯罪などに関する社会改良の文脈において主張された。そこには、人種改良のテクノロジーとしての栄養学、衛生学、刑事学などの存在を看取することができる。そして、運命として受け入れ難い日本人種の「劣性」を、「修養」という実践において設定し改良しようとするとき、日本人種の「劣性」ならびに「劣等人種」は、教育の問題、栄養の問題、衛生の問題、犯罪の問題として再定義されていくのである。

海野幸徳の『日本人種改造論』(一九一〇年)も、ゴルトンを批判しながら人種改良の方法として環境の役割を重視している。同書において海野は、最後に次のように述べている。

> 人種改造に意を用ゐず、又は無知なるときは国民の全体を挙げて不具者、精神病者、白痴、疾病者、犯罪人となしをはるべし。[58]

この海野の人種改良の文脈の中では、改良されていない「日本人種」の「劣性」が、教育、栄養、衛生、犯罪といった徴候により再定義され、「不具者、精神病者、白痴、疾病者、犯罪人」として表象されていくのである。それはまた、人類学において測定された分類不可能な未開の行方でもあった。

坪井正五郎は、一八九二年八月、ブリュッセルにおいて開かれた刑事人類学万国会議に文部省より派遣された。その報告において坪井は、未開と犯罪を結び付けて犯罪人類学を確立したC・ロンブローゾをはじめ、諸家説をいち早く紹介し、今後の研究の必要性を訴えている。[59] その翌年の一〇月、坪井は国家医学会において刑事人類学について演説し、犯罪を「旧態再発」としてとらえ、「罪人に於いてその体格精神を調査し是等の諸点に於いて身体の上心の上の旧態再発の形跡があるかどうか」を研究しなければならないとしている。(60)

日本人種改良論において、測定された「日本人」の未開を示す徴候は、改良すべき対象項目に読み換えられ、さらに転倒して、改良の対象項目が未開を示す徴候として再定義されたのである。この再定義により人類学の観察する視線は、同時に改良という実践を監視するモニタリングに変貌する。

人類学における人種分類は、客体化された「アイヌ」と「琉球人」に自己と他者の境界を縁どる徴候を発見しながら展開した。しかし人類学は、たんなる境界線を縁どっていっただけではない。未開を他者として分類することにより、自己である日本人種に開化の歴史を与えようとしたのである。またそれは、「アイヌ」について典型的に現れているように、観察される客体に対して、同時代に生きているという歴史性を否定することでもあった。日本の人類学は、分類という方法により「日本人」という自己表象とその開化の歴史をつくりあげたと、さしあたりいえるだろう。

しかし測定は、分類による自己と他者の境界を危うくさせ、他者に封じ込められていた未開を、自己の中に指し示していく。さらにこの自己の中に測定された未開は、未開の改善、改良、抹殺という実践へと移行する。この移行において看取されるのは、測定された未開を示す徴候が実践対象を示すことになるだけでなく、実践の方法を提示する教育、医療・衛生、治安をめぐる諸学により、逆に「日本人」の未開を示す徴候は再定義され、さらには「未開人種」も新たな意味を獲得するという関係であった。いいかえれば、未開は他者として分類される一方で、自己内部における「不具者、精神病者、白痴、疾病者、犯罪人」という表象と癒着しながら登場し、この自己の内部における未開の再定義が、他者の未開に対しても新たな表象を加えていくのである。またこうした展開においてこそ、人類学は優生学、あるいは犯罪学、統計学といった他の症候学と重なり合っているのである。

ところで人種としての自己認識と自己の改良という実践の癒着の背後には、確かにめざすべき西洋人という他者が存在していた。だが、人種としての自己表出が国民の改良という社会的実践と癒着するという問題は、日本人に限定されるものではない。一九世紀末に登場したM・ノルダウの『退化』が、大都会における犯罪者、精神病者、変質者の増加を、文字どおり「人種末(Fin-de-race)」とよんでいるように[61]、人種的な自己表出と医療・衛生、治安をめぐる実践の癒着は、あるべきフランス人、イギリス人、ドイツ人においても考察し得るだろう[62]。なぜなら問題は、人種分類や分類の階層構造にあるのではなく、症候学による領土や住民の登記が不断に資本主義の脱領土化と再領土化にさらされているという点にこそ、存在するからに他ならない。

## Ⅳ 下水道

人類学や統計学により担われた新しいコード化は、領土と領土に属する住民が何者であるかを観察し、国土、国民として登記していった。日本人種論においてなされたのは基本的にはこうした登記の作業であり、その際、北の国境線では「アイヌ」が、南の国境線では「琉球人」が観察の対象になったのである。だがこうした登記において確認しておかなければならないのは、こうした作業が、結局のところ日本人という自己同一性に帰着することなく、不安定なシニフィアンの生産に結果したという点である。とりわけその不安定性は、「琉球人」をめぐって具現化したといえる。またそこでの人種分類は、しばしば分類不可能性を露呈したのである。この分類不可能性は、開化の歴史の中では「不具者」、「犯罪者」として再設定され、監視し、改良すべき対象として措定された。この分類不可能性の再設定において、人類学は優生学や統計学といった他の症候学と重なり合うのである。

だがしかし、たとえば「琉球人」をめぐって登場した分類不可能性という事態は、人種分類の曖昧さや不可能性の問題でもなければ、性質を異にする症候学の融合、あるいは症候学の不十分性を意味しているのでもない。「沖縄人が日本民族であるとか、ないとかというのが問題」なのではないのだ。(63) 改善すべき「不具者」、「犯罪者」、あるいは「畸形の増殖」の可能性は、鳥居龍蔵がはじめて沖縄を訪れた一八九八年から三〇年後においてなされる岸和田紡績社長の次の発言とともに、思考されなければならないのである。

安く働こうというものがあるなら、それが済州島人であろうが、琉球人であろうが一向に構わぬ。(64)

極めて型通りのいい方をすれば、可変資本となるべき労働力は、誰でもよいのである。だがその一方で、「社会は、交換主義者ではない」(65)。したがって領土とそこに属する住民に関わるコード化は、労働力の実質的包摂が展開するにつれて不断に攪乱されることになる。こうした包摂の展開に対して症候学は、繰り返し命名を行いつづけるのだが、決して安定したシニフィアンを生み出すことはないだろう。分類不可能性の「不具者」、「犯罪者」への再設定とそれに伴う人種の再度の命名、あるいはその背後に固着しつづける「畸形の増殖」とは、こうした労働力の包摂に関わるプロセスの中で生じるのだ。それは「琉球人」にかかわっていえば、「琉球人」と命名された住民たちが、労働力として実質的に包摂されていく一九二〇年代以降の展開にかかわっている。この点については第三章で検討しよう。

結局のところ、元来とらえどころのない資本主義と、領土と住民の国家への登記を完遂しようとする症候学の間で、多くの不安定なシニフィアンが生産されることになる。こうした流動化とでもいうべき状況を、さしあたりいかに表現しておけばよいのだろうか。労働力の包摂と症候学の終わることのないいたちごっこを、一九世紀のパリを舞台に見事に考察したルイ・シュバリエは、こうした摑み所のない流動状況を、ヴィクトル・ユゴーの『レ・ミゼラブル』を引用しながら、下水道と述べる(66)。下水道。それは都市でも農村でもない。地理的に区分された範囲にはおさまらない存在である。ただ、急激な資本主義の展開の中で、その水量を増やしていくのだ。またあるときにはそれは、犯罪と病の巣窟として記述され、そこには未開や野蛮といった人種的表象が重ねられた。症候学は、水量が増加しつづけるこの下水道を記述しようとするのであるが、その営みは完遂されず、より精度の高い症候学と制度が、随時生み出されるだろう。

そして、こうした症候学から見出すべきは、繰り返すが、観察されながら身構えている誰かである。それは、症候学が封印しようとした沈黙する他者でもあるだろう。だが封印は綻び、この者たちは沈黙する他者であることをやめ、名乗りをあげる。自称する名前を提示する場所には症候学の更なる展開と統治が準備されるが、名乗るという営みの中で症候学による命名は決して完遂されることはない。この下水道の水路で流されながら症候学の臨界において身構えている誰かについては、次章以降において、議論が開始されることになる。

# 第二章　名乗る者

# I　占領

## 1　奴隷解放

一八七九年、松田道之処分官は軍隊と武装警官を引き連れ首里城を制圧し、琉球藩を廃止して、沖縄県をおくことを布告した。それから約三〇年後の一九一〇年、伊波普猷は沖縄県立図書館の初代館長に就任する。それは、韓国併合がなされた年でもあった。そして伊波は、翌年の一九一一年には代表作である『古琉球』(沖縄公論社)を刊行する。本章ではこの『古琉球』をめぐって議論をすすめていく。

さてこの『古琉球』に所収された「進化論より観たる沖縄の廃藩置県」において伊波は、首里城の武力制圧からの約三〇年を、次のように述べている。

明治一二年の廃藩置県は退化の途を辿つてゐた沖縄人を再び進化の途に向はしめた。(1)

この「進化の途」は、さらに「奴隷解放」という表現につながっていく。一九一四年の『琉球新報』に掲載された「廃藩置県は一種の奴隷解放なり」という伊波の談話は、「琉球処分は一種の奴隷解放なり」として書き直された後、『琉球見聞録』(一九一四年)の序文となり、次に再版された『古琉球』(一九一六年)にも収録され、さらには「琉球人の解放」として『古琉球の政治』(一九二二年)に収まることになる。そこで一貫して主張されるのは、一八七九年の首里城制圧を、三百年間続いた薩摩の琉球支配からの解放の起点とみなす歴史観であった[2]。またそこでは、三百年の支配により培われた「奴隷根情」の克服が、当面の課題とされている。

本県人も今後此の忌むべき奴隷根情の潜在を根本から一掃して自己内心の統一を計らなければ終に悲しむべき運命に陥るであらうと思ふ。同化主義を称道しても自己内心に於て此の如き矛盾と暗闘とがある以上其の同化は形式上の同化であつて何等価値あるものではないのである[3]。

伊波において「進化の途」は進化の歴史法則なのではなく、「奴隷根情」の克服、「自己内心の統一」という実践の過程であり、「同化」という言葉も、この実践において価値づけられていることに、まず注目しておこう。またそこには、一八七九年以降の歴史の客観的評価というよりも、「同化」という選択肢をさしあたり受容しながら、自分たちはなにをなすべきかを設定しようとする自己提示こそが、看取される必要があるだろう。そしてこの自己提示は、周知のように、『古琉球』の巻頭論文、「琉球人の祖先に就いて」の最後の結びの部分にも関わる。同論文は、一九〇六年に『琉球新報』に掲載され、『琉球人種論』(小沢博愛堂、一九一一年)として出版された後、『古琉球』に所収された。

> そこで自分は明治初年の国民的統一の結果、半死の琉球王国は滅亡したが、琉球民族は蘇生して端なくも二千年の昔、手を別つた同胞と邂逅して、同一の政治の下に幸福なる生活をおくるやうになつたとの一言でこの稿を結ばう。(4)(強調、原文)

伊波にとって「進化」や「同化」は、過去の「蘇生」なのであり、それは開化の歴史であると同時に、「琉球民族」の復権でもあった。このような開化に民族の復権を重ねる伊波の「奴隷解放」からは、開化が単なる同化、すなわち伊波のいい方を借りれば「形式上の同化」である限りは、開化から疎外されつづけるという論点を、ただちに引き出すことができるだろう。またそこに、近代に民族の解放を措定しながら近代から疎外されつづける者たちに共有される脱植民地化に関わる問題を、見出すことも可能だろう。(5)

だが、こうした「奴隷解放」としての首里城制圧からの三〇年を、伊波の代表作である『古琉球』を貫く歴史観として設定する前に、いまひとつ議論しておかなければならない論点がある。同じく『古琉球』に所収されている「琉球史の趨勢」において、伊波は日清戦争について次のように述べている。この文章をどのように読むべきなのだろうか。

何人も大勢に抗することは出来ぬ。自滅を欲しない人は之に従はねばならぬ。一人日本化し、二人日本化し、遂に日清戦争がかたづく頃にはかつて明治政府を罵つた人々の口から帝国万歳の声を聞くやうになりました。(6)

あらがうことができない「大勢」とは何か。その「大勢」のすぐ傍らにおいて存在している「自滅」とは何を意味するのか。「自滅」する者とは、それを「欲しない人」とは、誰のことなのか。そして、一八七九年からの三〇年に対して「奴隷解放」という言葉を使う伊波は、「日清戦争がかたづく頃」に一体何を見出しているのだろうか。これらの問いとともに、最後の「帝国万歳の声」は読まれなければならない。

ここで、序章で述べたことをくりかえそう。武装において圧倒的に不利な状況に置かれた位置からなされる言語行為からは、整理された支配の構造的な配置図や、客観的あるいは法則的な歴史観ではなく、暴力に対峙する言葉の可能性の臨界こそが、まずもって見出されなければならないのだ。そしてこのような言語行為は、すぐ横で暴力が既に行使されていることを、常に暗示している。議論を先取りすれば、「自滅を欲しない」という言葉は、死体のすぐ傍らにいる者の声なのだ。この言葉により暗示される暴力は、傍らで行使されているが、既に他人事ではない。そしてかかる暴力は、なによりも身構える(sur la défensive)者たちによって、表現されなければならない。

もう一度、「奴隷解放」という言葉にもどろう。この「奴隷解放」という表現は、伊波自身によればブーカー・ワシントンの著作との関連で説明されている。[7] 太田好信が指摘するように、伊波がここで言及しているのは一九〇一年に出版されたブーカー・ワシントン『奴隷から身を起こして』(*Up from Slavery*)であろう。同書で記述されているアメリカ合州国における奴隷制と黒人であるワシントン自身の生きざまに「琉球人種」の「蘇生」を重ねながら、伊波は「奴隷解放」という言葉を用いたのである。これまでの伊波普猷研究や沖縄学研究において伊波は、後述する鳥居龍蔵や柳田国男といった日本の人類学や民俗学との関係で論じられてきたが、太田はこの「奴隷解放」という言葉に、こうした人類学や民俗学とは異なる水脈が伊波の中に流れていることを、正しくも指摘している。[8] 伊波は明らかに、民族解放闘争の世界性の中に存在しているのだ。そしてそうであるがゆえに、後段で検討するように、日本の人類学と伊波との関係も再考されなければならない。またこうした解放闘争という世界性においてこそ、この「奴隷解放」という言葉が、ワシントンとは別の文脈においても伊波に流れ込んでいることを、次に議論しなければならない。伊波は「奴隷解放」という言葉を、ワシントンの著作が刊行される以前において、既に知っていたのである。

日清戦争直後の一八九七年、『大阪毎日新聞』に、沖縄における太田朝敷らの公同会運動を、琉球士族の復藩運動だとして批判する「琉球士族の企謀と沖縄」と題する記事が、九回にわたって掲載された。[9] 執筆者は「那覇通信員」である佐々木笑受郎であり、佐々木はこの記事により、当時大阪毎日の社長をしていた原敬から礼状をもらっている。[10] 同記事は、当時の公同会運動を、沖縄における不平士族層の時代錯誤的な復藩運動であるとし、沖縄における地方制度改革、土地整理事業の完遂を主張するものであるが、この中で佐々木は、廃藩置県すなわち「琉球処分」について、「廃藩前の琉球平民は総て士族の奴隷なり」としたうえで、[11] 次のように述べている。

廃藩は農民の為に恰も奴隷解放の令の如くなりしと評するも決して失当にあらず。[12]

佐々木が、「廃藩」に「奴隷解放」という用語を当てて表現したこの記事を掲載した時、伊波普猷は、第一高等学校の受験に失敗し、受験勉強にいそしんでいた。そして後の伊波の回想等からもわかるように、[13] 伊波は佐々木のこの記事をリアルタイムで読んでいる。つまり若き伊波は、日清戦争直後に掲載された佐々木の文章において、「奴隷解放」という言葉に出会っている。さらにこの日清戦争直後において、伊波の耳は、「帝国万歳の声」を聞き取っている。ブーカー・ワシントンからではなく、佐々木笑受郎において伊波が出会った「奴隷解放」は、この「帝国万歳の声」の中で検討されなければならない。

## 2　占領地

琉球が日本に併合されていく過程は、一八七九年に松田道之処分官が軍隊と武装警官を引き連れ、沖縄県をおくことを布告することにより、完了した訳ではない。外交史的にいえば、その後、この「琉球処分」に対する清国からの抗議をうけて、宮古・八重山分割案が浮上するが、こうした清国との国境線をめぐる交渉は、最終的には日清戦争における武力的対立によって決着する。こうした併合過程は、近代国家としての日本の国境線の設定が、当初から軍事占領として展開したことを明確に示している。(14)

では伊波が後に、「日清戦争がかたづく頃にはかつて明治政府を罵つた人々の口から帝国万歳の声を聞くやうになりました」と表現する状況とは、いかなる事態だったのか。日清戦争前後の沖縄社会では、清国の勝利を信じる人々の中で、清国艦隊が沖縄にくるという噂がひろまった。こうした動きに対し、警察、軍隊、そして刀剣により武装した内地人の官吏や寄留商人は、自警団(同盟義会)を組織し、沖縄住民の鎮圧を準備したのである。(15) さらには中学校でも、教職員、生徒により義勇隊が組織された。当時、沖縄尋常中学校の四年生であった伊波普猷も、後に鋭く対立する児玉喜八校長が組織した義勇隊において射撃練習をしていた。(16) いうまでもなくその銃口は、自分の親族を含む沖縄の住民に向けられていたのである。

またそこには、後に「中学時代の思出」としてのみ言及される、伊波自身の経験がやはりある。義勇隊の中で銃を構えていたという経験は、直截な文体において表現されるのではなく、滥喩的な表現に結びつきながら言葉を生みつづけることになる。それは、暴力が主題として登場しない伊波の作品から、暴力をどのように読み、記述するのかという問題でもあるだろう。死者のかたわらにいる者の言葉は、決して暴力を直接には表現しない。せいぜいのところ「思出」として言及する程度である。だがそれは、暴力が表現されていないということでは断じてない。「何人も大勢に抗することは出来ぬ。自滅を欲しない人は之に従はねばならぬ」[17]。この伊波の定言的命法からは、この占領地における自警団や義勇隊の暴力こそが読み取られなければならない。

日清戦争直後に、一八七九年の首里城鎮圧を「奴隷解放」の起点として述べた佐々木笑受郎は、自警団を組織した中心人物であった。佐々木は単なる「那覇通信員」というより、国事探偵に近い人物だったのである。佐々木はその後、伊波を含めた座談会で当時のことを次のように回想している。

当時の分遣隊にゐた下村中尉といふ活発な軍人が、しばしば私の所に来ました。二人でよく「カントーフ」(焼豆腐)を食べながら、談じあつたものですが或日、中尉から若し支那の軍艦が来たら最初に久米村を焼き払ふ計画を立てゝゐる。石油鑵を置く箇所はこの次に話さう。その時は義勇隊の方が先に手を着けては反つて仕事の邪魔になるから凡て吾々軍隊の後について働

いて貰ひたい。それから若しその時に必要な品があつたら僕まで云つて来いと、真面目になつて話してゐましたが……。(18)

自警団を組織した佐々木は、軍隊とともに久米村の焼き討ち計画を相談していたのである。当時の伊波がこの住民虐殺の計画を、具体的にどこまで知っていたのかは定かではない。(19)だが重要なのは、伊波にとって「奴隷解放」という言葉は、住民虐殺に関与する自警団から発せられたものだということだ。そして伊波はこの軍隊と自警団により遂行される占領という「大勢」のかたわらで、「自滅」の淵を覗きながら身構えている何者かを見出し、開化(＝解放)の歴史に賭けながらも不断に暴力を予感しつづけるのである。だからこそ、「帝国万歳」なのだ。ブーカー・ワシントンの解放に賭けると同時に、佐々木笑受郎の解放に不断に暴力を予感する。彼の開化の歴史にかかわる記述は、したがって、彼が予感した暴力の記述として再読されなければならないだろう。

くりかえすが、伊波の作品において直接には植民地主義も暴力も論じられなかったのは、それを他人事として論じることの出来ない位置に、既に伊波がいた証左なのである。かかる意味において伊波の記述は、占領地の言葉である。他人事ではない暴力は、身構える者たちにおいて表現されなければならず、かかる位置からなされる言語行為からは、単に伊波自身の個人的経験でもなければ、時期区分的にあるいは地理的に整理された支配の構造的な配置図でもなく、暴力に対峙する言葉の可能性の臨界こそが、まずもって見出されなければならないのだ。言語行為において占領地であるということは、かかる再読を要求するのである。[20]

# Ⅱ　観察・教導・暴力

## 1　観察されるという経験

ところで、伊波普猷の『古琉球』に所収されている「琉球人の祖先に就いて」は、前述したように『琉球新報』(一九〇六年一二月五―九日)に掲載され、いったん『琉球人種論』という書名で出版されているが、この『琉球人種論』の中扉裏には「この書を坪井正五郎先生並びに鳥居龍蔵氏にさゝぐ」とある。

第一章でも述べたように、人類学は「日本人」として、また開化に向かう未開として、「琉球人」を症候学的に観察した。こうした症候学が、国家への登記であり、統治あるいは暴力の一翼を担うことは、前述した通りである。また症候学における論点は、それが失敗しつづけることにあるのであり、より限定していえば、分類不可能性とその開化へ向けての統御の問題である。そこでは、改善すべき個人を測定する新たな症候学の登場が、議論されなければならないだろう。
こうした症候学の展開において、伊波はいかなる位置にいたのか。伊波の代表作である『古琉球』は、こうした鳥居を中心とする「琉球人」に対する症候学的な観察のなかで生まれたものであるが、そこには、鳥居と伊波の症候学をめぐるやや入り組んだ関係が、まず前提として看取されなければならない。

鳥居龍蔵は一八九六年と一九〇四年に沖縄に訪れ、調査を行っている。鳥居の沖縄についての研究は、「沖縄人の皮膚の色に就いて[21]」、「沖縄諸島に居住せし先住人民に就いて[22]」、「八重山の石器時代の住民に就いて[23]」として報告されている。これらの研究は、『古琉球』に大きな影響を与えているが、そこには前述したように、「琉球人[24]」とは何者かという鳥居の症候学的問いと、この問いへの伊波の応答という関係が存在している。

鳥居の一九〇四年六、七月における沖縄調査の際、伊波は鳥居を案内し、鳥居のいい方を借りれば「助手[25]」として、その調査にかかわっている。また鳥居は伊波のことを、「沖縄人にして、沖縄のことに就いて一大オーソリチィーとも称すべき、余の益友」と述べているが[26]、やや乱暴に言えば、鳥居にとって伊波は、沖縄調査におけるインフォーマント的な側面をもつ位置に存在しているのである。そして、伊波自らが『古琉球』において「琉球人」を記述するとき、伊波は最も自分の考えを支持する先行研究として、鳥居の研究を引用するのだ。そこには、鳥居の沖縄調査の際、自分がインフォーマントとして鳥居に表明した「琉球人」が、後に伊波自らが「琉球人」を表象していく際に、先行研究として再度とりあげられるという入り組んだプロセスがある。

このプロセスを整理して述べれば、まず「琉球人」とは何者かという問いかけを鳥居が提出し、鳥居にとって「琉球人」である伊波に「琉球人」の内容を語ることを鳥居は求めるのである。そしてこの場合の「琉球人」は、鳥居が期待し、予定したものに他ならない。この問いかけに伊波が答えることにより、鳥居の予定は追認されていくことになる。一方伊波自身が、「琉球人」を記述するとき、鳥居の期待した「琉球人」が前提にされる。自らのインフォーマントとしての発話により追認された鳥居の描く「琉球人」を前提にして、伊波は「琉球人」を再記述していくのである。結局のところ伊波は、症候学が「琉球人」としての伊波に期待した「琉球人」の内部性を、伊波自身が症候学へと再度翻訳することにより、「琉球人」を再記述していくのである。

このような、鳥居との関係において浮き上がる症候学と伊波との入り組んだ関係から、次のような論点を引き出しておこう。症候学的に観察されるという経験は、伊波の記述する「琉球人」に、何を刻印しているのか。一見、鳥居の問いを繰り返しているだけに見える伊波の再記述には、この症候学的に観察されたという経験が読み取られなければならないのである。再度いうが、この症候学的観察は、領土の獲得、占領と統治の中で遂行されている。いくら観察者が良心的かつ平和的に観察を遂行しようと、観察されるという経験において、観察が既に登記であり占領であることは、感知されているのではないだろうか。鳥居を先行研究として反復する伊波の記述からは、観察されるというこの経験を、いいかえれば観察されながらじっと身構えている何者かを、まずは読みとる必要があるだろう。くりかえすが、伊波の記述は占領地の言葉なのである。

## 2 観察・教導・暴力

症候学と登記の関係は、制度や知の連関だけではなく、症候学的観察をおこなう観察者自身において、まずは議論されなければならない。なぜなら観察されるという経験が生み出されるのは、とりもなおさず、観察をおこなう観察者と観察される者との関係においてだからである。観察者と観察される者の関係は、観察者がどのように意識していようと、観察するという動詞においてのみ表現される関係ではない。逆にいえば、既に暴力的関係があるにもかかわらず、あたかも観察するという認識論的な地平が保証されていると勘違いすることにより、観察は保たれるのであり、こうした勘違いにより保たれているにすぎないがゆえに、観察は不断に脅かされることになる。したがって彼ら／彼女らは何者なのかという症候学の登記において前提にされる観察者と観察される者との区分は、観察が観察を脅かす存在を不断に鎮圧しつづける中において遂行的に成立しているのである。[27]

こうした観察という行為を行う観察者を考えるために、「マダガスカル人」の「集合的無意識」に存在する依存コンプレックスが、フランスの植民地支配を必然化させているとした、オクターヴ・マノニの『植民地化の心理学』をとりあげよう。[28] 周知のように、精神障害から闘いの力を引きだそうとするフランツ・ファノンは、同じ領域を症候学的に観察し、そこに植民地支配の必然性を見いだすマノニに対して、「劣等コンプレックス症を作るのは人種差別主義者である」と徹底的に批判している。[29] だが、ファノンの批判だけを見ているとややわかりづらいのだが、マノニの『植民地化の心理学』においては、被植民者の精神分析と共に植民者の分析もなされている。

同書において興味深いのは、植民地経営から経済的利益を上げることよりももっと大きな植民への欲望を、植民者の精神構造におけるコンプレックスと厭世感の二点において説明しようとしている点である。[30] 植民者は、こうした植民への欲望に基づいて、自らの欲望をかき立てるようなファンタジーを外部世界に対して作り上げるのである。こうしたファンタジーは、当然のことながら、植民者の自己同一性を保証することになるだろう。

だが、植民地主義が単なるファンタジーでも自己同一性の問題でもなく、暴力をともなう実践であることを考えるならば、このようなナルシスティックな欲望にもとづくファンタジーは、現実の植民地主義の展開の中でたえず危機にさらされることになる。そしてマノニによれば、植民地社会においてこのファンタジーにそぐわない事態、たとえば住民の権利要求やささいな反抗に植民者が出会うとき、ファンタジーを傷つけられた植民者は憤慨し、そこにレイシズムという暴力が発動されるのである。[31] いいかえれば、植民者のファンタジーには、植民へのナルシスティックな欲望が内在されていると同時に、現実の植民地支配の中ではそれがたえず裏切られるという脅迫観念が隠されており、こうした脅迫観念は、暴力的展開への予兆でもあるのだ。

だが、フセイン・A・ブルハンがいうように、マノニの思考は、暴力的展開を漂わせながら、一切の議論を流し込むように被植民者の精神構造の分析へと向かう。植民地主義に先行すると仮定された「マダガスカル人」の「集合的無意識」という考えは、「マノニの他のすべての思考を乗り越えていく」のである。(32)

こうした被植民者の分析へと収斂していくマノニの思考における転轍から看取できるのは、植民者の欲望とそれが裏切られるのではないかという脅迫観念が、「マダガスカル人」を症候学的に観察し、彼ら／彼女らの内部の「集合的無意識」を分析するというマノニの営み自身に、持ち込まれているということである。乱暴に言えば、ナルシスティックなファンタジーが危機に出会うとき、被植民者をより徹底的に観察する観察者へと、マノニは変身するのだ。また逆にいえば、観察という営みには、植民への欲望が不断に持ち込まれていると同時に、暴力的展開が既に含まれている。そして、そうであるがゆえに、マノニは「集合的無意識」の分析の後に、次のように主張するのである。

> 私たちは彼らを、劣等性を抜け出す道のりにそって、教導すべきである。(33)

教導。それは植民者が、ファンタジーが壊れ暴力が顔をだす淵において、それでもナルシスティックな欲望を維持し続けようとする営みなのだ。しかもその営みは、教導という開化の歴史を付与していく作業でもある。観察対象として「マダガスカル人」を設定すること、「マダガスカル人」から生成する別の歴史への可能性を鎮圧し続けること、マノニにおいてこうした営みは、決して個別に議論されるべきものではない。観察者は観察が危機に陥りそうになると、より強度の高い観察を準備すると同時に、自らを教師へと転身させ、教室に保身の場所を求めるが、そこには既に教導に従わないものを鎮圧する暴力が待機しているのである。ファノンがマノニを激しく非難するのは、まさしくこの保身の身振りだ。

観察をおこなう観察者は、教導をおこなう教師であり、鎮圧する警官でもある。だがそのことは観察者自身において自覚されているわけでもなければ、その記述において直接言明されているわけでもない。鳥居龍蔵がそうであるように、ナルシスティックな欲望にもとづく観察は、多くの場合無自覚に、あるいはアカデミズムという名のもとで遂行される。だが観察者が教師であり警官でもあることは、観察されるという経験において、感知されている。[34] そして伊波も、感知する。

観察対象として「琉球人」を設定すること、「琉球人」を教導し唯一の歴史を付与すること、「琉球人」から生成する別の歴史への可能性を鎮圧し続けること、伊波普猷においてこれらは、まずは伊波における観察されるという経験として、また「琉球人」をめぐる観察の危機として、議論されるだろう。「連中のことはよく知っている」と観察者・教師・警官はいう。だが「人種主義の終焉は、突然の了解不能とともに始まるのである[35]」。

# Ⅲ　名乗る者

## 1　個性

第一章で述べたように、鳥居龍蔵の沖縄研究は、基本的には、「琉球人」の内部に観察された曲玉、言語的共通性、皮膚の色、身体測定、石器時代遺跡などの諸点を「日本人」の徴候として読みとっていく作業であった。これに対し伊波は、『古琉球』において鳥居の人種分類を反復し、同じく、言語(琉球語)、曲玉を「日本人」との同一性を示す徴候とみなし、また鳥居同様に沖縄で発見された石器時代遺跡を、「琉球人」ではない「未開」の他者である「アイヌ」として分類したのである。(36)

また他方で「琉球人」と「日本人」の差異は、第一章で述べた田代安定の結縄記標についての理解と同様に、「開化」という連続面において設定されている。たとえば、伊波は鳥居龍蔵の生体測定を引きながら、「琉球人」(ここでは伊波は「沖縄人」といっている)と「日本人」の身長の平均に差があることを取り上げ、「廃藩置県は退化の途を辿ってゐた沖縄人を再び進化の途に向はしめ」たのであり、その結果「三十年前に比べると沖縄人の身長の平均数は確かに増してゐるに相違ない」とする一方で、この三〇年間を「沖縄人を改造するの好時期」だとしている。またこの「沖縄人の改造」という表現からもわかるように、同書は後れた「琉球人」の開化を主張し、とりわけ教育という実践の重要性を強調しているのである。(37)

症候学が「琉球人」の内部に未開を見出そうとするとき、伊波はその未開をまず「アイヌ」という「未開人種」に属するものとした上で「琉球人」の外へと他者化し、それでも見いだされる未開を開化という連続面に設定し「改造」という実践を促しているのである。これは、まず分類し、分類できない領域は開化という連続面において切り縮め、実践の対象としての未開として再定義するという、第一章で検討した症候学の分類、測定、改良という方法そのものである。またこの構図を前提にする限り、「アイヌ」ではないということが「日本人」であることにつながり、さらにこの「琉球人」と「アイヌ」の分断は、開化をめざす実践において再確認されることになる。(38)『古琉球』を執筆した時期の伊波普猷には「アイヌ」への差別的な表現が散見されるが、それは、「アイヌ」をものいわぬ他者として分類した日本の人類学と、密接に関わっているのである。

しかし伊波の独自な記述は、まさしくこうした人類学に象徴される症候学を前提にし、それを反復するところから開始される。伊波は執拗に「琉球人」の中に「日本人」の徴候を捜し求めるが、同時に「日本人」の中にも「琉球人」の徴候を発見しようとする。すなわち鳥居が見いだした徴候以外にも、神話、宗教、俚歌童謡などについてアナロジーを展開し、「日本」の神道に「琉球」の宗教を、[39]『古事記』『日本書紀』『風土記』に「琉球」の神話を発見している。[40]

第一章において述べたように、アナロジーによる人種分類によって「琉球人」を「日本人」に翻訳していく際、観察され言及されるのはいつも「琉球人」の徴候なのであり、「日本人」自身は観察される客体を通して確認されるのみである。また、「琉球人」の中に「日本人」とは異なる徴候があれば、それは他者性として分類されるのに対して、「日本人」の中に「琉球人」とは異なる徴候があっても言及されないのである。これに対し伊波の執拗なるアナロジーは、「琉球人」にさらなる徴候を見いだすと同時に、「日本人」自身にも言及し、「琉球人」との同一性を示す徴候を設定しているのである。いいかえれば、「日本人」と同じ「琉球人」を見いだすだけではなく、「琉球人」と同じ「日本人」を見いだすといういわば観察行為の逆転が、そこでは追求されているのであり、そうであるがゆえに伊波は、「琉球人」は「日本人」であるというのではなく、両者は「同祖」であると主張するのである。さらに伊波は、こうした観察の逆転により「琉球人」における「日本人」とは異なる徴候を他者化の圧力から救い出し、別の類型として構成し直そうとする。これが伊波がいう「琉球人」の「個性」に他ならない。[41]伊波は日本人種論に代表される分類という方法を反復することにより、分類不可能な「個性」という領域を浮かび上がらせたのである。

伊波が「琉球史」を正面から論じた『古琉球』の「琉球史の趨勢」では、「日本化」は、「琉球人」が「日本人」に同化するのではなく、まずは両者の共通項、すなわち「琉球人」の内部にも存在する共通性をのばすこととして定義されている。

> 私は沖縄人がこの一致してゐる所を大に発揮させるといふことは即沖縄人をして有力なる日本帝国の一成分たらしむる所以のものであらうと存じます。(42)（強調、原文）

「日本化」は、「日本人」でも「琉球人」でもない三つ目のカテゴリーとしての「同祖」への希求を意味している。伊波の基本的な思想としてしばしば指摘される「日琉同祖論」は、いわゆる同化思想ではないのだ。さらに伊波は続けて、次のようにいう。

> 只今申し上げたとほり一致してゐる点を発揮させることはもとより必要な事で御座ゐますが、一致してゐない点を発揮させる事も亦必要かも知れませぬ。(43)

この一致していない点こそ、伊波が「個性」と名づける領域に他ならない。またそれは、鳥居の症候学を前提にしながらも、その反復のなかで伊波が、浮かび上がらせた領域でもある。歴史主体としての「琉球人」は、まさしくこの「個性」という領域において獲得されていくのである。

伊波は「琉球人」を「アイヌ」から分離した。それは、歴史が否定された「アイヌ」ではない「琉球人」を設定し、歴史を獲得することでもあった。しかし伊波が獲得しようとした歴史は、たんに開化の歴史だけではない。「琉球人」の「個性」を歴史として獲得することこそ、伊波のめざした琉球史に他ならない。伊波は、「琉球人」の「個性」が育まれた時代として、薩摩侵入以前を「古琉球」とよんだが、そこでは「個性」は、「古琉球」という「琉球人」の伝統として設定されている。

ここに、開化や同化に、「琉球民族」の「蘇生」を重ねようとした伊波がいる。あるいは佐々木笑受郎からすでに「奴隷解放」という言葉を読み取りながらも、あくまでもブーカー・ワシントンの「奴隷解放」を用いようとする伊波がいる。伊波は、歴史を失ったものいわぬ他者として「琉球人」が設定されることも、開化の歴史のなかで「形式的に同化」され、「琉球人」が解消されてしまうことも拒否しながら、「個性」の蘇生という歴史としての「琉球史」に賭けるのである。この「個性」の蘇生としての歴史とその歴史の主体としての「琉球人」こそ、症候学から伊波の獲得した領域に他ならない。症候学を反復する中から切り開かれた「個性」において、伊波は「琉球人」を名乗るのだ。だが、いぜんとしてその「個性」は、症候学にさらされるだろう。

## 2　「生蕃」

ところで、伊波に対して「琉球人」とは何ものであるかを問いかける鳥居の観察という営みを考える上で重要なのは、鳥居の沖縄調査が、台湾調査と平行してなされていたという点である。鳥居は日清戦争直後の一八九六年の調査を皮切りに、一九〇〇年までの間に計四回ほど台湾を訪れ、その研究報告は、一八九七年から一〇年ほどの間に矢継ぎ早に報告されている。時期的に考えて鳥居の沖縄調査と台湾調査は同時に進行し、また報告されていったのである。ところで鳥居は台湾研究の開始にあたって、次のように述べている。

今や、高砂の島、Ilha formosa とよばれし、いとも愛すべき、美はしき台湾は我が領土となりぬ。この台湾に於いて今後吾人人類学研究者にとりて、最も其の面白味を深く感ずるものは、かのシナ人以外、古来同島に生息する所の、所謂生蕃なるものに非ずや。(44)

この文章は、鳥居の調査が日本の領土拡張と歩調を一致させて展開していることを、如実に示しており、それは、鳥居が提唱した「東洋民族学」、「東洋人種学」につながっている。(45) またこの文章からは、鳥居の台湾調査が、日本が新しく占領した領土に住む「所謂生蕃」に狙いを定めて開始されたことがわかるだろう。同じ時期、鳥居より一足早く台湾調査を開始した伊能嘉矩も、台湾調査の開始にあたって、「フォルモサの名によりて、土の豊饒佳麗を形容せられし台湾は、今や来たりて我が大帝国の版図に帰せり、……如何に、其の地に固棲せる蕃民を治化し、保護し、及び誘掖すべき乎の問題は、亦た我が国民の責務の一として、進み講ずる所なかるべからず(46)」と述べているように、新しく領土に組み入れた「生蕃」を、「治化し、保護し、及び誘掖」しようとする意図とともに、台湾における「生蕃」調査は開始されたのであり、鳥居の沖縄調査は、文字どおり新しく占領した領土と住民へのこうした調査とともに行われているのである。いいかえれば、鳥居においては、「生蕃」とは何者かという問いと、「琉球人」とは何者かという問いは、同時に設定されているのであり、それはまた、日清戦後の状況において、伊波が「帝国万歳の声」を聞き取った時期とも、ほぼ重なっている。

さて、鳥居の「生蕃」の研究と「琉球人」の研究を、一連のものとして考えてみると、鳥居が両者の差異を人類学的に定義しようとして定義しきれず、両者の間の分類上の混乱にしばしば陥っていることがわかる。たとえば八重山で発見された石器時代遺跡について考察した論文「八重山の石器時代の住民に就いて」では、「この石器時代の住民は現今の八重山島民ならんと思はるるなり」と述べた後、「この石器時代遺跡は本邦のものと更に関係なけれども、今後研究すべきは、台湾の石器時代の遺跡なりと云ふべし。未だ軽々に断言なしあたはざれども、八重山の其れと、台湾の其れとは、今後に比較研究すべき、一大宿題ならん」として、台湾における原住民たる「生蕃」との関連を示唆している。[47] あるいは、第一章でも述べたように、鳥居自身が「琉球人」における「日本人」の徴候として言及した曲玉についても、「生蕃」の装飾品について言及するときは、それと「琉球人」の曲玉とを同一視している。[48] あるいはまた、「生蕃」の入墨について、「日本の沖縄でもやつて居りました」と述べている。[49]

もちろんこうした混乱は、「琉球人」は「日本人」であるという鳥居の基本的な考えを、揺るがすものにはなっていない。八重山の石器時代遺跡についても、前述したように、論文「八重山の石器時代の住民に就いて」では「生蕃」との関連性について示唆したにもかかわらず、同論文を後に『有史以前の日本』(一九二五年)に再録する際、鳥居は最後の結論部分を次のように書き変えている。

> この八重山の遺跡を以て、沖縄本島アイヌの遺跡と比較するに、両者は大いに相違して居つて、全く別物である。この相違はあたかも日本内地に於けるアイヌの石器時代遺跡と吾人祖先の先駆者(固有日本人)の弥生式土器使用石器時代遺跡と相違して居るのと全く同一である。而して八重山の遺跡はわが先駆者の遺跡と同一であつて、しかもその土器の形式はまさしく弥生式系のものである。この事実からすれば、八重山の石器時代民衆は吾人の祖先と同一であつて九州あたりから古く此処に移住して来たものであらう。[50](強調、引用者)

こうした「琉球人」と「生蕃」の分類上の混乱とそれを更に再定義しようとする鳥居の努力は、その後も長谷部言人、村松瞭、須田昭義、金関丈夫らに引き継がれていく。[51]

問題は、人類学上の学問成果として、両者の差異がどのように確定されたのかということではなく、たとえ両者の分類そのものを学問的にはくつがえすことはなかったとしても、鳥居をはじめとして人類学に存在した分類上の混乱が、伊波にとって何であったかということである。観察される経験の中で、伊波は鳥居において生じた分類上の混乱をどのように受け止めたのか。

鳥居においては、「生蕃」と「琉球人」は同時に調査された。だがこの同時性は時期的なものにとどまるものではない。鳥居の「生蕃」調査は、石器や土俗的な調査に加え、身体測定を初めとして、毛髪、最長広頭指示数、顔形、頭形、鼻形、皮膚の色など、文字どおり人体測定学(anthropometry)の方法により行われているが、[52]こうした「生蕃」を観察する方法のうち、皮膚の色の測定、身体測定などは、そのまま「琉球人」にもちこまれている。乱暴にいえば、「生蕃」、「琉球人」は同じ時期に同じ方法で観察されたのである。しかも、鳥居が武力的鎮圧の継続している台湾において、「生蕃」調査を行っているということを看過すべきではない。鳥居自身も調査に際して巡査をともないピストルを携帯している。[53]また身体測定にかかわって、鳥居は次のように述べている。

土人は最初余等の方法其のよろしきを得たるにや、今日は最早敵へて余等に向かつて暴力をなすもの一人もこれ無く候。反つて余等は彼等に体格調査の際ピストルを向くる位に御座候。[54]

乱暴にいえば「生蕃」の調査は、銃を突きつけながら遂行された。鳥居の銃が、当該期においては微々たる暴力であり、相対的には平和的な調査のための最低限の武装であったとみなされたとしても、日清戦直後の同じ時期に同じ観察技法が、「琉球人」に対してもなされた時、この銃は、「帝国万歳」の声を聞いたばかりの伊波にとって、どのように受け止められたのか。暴力は身構える者においてこそ、表現されなければならない。

確かに鳥居は、「琉球人」を「日本人」として分類していった。だが、結果的に「琉球人」と「生蕃」が分類上は区分されたからといって、「何者であるか」という鳥居の問いかけに含まれる、教導と暴力の入り交じった観察の展開が、「生蕃」という領域に閉じ込められていると考えるのは、本末転倒であろう。「生蕃」あるいは「琉球人」なるものは、予め前提にされているのではなく、まさしく未知なるものへの鳥居のこうした銃とともに展開される観察により表象されていくのであり、暴力と教導は観察のプロセスにおいて展開しているのである。「生蕃」だから暴力を被り、「琉球人」だから被らないということではなく、症候学的観察が行われていくプロセス自身に、既に占領に関わる暴力が、伊波において感知されているのである。それは、伊波が名乗る「個性」という言葉に関わる。

## 3　大国民

「個性」により「琉球人」を歴史主体として設定した伊波が構想する琉球史は、「琉球人」が「日本人」になることではない。かかる意味で、琉球史は日本史ではないといえる。では「個性」が蘇生するこの歴史は、いかなる歴史なのか。

天は沖縄人ならざる他の人によつては決して自己を発現せざる所を沖縄人によつて発現するの

であります。……沖縄人が日本帝国に占むる位置もこれによつて定まるものと存じます。……日本国には無数の個性があります。また無数の新しい個性が生じつつあるのであります。かくの如き種々の異なつた個性の人民を抱合して余裕のある国民がすなはち大国民であります。[55]

（強調、原文）

ここでは、希求される「大国民」を目的因とする単一の歴史が設定され、「琉球人」としての主体形成と「大国民」になるということが、一体のものとして主張されているのである。この「大国民」は、「琉球人」でもなければ「日本人」でもなく、両者を共に抱え込み、かつそれぞれの「個性」の差異を定義する共通平面として登場している。伊波において「琉球人」という主体の設定は、「日本人」と「琉球人」の差異を定義する共通平面としての「大国民」を設定する作業でもあったとさしあたりはいえるだろう。いいかえれば、「日本人」との種差により「琉球人」という主体を設定した伊波は、種差を定義する類的同一性の平面をも誘引しようとしている。

伊波の「大国民」という表現は、『古琉球』が発刊された翌年の一九一二年に『沖縄毎日新聞』で連載された「古琉球の政教一致を論じて経世家の宗教に対する態度に及ぶ」（『沖縄毎日新聞』一九一二年三月二〇—三〇日）においても登場し、伊波はここで、日本が世界の「大国民」たりうるためには、朝鮮、台湾における「植民地人の人格を無視」するようなことをやめなければならないと指摘している。[56]またこの論文は、後に『古琉球の政治』（一九二二年）に所収されるが、その際、次のような文がつけ加えられている。

私はこの頃朝鮮から帰つた人から、大学の先生の日韓同祖論よりも、基督教の宣教師の同胞主義の説教よりも、ウイルソンの民族自決の宣言の方が、朝鮮人の心を動すことが甚だしいといふことを聞いたが、こゝは日本国民の一寸考へなければならない点であると思ふ。さて日本人はかういふ異民族等を如何にして同化しようとするか。[57]（強調、原文）

以上のような伊波の主張を見る限り、伊波の「個性」あるいは「大国民」という設定は、確かに植民地主義への批判や「多元的自治」論として了解できるように見えるかもしれない。[58]だが、種差に関わる「個性」を思考することと、「個性」を類的同一性に刻むこととは混同してはならないのであり、いいかえれば、かかる混同の中で種差は類的同一性において再定義される危険性を絶えずもつ。[59]「個性」を「大国民」において了解してしまうことは、この危険な一歩に踏み込んでいる。「個性」を、「大国民」という同一性平面における多元的な差異として了解する前に、伊波が鳥居をはじめとする症候学にさらされながら「個性」を名乗る時、何を感知していたのかということが検討されなければならないだろう。いいかえれば、症候学的に観察されるという経験が、「個性」を名乗る伊波から看取されなければならないのだ。以下に述べるように、鳥居の症候学を反復しながら伊波は、「個性」によっては定義できない「琉球人」を、そして「琉球人」と「日本人」の間には「大国民」によっては定義できない差異を、感知していたのである。にもかかわらず、「琉球人」を定義し、歴史主体として名乗りをあげたところに、ある意味では、伊波の歴史への賭け、名乗るという賭けが、存在したといえる。また本章の最後で指摘するように、「個性」は共約可能な「多元的」な存在として、「大国民」に結びつくのではない。そこでは、一九二〇年代において本格化する、脱領土化と再領土化にかかわる新たな展開が検討されなければならないのだ。

伊波の「個性」という表現を考えるとき、先に掲げた引用からも想像できるように、確かにそこには、「琉球人」と同じく「朝鮮人」にもその「個性」が設定されているといえよう。[60]だが同時に、伊波が「個性」をもった主体として「琉球人」を定義するとき、そこには極めて明確な「琉球人」と「アイヌ」、「生蕃」との区分が持ち込まれている。先の「琉球史の趨勢」において伊波は、一八七九年以降の「琉球人」の発展について次のように述べている。

吾々の方にもかうなるべき個性があつたといふ事を少しは言はせて貰ひ度いのであります。為政者や教育者が如何に偉くとも、沖縄人がアイヌや生蛮と同じ程度の人民であつたら、三十余年にしてかういふ成績を見る事はとても出来ないだらうと存じます。[61]

伊波の「個性」という概念は、「琉球人」や「朝鮮人」を「大国民」における歴史主体として定義したが、同時に「アイヌ」や「生蛮」(「生蕃」)からは主体を剥奪したのである。伊波は前者を

「ネーション」といい、後者を「ピープル」と名づけている。[62] 伊波の「個性」を主体とした「大国民」には、「個性」の資格があたえられず、「大国民」になるという単一の歴史から排除された世界が広がっているのであり、「ピープル」と名づけられた「アイヌ」も「生蛮」も、こうした排除された世界に住まう人々を意味している。「個性」により諸主体を定義し、その種差を定義する類的同一性としての「大国民」が登場するとき、その類的同一性から排除された領域が、黒々と広がっていくのである。多元的な世界において継起的に作動している暴力が、そこにはあるだろう。

話を鳥居と伊波の関係に戻そう。鳥居は、「琉球人」と「生蕃」を同時に観察し、「琉球人」を「日本人」に分類していった。だが伊波にとって「生蕃」とは、「琉球人」から区分された実体ではなく、鳥居の「何者であるか」という問いかけに含まれる、教導と暴力への予感そのものだったのである。鳥居の観察が了解不能な何かを「琉球人」の内部に見いだすとき、観察される経験において、「生蕃」が伊波の中で想起されるのだ。「日本人」には同化されない「個性」を伊波が名乗る時、たえずこうした「生蕃」との同一視による占領の暴力を伊波は感じているのである。逆にいえば伊波がこの「個性」を名乗る時、是が非でもこの感知された暴力を、「個性」の外へと押しだし、打ち消しておく必要があったのである。

だが、鳥居をはじめとして人類学に存在した「琉球人」と「生蕃」との分類上の混乱は、伊波が打ち消そうとしたこの暴力を、かきたててしまう。症候学的に観察されつづけるがゆえに、「個性」を名乗る伊波は暴力を不断に感知せざるを得ないのである。たとえば前述したように鳥居の分類上の混乱は、八重山における石器時代遺跡にかかわるものであるが、この点に関して伊波は次のように述べている。

(鳥居氏は)かの石器時代の遺物遺跡によつて一五、六世紀の頃まで石垣島の獅子森の山腹に馬来人が生存してゐたのであらうと想像された。そんなに近い頃まで八重山に馬来人がゐたとの説は直ちに賛成しかねるが、上古に於いては多分ゐたのであらう。それは与那国島に食人風俗の伝説があるのを見てもわかる。この人肉嗜慾心のさかんなるは馬来人種とパプアン人種とであつて、モンゴリア人種には無いから、八重山の英雄が与那国へ渡つて食肉人種を征伐したといふ口碑などは能く南島に於ける琉球人の祖先と馬来族との接触を想像せしめる。(63)

鳥居が「この石器時代の住民は現今の八重山島民」だとするのに対し、伊波は、八重山に「馬来人」すなわち「生蕃」の存在を認めつつも、遺跡は「生蕃」のものであり、その「生蕃」を征服したのが「琉球人」だとする。その結果伊波においては、「琉球人」は八重山を征服した植民者として描かれることになる。いいかえれば伊波は、鳥居の「琉球人」と「生蕃」の分類上の混乱を八重山に押し込め、「生蕃」を征服するものとして「琉球人」を再定義したのである。

伊波は「私たちは「生蕃」ではない」といった。だが症候学は、伊波にこう告げるのだ。「生蕃」でないのなら、殺してみろ。また伊波が生贄のように差し出した八重山は、後の「南島人」という設定ともかかわっている。

## 4 神経系

伊波が『古琉球』で展開した「個性」あるいは「琉球史」の行方を考えるとき、一九二〇年代半ばにおける伊波の転轍が、重大な論点になるだろう。世界市場における砂糖価格の暴落を受けて起こった一九二〇年代における沖縄経済の破綻は、「ソテツ地獄」と表現される。このソテツ地獄を起点にして、伊波が一九二〇年代半ばから思想的展開を遂げる事は、これまで、比屋根照夫、安良城盛昭、鹿野政直らによって繰り返し指摘されてきた。[64] しかしこの転轍は、多くの論者に共通している経済の疲弊を前にした伊波の「絶望の深さ」(鹿野政直)というだけではない。問題にすべきは、「個性」を名乗る伊波が、症候学的観察にさらされながら不断に予感していた、占領に関わる暴力に他ならない。

さて、伊波の転轍を考えるために、まず『沖縄教育』(一三七号、一九二四年)に掲載された次の「寂泡君の為に」と題した短いエッセイをとりあげよう(寂泡とは、歌人の池宮城積宝をさす)。「小民族のクセに特殊の歴史や言語を有つてゐるといふことは、現代では少くともその不幸の一でなければならぬ」という書き出しで始まるこのエッセイは、次の決定的な文章へと向かう。

個性を表現すべき自分自身の言語を有つてゐない。君たちは有つてゐるのはそれは借り物だ。[65]

「琉球人」としての歴史主体に内実を与えるはずの「個性」に対して、それを表現できる言葉はないというこの文章は、症候学にさらされながら、「琉球人」の内部性を症候学の言葉に翻訳することにより「琉球人」を表象してきた伊波の営みの延長線上において、まずは理解されなければならない。すなわち伊波は、これまでの言葉では翻訳できないなにものかを、「琉球人」の内部に発見する。それは、さしあたりは症候学における了解不能の問題であるといえるだろう。だがこの了解不能という事態は、鳥居にとってはさらなる症候学的観察として展開するが、伊波にとっては、自らの内部性への了解不能としてまず登場することになる。またそれは、これまで「個性」を名乗る際に用いられてきた言葉自身が、伊波にとって、よそよそしく「借り物」になっていくことでもあるだろう。症候学にさらされながら自己を名乗らざるを得ない者が、自らの内部に、その言葉によっては翻訳できないものを感じたとき、その事態は、自分自身への了解不能として登場せざるを得ないのである。

また同エッセイは最後に、「今や私たちはこの特殊な歴史によつておしつぶされてゐる」という文章へ行き着くが[66]、「琉球人」の内部に、了解できない領域を抱え込むことは、伊波の賭けた「大国民」になるという単一の歴史への不可能性としても登場するのである。自らが人類学の言葉で名乗ろうとしたインフォーマントは、インフォーマントに戻ることはできないのである[67]。自らが名乗ることの出来ない「歴史や言語を有つてゐるといふこと」は、「不幸」でしかない。この不幸な事態こそ、症候学において観察されるという経験に他ならない。では言葉が「借り物」に陥る中で、伊波は何を感知し始めるのだろうか。症候学において了解不能な領域を自らの内部に抱え込みながら、その了解不能な内部を通して、伊波は何を感知するのだろうか。

「寂泡君の為に」の二年後である一九二六年に『太陽』に掲載され、後に「南島の自然と人」として、同年に刊行された『孤島苦の琉球史』（春陽堂、一九二六年）に収録された「苦の島」には、「寂泡君の為に」と同様に、「孤島苦を自分自身の言葉で表現することが出来なくなつて、たゞ之を歴史によつて圧しつぶされた悲痛な顔付でのみ表現してゐるのは、堪へられないことである[68]」という、「琉球人」をもはや歴史主体として設定できないというもがきが表明されている。そしてそのあと、次のような一文がある。

個性をオモロや建築に表現した民族が、南洋土人と運命の類似者になるのは、堪へられないことである[69]。

「個性」を名乗ることができないという事態を伊波は、「南洋土人」になるということとして、感じている。また、伊波にとってこの「南洋土人」は、鳥居が銃を突きつけながら観察した「生蕃」でもあるだろう。この「苦の島」は、最後にこう結ばれている。

日本民族の遠い別れであつて、小さいながらに、独特の文化を有つてゐた琉球が、古代生活の様式を多く保存してゐるといふので、亡びつゝあるアイヌが、国宝として珍重がられるのと同じ意味に於て、学者の注意を惹いてゐる以外に、世の識者わけて政治家の注意を惹かないのは、遺憾なことである。(70)

「個性」を蘇生させていく「琉球史」に賭けていた伊波にとって、「アイヌ」とともに国宝として博物館に展示された「琉球人」は、とうてい受け入れ難いものだったに違いない。鳥居龍蔵の沖縄調査と共に生まれた伊波普猷の「琉球人」は、ここに一つの結末を見る。この結末の中で、「個性」を名乗ることにより振り払おうとした「生蕃」、「アイヌ」は、膨れ上がる了解不能を通じて自らの内部に感知されることになるのだ。そしてこの事態は、観察にかかわる問題では、もはやない。そこでは、観察は教導に、そして鎮圧に変貌する。台湾調査とともになされた鳥居の症候学に対して「個性」を名乗り、住民虐殺に関与する佐々木の「奴隷解放」を知りながらそこに蘇生の歴史を重ねた伊波が、密やかに感知していた占領の暴力が、もはや言語行為を停止させるほど伊波の現前に登場し始める事態なのである。

「「生蕃」とはちがう」というギリギリの言語行為さえも機能停止に陥るとき、そこからは暴力への予感が膨れ上がる。伊波が名乗った「個性」は、言葉を失い、他人ごとではない暴力を予感する神経系になるのだ。

# Ⅳ　アネッタイ／亜熱帯

## 1　南島人

これまでにも指摘されているように、一九二〇年代の半ばにおける転轍のなかで、伊波の記述の中に「南島」という表現が登場した。一九二六年に刊行された『琉球古今記』の序文にある、「私が一個の南島人として、主に内部から南島を観たもので、いはゞ南島人の精神生活の一記録ともいふべきものです」という文は、[71]「南島」という表現が、伊波の新たな記述の始まりである事を如実に物語っている。

この「南島」という表現は、同書の中扉裏に柳田国男の名前が掲げられているように、一九二二年に発足した柳田の「南島談話会」に象徴される「南島」研究から持ち込まれたものである。それは、伊波が東京に居を移したという事も関係しているのだろう。またこの「南島」は、笹森儀助の

『南島探験』等にみられる近代日本の領土拡張にかかわる表象とも、無縁ではない。[72]

鹿野政直が指摘するように、「南島」が連発される中で始まる伊波の研究においては、かつての歴史へのこだわりは消え失せ、沖縄を日本の傍系と位置づけ沖縄と日本の共通性を探る方向へと向かう。そこでは「南島人」は、「日本人」の一傍系として、明確に定義されているのである。[73]

だが、「私が一個の南島人として、主に内部から南島を観」るという内部観測とでもいうべき視線は、明らかに『古琉球』においてみられたような症候学をめぐる伊波と鳥居の入り組んだ関係とは異なっている。発話を停止させ、歴史を放棄し、暴力の淵へと向かった伊波が、新たに開始した記述とは、一体どのようなものだったのだろうか。

「個性を表現すべき自分自身の言語を有つてゐない」という呟きとともに開始される新たな記述には、「日本人」との差異を定義し、「琉球人」という主体を「大国民」とともに設定しようとする脅迫的な思いはない。「琉球人」から「南島人」への展開は、「日本人」の一傍系としての「南島人」を意味しているのであり、「南島人」は疑いもなく「日本人」として分類されている。だが、その一方で、「琉球人」を歴史主体として立ち上げようとした際に、明確に区分されていた「生蕃」との境界が、「南島人」の記述においては曖昧になっていくのである。

「南島」、「南島人」という言葉がちりばめられた「『隋書』に現れたる琉球　上、下」(『沖縄教育』一五七―一五八号、一九二六年)ならびに「『隋書』の流求に就いての疑問」(『東洋学報』一九二七年)は、七世紀初頭の『隋書』に記載されている「流求」をめぐる論考である。この「流求」の記述が、一体どの地域をさしているのかについて、当時、伊波と東恩納寛惇の間で論争があった[74]。伊波が『隋書』に記述されているのを「南島人」だとしたのに対し、東恩納はそれを台湾の「生蕃」だとしたのである。

問題になったのは、そこに記述されている食人、入墨、出産、葬式の儀礼だった。とりわけ食人について、たとえば東恩納は、「聖徳太子摂政の文明国と盛に交通して居る程の国人が死人の腐肉を貪り食ふ事を敢へてするであらうか[75]」と述べ、あるいはまた、「果たして然らば(食人をするような)かかる文化の素質の低劣な民族から、どうしてあの雄大神秘なオモロが生まれて来るか。……あの神歌に盛られた程の雄大無碍な思想は断じて食人を道徳と考へるやうな民族の所産ではない」として[76]、伊波に反論している。東恩納は、食人などの野蛮な風習は、「低劣な民族」の文化であって、沖縄のものではないというのである。またそこには、「聖徳太子摂政の文明国」である「日本」との共通性が強調されている。

だがこれに対し伊波は、人の肉を食うことはつい最近まで存在し、また「南島人は南に於ては馬来人と接触」していたことを指摘して、食人の記述を「南島人」の徴候とした[77]。また入墨に関しても、「この土俗は南島人が生蕃に影響したのか、生蕃が南島人に影響したのかといふ事もはつきりわかつてゐない」とし、「兎に角、この蛮風が野蛮な生蕃人の間で早くも消失して、開化した南島人の間に久しく保存されたのは、不思議と言はなければならぬ」と述べている[78]。

この伊波と東恩納との論争からわかるのは、伊波はそこで、「琉球人」を「ネーション」とし、

「生蕃」を「ピープル」として両者を厳密に区分しようとするのではなく、むしろ両者の重なりに眼を向けているという点である。いいかえれば「日本人」の傍系だとした「南島人」において、伊波は「生蕃」との関係を受け入れているのである。

ところで、伊波がこうした「南島人」と「生蕃」との関係を受け入れていくプロセスは、同時に、これまで開化の中で改善すべきもの、払拭すべきものとして設定されていた後れた習俗、制度に対する再評価としても展開した。たとえば『沖縄よ何処へ』(一九二八年)においては、旧来の土地制度である地割制度について、「参政権といふ美名を得て蘇鉄地獄に落ちるよりも、この特殊の土地制度を保存して置いて、徐ろに次の時代を待つ方が気がきいてゐたのではないか」と述べている。[79]

こうした未開、野蛮の再評価において、たびたび言及されたのが、「モーアソビ(毛遊)」である。伊波は『沖縄女性史』(一九一九年)において、「毛遊とは妙齢の女子が銘々男子と相携へて、殆ど毎晩野外で遊ぶの謂」であり、性病の伝搬と毛遊びの関係に言及した後、それを「悪習」と表現している。[80]だが一九三〇年に『民俗学』(二巻一号)に掲載された「ヤガマヤとモーアソビ」では、「モーアソビは農村ではなくてはならぬ青年男女の娯楽機関であり、配偶選択の機関でもあつたが、行政官や教育家のいらぬおせつかいで、一時代前に禁ぜられて了つた」と述べている。[81]こうした「モーアソビ」の再評価は、「南島人」の記述において散見される。[82]

ここで注意すべきは、伊波は「モーアソビ」を、女性史、あるいは女性をめぐるセクシュアリティの問題として論じているという点である。「南島人」における未開、野蛮を再評価し、受け入れていく営みは、他方では未開で野蛮な女性像の再評価として展開されたのである。同様の事例は「モーアソビ」の他にも、たとえば、「生蕃」との関連をしめす入墨についてもいえる。伊波は、「開花せる現代の南島人の或者は、宗教的意義を有つこの装飾のかつて存在したことを人に知られるさへ苦痛とし、引いて其の過去の一切の文化を詛ふまでに、民族的卑下心の持ち主になつてゐることを付記して置く」と述べているが(83)、この入墨も「琉球婦人」の入墨なのだ。

「南島人」と「生蕃」との関係を受け入れていくプロセスにおいて見いだされたのは、未開の女性ばかりではない。他方で八重山が、「南島人」と「生蕃」との接触の場として発見されているのである。伊波は、一九二七年に「日本文学の傍系としての琉球文学」において、八重山と「生蕃」、「馬来人」との「土俗」における共通性を指摘しており(84)、こうした主張は、一九三九年の「あまみや考」にまで受け継がれている。

前述したように、人類学において「琉球人」と「生蕃」とを分類しようとする観察は、鳥居龍蔵以降も、日本の人類学者によってなされている。そのなかでたとえば金関丈夫は、手掌の理紋とくに指紋、足蹠の理紋について詳細に検討し、「琉球人」は指紋については「甚だしく原始性に富み、生蕃人に最も近き関係を示す」(85)とし、足蹠の理紋についての「生蕃」との類似性は、「特に宮古、八重山に於いて然りとする」とした(86)。こうした分類の混乱は、「個性」を名乗ろうとした伊波ならば、どうしても反駁しなければならなかったものに違いないが、「南島人」の記述において伊波は、この金関の研究に言及し、八重山と「生蕃」との深い関係を示すものとして肯定的に引用している

のである。(87)

だがこうした伊波の人類学の研究の引用において、看過してはならないのは、金関も含め多くの人類学者が、「琉球人」と「生蕃」をアナロジーとして議論を立てているのに対し、伊波はそれを八重山と「生蕃」との関係に読み換えているという点である。「生蕃」との関係は受け入れるが、そこには八重山という媒介項が設定されているのである。「南島人」と「生蕃」との関係を受け入れていく伊波は、同時に「南島人」の内部に、未開の女性と八重山を再発見していったのである。伊波は、先にとりあげた「日本文学の傍系としての琉球文学」において、「先島文学」について次のように述べている。

八重山は、実に歌の国、舞の島である。その無名の詩人たちは、律動的《リズミカル》な長篇の民謡を沢山遺してゐる。そしてその乙女《バガナー》たちは、この美しい歌の調べにつれて、恰も空に舞ひ舞ふ胡蝶の如く、踊ることがある。(88)

「南島人」において八重山と女性は、野蛮、未開として発見され、そしてロマン化されている。前述したように、「個性」を名乗る伊波にとって「生蕃」は、占領の暴力を予感させる存在であった。その「生蕃」との関係を「南島人」において受け入れていくなかで、伊波は、まるでふくれあがる暴力の予感にたえきれないかのように、ロマンティックな、野蛮、未開、そして「生蕃」との出会いを描いていったのである。そこでは占領の暴力は、ロマンティックな八重山や女性との出会いとして、置き換えられている。

結局のところ、分類上は「日本人」の傍系として位置づけられつづけた伊波の「南島人」の記述は、「日本人」としては表象され得ない野蛮、未開、そして「生蕃」を含み込んでいった。伊波においては、こうした「日本人」とは表象されない領域もやはり「南島人」なのである。伊波にとって「南島人」とは、「日本人」であって、かつ「日本人」ではないのであり、「日本人」でありながら「日本人」に翻訳されない領域を抱え込んだ存在なのだ。そこでは感知されているはずの占領の暴力も、八重山や女性との出会いに置き換えられ、歌や踊りにかき消されている。一体何が始まったのだろうか。

## 2　アネッタイ／亜熱帯

「琉球人」にかわって登場した「南島人」は、「日本人」であって「日本人」ではない。本章の最後に、伊波の「南島人」に含まれるこうした二重化された発話の意義を考えるために、山之口貘の詩である『会話』をとりあげよう。

お国は？　と女が言つた

さて、僕の国はどこなんだか、とにかく僕は煙草に火をつけるんだが、刺青と蛇皮線などの聯想を染めて　図案のやうな風俗をしてゐるあの僕の国か！

ずつとむかふ

南方
それはずつとむかふ、日本列島の南端の一寸手前なんだが、頭上に豚をのせる女がゐるとか　素足で歩くとかいふやうな、憂鬱な方角を習慣してゐるあの僕の国か！
ずつとむかふとは？　と女が言つた

亜熱帯
南方とは？　と女が言つた
南方は南方、濃藍の海に住んでゐるあの常夏の地帯、竜舌蘭と梯梧と阿旦とパパイヤなどの植物達が、白い季節を被つて寄り添うてゐるんだが、あれは日本人ではないとか　日本語は通じるかなど〻話し合ひながら、世間の既成概念達が寄留するあの僕の国か！
アネッタイ！　と女は言つた
亜熱帯なんだが、僕の女よ、眼の前に見える亜熱帯が見えないのか！　この僕のやうに、日本語の通じる日本人が、即ち亜熱帯に生まれた僕らなんだと僕はおもふんだが、酋長だの土人だの唐手だの泡盛だのゝ同義語でも眺めるかのやうに、世間の偏見達が眺めるあの僕の国か!

赤道直下のあの近所

『会話』は、一九二四年、再度東京にやってきた山之口貘が、職を転々としながら書きためた詩集『思弁の苑』(一九三八年)に収録されている。この詩をめぐっては、既にいくつもの議論があり、[89]たとえば川満信一は、外からの眼差しにより「作者の内部でいよいよ鮮明になってくる「僕の国」としての沖縄を重圧力として抱え込んでいく」という様子を、この詩から読みとっている。[90]

確かに、「お国は?」、「ずつとむかふとは?」、「南方とは?」という一連の問いかけが、重圧感をもって「僕」に迫ってきている。一体お前はどこから来たのか、何者なのか。まずは、「お国は?」から始まる一連の問いかけが、恫喝めいた響きをもっていることを、聞き取らなければならないだろう。この恫喝により「僕」は、問いかけが期待する、というより期待していると「僕」が考える自己を否応なしに自分の内部に見いださざるを得ないのである。また更に注意すべきは、問いかけの質問が極めて単純であるのに対して、「僕」が自己の内部に見いだす自己像は、極めて具体的で細部にわたっているということである。それは、「僕」が、「お国は?」という問いかけの中に、単にお前は誰かという問いではなく、どこを改善しなければならないか絶えず監視し続ける教導の視線を感じているからに他ならない。またこの教導の視線には、暴力が待機しているだろう。

この教導の視線を含む問いかけの中で、「僕」が自分の内部に見いだして行くのは、「刺青」「蛇皮線」「豚」「素足」「日本語」「土人」などにより構成された改善しなければならない自己なのであり、そこでは、具体的な改善すべきポイントが細部にわたって指示される。あらかじめ設定された問いかけのなかで、期待される自己を、質問者の言葉にそって提示しなければならない「僕」が感じていた脅迫感は、鳥居の視線に応答して「琉球人」を提出した伊波のものでもあるだろう。

だが「僕」は、期待されているこうした自己を、提示しようとはしない。それは、答えることを拒否し続けるということで遂行されていく。「僕」は「女」に、何を答えればよいのかわかっている。そして、自分に対して期待されている表象を自分の中に見いだしているにもかかわらず、「僕」はそれを説明はしないし、相手に伝えることもしない。

また、質問者の言葉にそって別の自己を名乗ることも「僕」はしないのだ。『古琉球』において伊波が鳥居に応答したような関係はここでは展開しない。また更に、「女」の「お国は？」という問いが結局のところ、お前は誰だということでしかないにもかかわらず、「僕」はその問いに対して、自分はどこから来たのかという問いを、内省的に自らの過去に向け続けるのである。そこでは「僕」は、予定された言葉で期待されたように自己が翻訳され、表象されることを、拒否し続けようと身構えている。「僕」は、質問者の問いかけが教導と暴力でもあることに気づいている。そしてそうであるにもかかわらず、それを別の存在に委ね逃れようとはしていない。「僕」は「個性」を名乗らないのだ。

自分はどこから来たのかという内省的な遡行のなかで、「亜熱帯」という言葉が登場する。「僕」は「亜熱帯」を提示し、「女」の「お国は?」から始まる一連の問いかけは、「アネッタイ」という回答を得る。だが「女」が「アネッタイ!」といってついに獲得した答に感嘆するとき、「僕」は逆に「女」に問いかける。「眼の前に見える亜熱帯が見えないのか!」。恫喝めいた問いかけに対し、自己が提示された瞬間に、恫喝に対する反問が開始されているのである。[91] そしてこの反問は、まさしく「アネッタイ」と「亜熱帯」という同じ用語の中に含み込まれているのだ。

「何者であるか」という問いかけは、「アネッタイ」という表象を獲得し、その背後にある内実を了解したと思った瞬間に、表象は「アネッタイ」/「亜熱帯」になり了解不能に陥るのである。「眼の前に見える亜熱帯が見えないのか!」。結局は、予定された結論に向おうとする会話を、「僕」は、過去への内省的遡及と自己提示の拒否でもって、解体していったのである。だが、だからといって、「亜熱帯」が真に獲得すべき表象なのではない。「アネッタイ」と「亜熱帯」は二重性を帯びながらも、決して別々に類型化された表象ではないのだ。そして了解した瞬間に了解不能に陥るこの「アネッタイ」/「亜熱帯」は、偽りの表象から真の表象への移行なのではなく、了解できない不気味さを、決して表象されることなく、その内部に維持し続けるのである。

自らの内部性は、もはや表現できないと宣言し、了解されない領域を抱え込んだものが、依然として繰り返される「お前は何者か」という問いかけに、私は「南島人」ですと表明したとき、その問いかけは、はたして、いかなる回答を獲得した事になるのだろうか。一九二〇年代の転轍を起点に始まる伊波の記述を考えるとき、伊波の「南島人」からは、「アネッタイ」／「亜熱帯」と同様に、教導と暴力が交差する観察という営みそのものを、了解不能に引き込んでいく営みが見いだされなければならないだろう。「日本人」としての本質的な内実があると思いこみ、傍系である「南島人」の観察を行おうとする症候学は、こうした伊波により、たえず了解不能に陥らざるを得ないのである。鳥居の「琉球人」を反復した伊波は、そこから鳥居の症候学により定義される実態とは別の現実である「個性」を設定しようとした。だがその現実は言葉を失い、替わって登場した「南島人」は二重性を帯びながら、症候学を揺るがしていく。「連中のことはよく知っている」と彼らはいう、だが「人種主義の終焉は、突然の了解不能とともに始まるのである」[92]。

だが、この『会話』における「僕」の発話を考えるとき、そこにある抜き難い男性的な響きを、聞き逃すわけにはいかないだろう。自らの内部に了解不能な領域を抱え込んだ「僕」は、一方で、極めて了解可能な男らしさにおいて自己をつなぎとめているように見える。そしてこの問題は、「伊波」の発話においても指摘されなければならない。前述したように、「南島人」の内部に八重山と女性を設定する事により伊波は、「日本人」には翻訳され得ない「南島人」の領域を、記述する対象として固定しているのである。そしてそこには、伊波自身が、了解不能な領域を観察し、教導し、鎮圧する危険性が、やはり存在しているというべきであろう。

「個性」が言葉を失う事態とは、占領の暴力を他人ごととして表現しようとする言語表現の停止であった。そこでは、観察される経験において、すでに暴力が予感されている。だが、同時にそれは新たな事態の登場でもあった。「南島人」という不安定なシニフィアンは、占領の暴力を感知させる症候学に対する拒絶であると同時に、この新たな事態を反映したものでもある。この新たな事態とは、占領の終結ではもちろんない。要点は、占領が同時にこの新たな事態の開始であるという点にあるのであり、占領に関わる症候学は、既にこの新たな事態の運動を抱え込んでいるのである。占領が既に占領としてのみ登場し得ないという状況において、占領を感知しつづけながらそれを他人ごととして回避しようとした言葉行為が停止したのであり、そこで予感される暴力は、占領の暴力であると同時に、既にそれだけではない。

## 3　労働力

そもそも伊波における「琉球人」から「南島人」への転轍に深くかかわっているソテツ地獄とは、いったい何だったのだろうか。それは単に悲惨さとか疲弊ということではなく、これを契機として沖縄の人々は、急激な勢いで本土労働市場に巻き込まれていき、さらには、新たに領有したばかりの南洋群島へ、農業労働者として包摂されていったのである。いいかえればそれは、労働市場への実質的な包摂であり、そこからは、「働くものなら誰でもよい」という事態、すなわち私たちが今もなおそこに生きつづけているこの事態こそが、まずは看取されなければならない。「生蕃」とちがうといって自らを区分けしながら名乗りを開始した者は、「誰でもよい」という事態に直面するのである。ここで述べた「南島人」も、こうした展開とともに再度検討しなければならない。すなわち伊波が「日本人」の傍系として見出した「南島人」とは、「日本人」という主体を越境していく資本主義の身体として、もう一度議論されるべきものだろう。「社会は、交換主義者ではない。社会は登記するものである」[93]。だが市場は、「種々の流れを脱コード化し、社会体に対する登記様式の崩壊」を導くのである[94]。

したがってそこでは、「個性」が蘇生する歴史ではなく、また教導により開化する歴史でもなく、自己を労働力として提示し商談する営みこそが、まずは議論の中心に設定されなければならない。さらに、『古琉球』においては多元的な帝国として構想されたかに見える「大国民」も、こうした脱領土化と再領土化の運動とともに再考されなければならないのだ。結論を先取りすれば、「大国民」は「個性」を起点に実現するのではなく、「個性」の不可能性において登場するのである。「古琉球」は、序章で述べた「労働力としての経験」において、再度、蘇ることになるだろう。だがその「古琉球」の復活が、「個性」を名乗る「琉球史」とは既に別物であることを、伊波は既に知っていた。

また脱領土化の中で新たな症候学が、新たな法と暴力とともに生まれる。下水道に流れ出し、自らを労働力として提示しようと商談のテーブルにのぞんだ者たちを、その症候学は、あくまでも労働力として登記しようとするだろう。そして、かかる症候学の中でも、身構える者とともに依然として暴力は予感されなければならない。

# 第三章　共同体と労働力

# I　熱帯科学

## 1　ソテツ地獄

ソテツ地獄という名称は、経済史的文脈においては一九二〇年の世界砂糖市場の砂糖価格暴落による危機としてさしあたりは説明することができるだろう。その危機とは、日本帝国の拡大に伴って台湾さらには南洋群島に広がった糖業資本の展開と、これまで商品流通においてのみ資本主義に関係を持ち、「その商品が出てくる生産過程の性格は、何でもかまわない」[1]という位置にあった沖縄農業のあいだの矛盾が、農業問題として登場してくるプロセスであるといえる[2]。すなわち一九二〇年におきた世界砂糖市場の価格崩壊は、すぐさま国内黒糖価格に連動し、一九一九年から一九二〇年にかけての黒糖価格を一〇〇とすれば次年度は四八まで急落した。その後も価格はじりじりと下落し、一九三五年には三三にまでなった[3]。そしてこうした価格暴落は甘蔗作農家を直撃し、沖縄農村は、一気に過剰人口を抱え込んだのである。また終章で検討するように、この価格暴落の中で解体しはじめた沖縄農業において、世界糖業市場の中で生きのこりうるような植民地農業への再編か、それとも国内農業として保護するのかが論議されることになる。

もちろん本書の課題は、こうした経済史的メカニズムの解明ではない。だがこうした経済史的了解からは、ソテツ地獄という感傷的な表現において把握された一九二〇年代以降の展開が、一見別に見える二つの事態を生み出したことを指摘することができる。一つは大阪や南洋群島に労働力の販売先を求めて流れ出した出郷者たちをめぐって生じた事態であり、今一つは沖縄農村にとどまりつづける者たちをめぐる事態である。後者については終章で再度検討するが、過剰人口が産業予備軍として資本主義に包摂されるにともなって、とどまる者たちも新たな対応に迫られるのである。とどまる者たちの社会も再編され組織化されていくのであり、この展開もまた、過剰人口の急激なる拡大にともなう新たな秩序の形成に他ならない。一気に膨らんだ過剰人口は、資本蓄積に包摂されながら、出郷者と、とどまり続ける者という二つの顔として新たに表現されていったのである。もちろんそこには、新たな症候学の登場が対応している。

## 2 熱帯科学

一九一四年、第一次大戦に参戦した日本は、同年一〇月には当時ドイツ領であったマリアナ、パラオ、カロリン、マーシャルの諸群島からなる地域を占領した。今日のミクロネシアであり、当時南洋群島とよばれていた同地域は、ベルサイユ条約により日本の委任統治領となり、一九二二年にはパラオ諸島コロール島に南洋庁が設置された。こうしてアイヌ・モシリ、琉球、台湾、朝鮮と侵出してきた日本は、ここに初めて熱帯地域を手に入れることになる。日本帝国における南洋群島の意義は、フィリピン、インドネシア、ニューギニアへの軍事的侵出拠点としての側面が重要である。とりわけ一九三三年に日本が国際連盟を脱退して以降、こうした側面はより強調され、呼び名も「内南洋」と称されるようになった。そこには内から外へという侵出の方針が明確に示されている。

しかし南方侵出における南洋群島の意義は、単に軍事的なものにとどまらない。たとえば、当時南洋群島で発刊されていた月刊雑誌『南洋群島』の原稿募集には、「南洋群島の生活は、日本民族南方発展の修練の場です。その日常生活の体験は貴重な資料です」とある。[4] 日本帝国が初めて手にいれた南洋群島という熱帯地域は、「南進準備の総合試験地」[5]なのであり、この「試験地」を舞台に、人類学、民族学、考古学、医学、労働科学、農学、生物学などの諸学が、いわゆる熱帯科学として展開することになったのである。こうした研究を支える機関として、学術振興会により設立されたパラオ熱帯生物研究所(一九三四年設立)、南洋庁による熱帯産業研究所(パラオ一九二二年、ポナペ一九二六年、サイパン一九三〇年それぞれ設立)、各地に設立された南洋庁医院などが存在したほか、一九三八年に設立された太平洋協会も、南洋群島における調査、研究を組織した。

こうした南洋群島を舞台に開始された熱帯科学も、新たに獲得した領土とそこに属する人々が、どのような存在なのかということが主要なテーマになったのであり、これまでの症候学と同様に、新たに占領した領土と住民の国家への登記であることには変わりはない。そこでは、第一章で述べた日本人種論と同様に、日本人との類似性と相違性を示す徴候をめぐる人種分類もおこなわれている。当時「島民」あるいは「土人」、「カナカ」、「チャモロ」とよばれた南洋群島の住民と「日本人」との差異がこうした症候学により記述され分析されていった。だがこの地の熱帯科学の展開は、こうした人種分類だけではない。

南洋群島は軍事的な侵出拠点であると同時に、資本進出の拠点でもあった。同地には、一九二一年に東洋拓殖がおこした南洋興発が展開し、甘蔗栽培、製糖業を中心として酒精、でんぷん、燐鉱、水産などの生産を行い、また南洋貿易は同地を拠点に海運、椰子栽培などを行った。さらには、先のドイツ南洋燐鉱株式会社から買収した燐鉱採掘が、南洋庁の官営事業として展開したのである。南洋群島に展開したこうした資本において必要とされた労働力は、その多くがソテツ地獄により形成された沖縄における過剰人口から引き出された。さらには、南洋群島の住民も部分的に労働力として引き込まれている。こうした中にあって、熱帯科学は労働力として包摂されていった人々を観察する症候学としての性格を、当初から帯びることになる。鳥居龍蔵の症候学において日本人に分類された「琉球人」は、この地においては労働力でもあったのである。

南洋群島は、日本が占領する以前から、「南洋」あるいは「南洋土人」として、小説、歌、冒険記、絵画など様々なスタイルにおいて表象され、記述されてきたといえる。こうした記述が、いわゆる「南進」へのファンタジーをかき立てたことは疑いない。だが、これから主要に考えたい論点は、単なる南洋イメージや他者像ではなく、占領と同時に始まる同地における資本蓄積である。すなわち、ベルサイユ条約によりドイツ領南洋群島が帝国の手中におさめられて以降、同地の住民は、単なるファンタジーではなく、「南方建設」における労働力配置の問題として議論され、また記述されるようになった。

こうした動きは、大東亜共栄圏における「南方労働力問題」を構成していくことになる。[6] そこでは、ファンタジーではなく、労働力として包摂するための、さらにいえば資本蓄積を支えるための、制度的建設がめざされなければならない。また逆にいえば、こうした労働力問題の登場に係わって、かつてのファンタジーを支えた快楽や欲望は、もういちど定義されなければならなかったのである。この、「南洋」というファンタジーから「南方建設」へという展開につれて「島民」を(再)定義していく営みは、たんなる植民地的言説における他者表象の問題ではなく、「南洋」あるいは「大東亜」における労働力問題の中で考察していく必要があるだろう。

ところで、このような労働力問題にかかわって注目すべきは、熱帯医学というジャンルである。W・アンダーソンがフィリピンを舞台にして論じたように、[7] 植民地主義のなかで成立した熱帯医学による住民の記述は、単なる表象の問題ではない。それは、住居の形態、服装、労働条件などの植民地社会の社会的リアリティを定義し、構成していく力として具体的に作動していくのである。しかもアンダーソンは、こうした熱帯医学という症候学の登場により、記述対象が地理的、風土的なものから身体的なものへと移行していくことを指摘する。

こうした熱帯医学に関わる身体の記述の登場の背後には、住民と植民者との、極めて具体的な皮膚感覚をともなう接触の拡大があるだろう。また更にいえば労働過程が身体性をともなうものである以上、症候学が、身体に集中していくのは当然だといえよう。労働過程が身体性を帯びた実践である限り、身体はたえず定義され続けなければならないのである。また後段で論じるように、この熱帯医学に象徴される症候学において、セクシュアリティの問題は極めて重要な論点になる。いうまでもなく、性が記述されることは、家族制度や人口問題が定義されていくだけではなく、恐怖と嫌悪、そして快楽が定義されていくことでもあるのだ。新たな症候学は、この占領地における住民を「島民」として記述しただけではなく、労働力としても登記しようとしたが、それは労働力問題という限定された設定においてのみなされたわけではなく、性や快楽に関わる熱帯医学の問題でもあったのである。

これから検討する熱帯科学の記述は、「島民」を軸に展開したとさしあたりいえるだろう。だが、この症候学が労働力の登記という性格を当初から有していることに留意するなら、それを「島民」に限定された記述として理解するわけにはいかないだろう。くりかえすが、問題は他者イメージではないのだ。「島民」において論じられていくことが、一体誰を登記しているのかという問題は、「働くものなら誰でもよい」という言葉とともに検討されなければならないのである。いいかえれば「島民」を観察する症候学は、「島民」と命名された人々に対してのみ、その痕跡を残すわけではないのだ。

先にも述べたように、同地における資本蓄積に要した労働力は、後述する燐採掘事業以外は、おもに沖縄から導入された。とりわけ一九三〇年代を通してその人数は、一万一七六人から四万五七〇一人にふくれあがっていったのである。「島民」をめぐる労働力問題は、たとえ直截に言及されていなくても、沖縄から流入した労働力への記述でもある。たとえば、後段で述べるように、熱帯医学、労働科学、植民学においては、南洋群島における「島民」に言及しながら同地における「日本人」の「資質」を問題にする議論が登場するが、この「日本人」とは沖縄出身者のことなのである。さらにつけ加えておけば、「島民」への言及が沖縄についての記述であるということは、観察者がそのように意図していたのかどうかという問題ではない。熱帯科学や南方労働力問題において展開した観察が、観察される者たちにとって、いかなる経験として存在したのかということこそが問題なのだ。

# Ⅱ　共同体と労働力

## 1　観察される「島民」

一九二七年以降たびたび南洋群島を調査した人類学者であり解剖学者でもあった長谷部言人は、頭部、顔面、身体を測定し、「島民」の人種分類を行った。(8) また長谷部以外にも、南洋庁医院に所属する医学者を中心として、「島民」の血液、皮膚の色、汗腺、指紋などの測定による人種分類が多数存在した。(9) こうした学においては、測定されるべき徴候はあらかじめ設定され、徴候の意味は現地の語りとはまったく関係なく、一方的に付与されることになる。

では、こうした観察により「島民」はいかに分類されたのか。多くの場合「島民」は、人種的に「白人」よりも「日本人」に近い存在として分類されていった。この「島民」と「日本人」の人種的な相対的近似性は、日本の南洋侵出にかかわる次のような主張と明らかに共鳴していくことになる。厚生省の予防局長であり医学者であった高野六郎は、一九四二年に日本人の南方侵出について次のように述べている。

日本民族は実際に南洋生活に適すること欧米人の比ではないといふことは明かである。我々の皮膚が既に南洋色を呈してをり、その色素の含有においては現在の南洋民族のあるものと大差がない。ある生理学者は日本人の汗腺を研究して我々の発汗器は南洋人に近いと発表してをる。また日本人の眼には南洋の日光も眩しからず、鼻の高きも北方人のごとく突立しない。……欧米人に比して向南性適南性の遥かに豊かな日本民族が南洋の天地に活躍できないといふ話しはもちろんない。体質において気質において我らは南洋人なのだ。(10)

「日本人」と「島民」の近似性は、南洋に侵出する「南洋人」としての「日本人」を表象する言説として読みかえられていったのである。こうした読みかえは、高野だけではなく、大東亜共栄圏が打ち出されるなかで頻繁に登場している。(11) さらに注目すべきは、多くの場合この近似性が、太古の「祖先」の近似性として主張されているという点である。「日本人」が南洋に進出するのは、「白人」が「南洋人」を支配するのとは違って、「遠き祖先の郷里の土を再び踏む」(12) ことなのである。そこでは「島民」は、あたかも永遠に変わることのない考古学的な化石のように構成され、同じ歴史を構成する存在としてみなされてはいない。(13) さらに、人類学者や考古学者により発見された南洋群島におけるナマンタールの遺跡、レロの城跡などの巨大遺跡が、考古学的陳列物として存在している。奇妙なことに、こうした巨大遺跡は、いま南洋群島に生活している人たちとは無縁のものとして、ときによってはその継承者が「日本人」であるかのように語られているのである。(14)

注意すべきは、ここで議論されている「島民」の人種分類と占領の拡大との連関は、人種的優劣という人種主義が植民地支配に結びついたという関係性ではないという点である。優劣という価値判断ではなく、「日本人」と「島民」との相対的近似性という分類において測定された距離が、占領をあたかも運命的なものとして描き出したのである。

だが南洋群島にすむ人々を記述したのは、測定と分類が予定調和的に「島民」を描き出すこうした人種分類という方法だけではない。人類学者であるB・マリノフスキーの『西太平洋の遠洋航海者』(*Argonauts of the Western Pacific*)が出版された七年後の一九二九年、土方久功は、一九四四年に病にたおれるまでの一五年間に及ぶ南洋群島における活動を開始した。パラオ諸島ヤップ島の離島であるサテワヌ島における調査をはじめ、彼の南洋群島に関する人類学的なテキストは、詳細なフィールド・ワークによる民族誌として、今日もなお人類学や民族学の中に存在しつづけている。この土方の民族誌において、彼が出会い、生活を共にした人々は、どのように記述されているのだろうか。

七年に及ぶサテワヌ島における滞在をもとにして書かれた民族誌である『流木』の最初の部分で、土方はこう述べている。

未開人の生活がどんなに、ほとんど自らが作った網の中でもがいているような、こまごましたむずかしい規定に支配されなければならないのか！／しかしながら一方これがまた、この中にまた、彼らの理性をおきざりにした、盲目的に慣らされた感情の、論理にかかずらわない矛盾だらけの神秘の――そしてそれによって何千年間彼らの実生活が、実に立派に過ごされている、彼らの道徳であり倫理であり――彼らの全生活の調和がこの中にあるのである。(15)

他の民族誌と同様に土方は、堪能な語学力により聞き取った現地の語りから、自分の所属している社会とは異なる彼ら／彼女らの道徳、生活の調和を描き出そうとした。しかしフィールド・ワークにより収集された現地の語りは、観察者がどのように意識しようと、語り手と参入者である人類学者との関係の中で成立しているのであり、しかもこうしたフィールドの実践を、占領という状況における支配、服従、抵抗と無関係に設定することは不可能である。第二章でも指摘したように、観察はいつも脅かされ、脅かされながら観察者は自らを教師へと転身させ、保身をはかろうとするが、そこには既に教導に従わない者を鎮圧する暴力が待機しているのである。観察者は、同時に教師でもあり警官でもあったのだ。

さて、『流木』の土方の記述において注目すべきは、彼がサタワルの人々から聞き取った社会関係、言語、宗教にかかわる膨大なことがらを、学的なテーマごとに整理して構成し直すのではなく、彼自身の行動記録と共に記述しているという点である。すなわち『流木』は、他者を描いた民族誌であると同時に、土方自身の行動が記録された日記なのである。土方はこの『流木』の冒頭で、「本書は、その滞在日記であるが、これは私の、私生活の日記ではない。私のロマンスではない。これは島の、むらの日記であり、島の現実なのである」とあえてことわっている。しかし、サタワル島の人々を描こうとしながら自分自身もそこに記述してしまったこの民族誌からは、自己を観察主体として定置しきれないまま、膨大にふくれあがっていく語りの不安定さこそ、看取されなければならない。[16]またそれは、彼ら／彼女らの調和した世界を描こうとしながらも、占領に関わる様々な状況をうき立たせてしまう危険性（＝可能性）でもあるのだ。

だが土方においてこの可能性は、どこまでも客体として「アイヌ」や「琉球人」を描き出そうとした鳥居龍蔵や坪井正五郎らとは異なる方法で回避されている。土方の南洋群島における活動は、人類学的なフィールド・ワークだけではない。彫刻家でもあった彼は、絵、彫刻、詩、散文など様々な表現形態による作品を残している。こうした作品群において、彼が出会い、ともに生活した人々は、いかに表現されているのだろうか。

民族誌以外の彼の作品には、「未開」、「原始」といった言説にくわえて「娘」、「子供」、「自然」が頻繁に登場する。たとえば、土方が久木功の名前で雑誌『南洋群島』（七巻七号、一九四一年、南洋群島文化協会）に掲載した散文詩「青蜥蜴の夢」[17]にでてくる「典型的な土人の娘」であるゲルールに対して、土方はたびたび「自然の女王」、「子供」などのメタファーを与えている。すなわちこの散文詩においては、「原始」、「娘」、「自然」などの言説により本源的で変わることのない「島民」が表象され、民族誌ではなしえなかった自己と他者の分割が完遂されているのである。またそれは、自己を「文明」、「男」、「大人」として確認していくことでもあるだろう。

この散文詩の最後は、こうしめくくられている。「私達只二人でいる時／もう口でいう言葉がなくなって／二人が黙って心と心で話し合うとき／私達はあまりに大きな幸福の重さを／優しく手を取り合って泣き合うかもしれない」。本源的で変わることのない自己と他者の分割には、やはり言葉を必要としない両者の運命的な出会いが予定されている。だがそれは、先に述べた人種分類のような人種的近似性にもとづく運命性ではなく、男と女の関係において表現されていくロマンチックなものである。占領は男と女の関係に置き換えられているのである。いいかえれば、土方においては、フィールド・ワークにおける観察主体の不安定さと、詩におけるロマン主義的で運命的な自己と他者の分割とその合一とは、相互に補完し合いながら存在しているのである。

だがこうした置き換えは、置き換えることが困難な事態に対しては、口をつぐむことでもあるだろう。後述する、反日を掲げたパラオの宗教運動への弾圧を非難する青年との出会いを、土方はこう記している。

> 私は多言なパラオの青年にむずかしいことを話そうとは思わないし、そんなことをすれば、私はこの青年に何千言を費やして、しかも彼等に都合のいいような事ばかりを語り聞かせたことになってしまうだろう。(18)

土方は賢明にも、口をつぐまざるを得ない領域があるということ、そしていったんそこに足を踏みいれれば、観察主体としての自己は崩壊し、記述ができなくなることを承知していたのである。いいかえればそれは、占領を感知しながらそれを否認しようとする植民者の保身の身振りであるだろう。またこうした占領の否認の延長線上にこそ、「彼等」の世界を開化という教導の対象として再び定義する土方の主張が登場するのである。日記という不安定な記述にもかかわらず『流木』には、唐突に開化という教導が登場する。

長い長い年月が堅く結んできた網目をほぐしてやらなければ、とうてい急速に開化することができないのである。それをほぐしてやることが日本人の義務となった今日である。(19)

土方は、占領の暴力を感知しながら、「島民」を教導の対象として再定義した。そこには同時に、観察するのでもなければロマンチックな出会いを演じるのでもなく、「島民」を指導し、導いていく「日本人」が登場することになる。土方のこうした転身は、第二章で述べたオクターヴ・マノニにおいても議論されたことであるだろう。またそれは、安定したシニフィアンを獲得する転身でもある。レヴィ＝ストロースのいうような理論的「ゼロ値」の設定は、「島民」の「長い長い年月が堅く結んできた網目」の設定であり、「島民」固有の社会の設定であり、それはまた開化の対象の明確なる設定でもあるのだ。

だからこそ、こうした土方に即した転身は、当該期の南洋群島の占領に即して再度検討されなければならないのである。すなわち、観察を脅かす占領状態とは何かということが、次に問われなければならない。土方が口をつぐんだ「パラオの青年」とは、誰のことなのか。あるいは開化の対象として設定された「堅く結んできた網目」とは、何か。そして開化とは何か。土方は何を教導し、何を鎮圧しようとしたのだろうか。観察という名のもとで展開した記述には、観察者の意図がどうであろうと、こうした問いが設定されなければならない。こうした問いからは、土方自身がそれをいくら日記であると主張しようと、占領状態が浮びあがるだろう。南洋群島をめぐって展開した熱帯科学と同様に、土方の日記も、占領地にかかわる記述なのである。

## 2　郷土社会と労働力

一九四一年、あの平野義太郎は、太平洋協会の企画部長になる。一九三八年に設立され鶴見祐輔が専務理事をつとめる同会の規約には、「本会は東西両半球に跨る太平洋の諸問題を調査研究し、太平洋政策に関する国民の認識を深めて国論の基礎を固め具体的政策の確立に依り之を国策に実現するを以て目的とす」とある。[20] この組織の中で、平野は自ら調査研究にあたる一方で、東南アジアならびに太平洋諸島の調査研究にあたる研究者を組織した。

とりわけその研究対象の中軸になっていたのは、当時「内南洋」とよばれていた南洋群島である。そこに平野の、「(内南洋)諸島の占領は、我が国民の南方発展に新エポックをなすものである」[21]という認識があったことは疑いない。彼によれば、「内南洋諸島占領当時に獲得した熱帯民族に対する軍政の経験、しかも、更にそれより生まれた太平洋諸島に関する我が民族学は、今日の我が大南洋統治の礎石を築いてゐるのである」[22]。大東亜共栄圏における熱帯科学の重要性を繰り返し強調していた平野にとって、南洋群島はその格好の試験場だったのである。かつての講座派の中心的論客であり、大東亜共栄圏のイデオローグであり、太平洋協会企画部長であった平野義太郎にとって、南洋あるいは南洋群島において展開したこうした熱帯科学とは何であったのだろうか。

平野は、『太平洋の民族＝政治学』(一九四二年)において、大東亜共栄圏における「協同主義」について、次のように述べている。

共栄主義による民族政策、あるいは、自主主義・協同主義は、原住者社会生活の伝統を尊重し、その歴史的存在の事実を認め、これをその固有の方向に従ひ発達せしめんとするものであるから、同化政策の画一的なるに反し、個別的特殊的である。[23]

この短い文章には、固有な「伝統」の相対主義的な認識と、「固有の方向」に内在する「発展」という共通の普遍主義的実践が存在している。又、同様の構図は、平野の著作において随所にみられる。たとえば、『太平洋の民族＝政治学』の二年後に刊行した『民族政治の基本問題』(一九四四年)においても、「我は、大東亜圏内の各邦に広範囲に、その自主創造性に基づいて自主独立の権能を付し、従つてその創造性を伸暢し、伝統を尊重し、文化を揚する」と述べている。(24) 以下、この『民族政治の基本問題』にそいながら平野の大東亜共栄圏構想を考えてみよう。

まず平野において「伝統」とは、具体的な地理的範域を意味する「郷土社会」を意味しており、さらにこの「郷土社会」の「基底」として「郷土文化」を有する村落共同体が設定されている。ジャワ、スマトラ、バリ島、フィリピンなどの村落共同体こそ、大東亜共栄圏における「郷土社会」を構成する基軸なのである。こうした村落共同体は、農法の違いによって「稲作灌漑農法」地帯、「畑作旱地農法」地帯、「熱帯島嶼性農業圏」に分類され、その中でも「稲作灌漑農法」地帯こそ大東亜共栄圏の「基幹部分」(25)として位置づけられている。この「稲作灌漑農法」地帯の村落共同体については次のように説明する。

わが日本内地、朝鮮、台湾、中南支、仏印、タイ、ビルマからインドの東部水稲地帯を含み、さらに、マライ・東インド・フィリピン等のいはゆるマライシアの水稲地帯がこれにはひる。これらの地帯の農村は、緊密な村民の隣保扶助・郷土意識をもち、農業型は、極めて零細集約的な家族労作経営＝小農構造を持つことによつて特徴づけられる。しかるに近時ここでは、耕地の不足と高率な地代と、農村の過剰人口とが、相互に制約しつつある小農民経済が支配的で

ある。(26)

ここでは、高額小作料に苦しむ零細な家族労作経営という基本認識が存在している。この認識に、かつての講座派としての平野をみることはできるだろう。しかしこの文章における平野は、「高率地代」の原因を封建的土地領有にみいだし、小作争議によるその解体を主張するのではない。家族労作経営をのりこえるために彼が主張するのは、「郷土社会」の建設であり、その具体的方策として提示するのは、「国家的援助」にもとづく「(イ)不在地主還農を主軸とする土地政策、(ロ)流通部門の改善合理化をはかる協同組合＝合作社政策、(ハ)中農主義＝協同主義の技術的基礎の改善確立策」である。(27)

ただちにいえることは、平野が提示した村落共同体の定義とその組織化の具体的方法は、一九三〇年代における社会政策的農政を、そのまま「大東亜」に拡大したものだということである。小作争議が終息に向かって以降、一九三〇年代において急速に進んだ国家による村の組織化のなかで、平野はこの村を、「郷土社会」として「大東亜」の領土にまで拡大していったのである。平野に引きつけていえば、かつて社会運動の中で生起し、後に国家による組織化の拠点にもなったこの村という共同体は、「日本」という国家の範域を定義しただけではなく、まさしくそれは、「大東亜」という領土を定義していったのである。領土とは、新たに組織化された共同体のことなのだ。

だが、平野の地政学は、「郷土社会」により領土の範域を定義しただけではない。そこには、生産力主義とでもいうべき側面が抜き難く存在している。かかる側面こそ、二つ目の論点である「固有の方向」に内在する「発展」という普遍的実践の問題と関わっている。平野は「郷土社会」の「基底」にある「郷土文化」を、過去の価値的な伝統としてではなく、日常生活における実践のなかで定義し直し、次のように説明する。

民族政治とそれに基づく教育政策は抽象的な単なる道徳的なものでは決して民族の中に浸透し民心を把握するものではない。従つて、文化は原住民の生活に即応するもののみが、民族の現実的な具体的生活そのものの中から入つてゆくものである。(28)

したがって、「郷土社会」は生活実践により確認され、たえず再定義されるものとして設定されることになる。ではこの実践とはなにか。多くの場合それは、生産に結びつく実践(=労働)である。たとえば平野はインドネシアにおける「郷土社会」の建設について、「労働の持続性・正確・敏速・注意力の継続的集中・沈着・勤勉・貯蓄・精神統一などの心的習性を錬成することが近代的共同体生活の徳性の鍛冶のために必要欠くべからざるものである」と述べているように(29)、「郷土社会」という共同体は労働という実践を通じて確認され、獲得されなければならないのである。いいかえれば、共同体は固有の「郷土文化」や「民族文化」として与えられると同時に、労働という共通の実践により確認され、たえず定義されつづけるものとして設定されていくのである。そして平野は、この共通の実践に対して、指導者たる日本を掲げるのだ。

> 軍需資源の開発を各民族の職域奉公とし、食料・衣料の自給自足、労働力の規律ある訓練へ向かつて南方民族を自主的に錬成＝自強せしめること。そして、これを指導するところのものは、東洋社会において最も進歩発達せる日本の精神・科学および技術である。／現在において南方圏の諸民族を戦力増強に向かつて積極的に協力せしめること、諸民族の文化・指導とは別々のところではなく、統一された原理から出発せねばならない[30]。

平野は「大東亜」の領土を、「民族文化」や「郷土文化」を社会政策的に組織された共同体として設定した。と同時に、その共同体が労働という共通の実践により確認され、かかる実践によりかち取らなければならない未来として設定されるとき、領土内の人々は労働力という共通の項として客体化され、指導される対象として記述されるのである。そこでは、共同体の組織化と労働力としての客体化は、矛盾なく一つの領土を形作るかのように描かれている。共同体と労働力という両者の間を、平野は一気に飛び越え、予定調和的な「協同体」を描こうとしているのである。

だがしかし、共同体と労働力は一致しないだろう。固有の「民族文化」や「地方文化」は、労働力という共通項により不断に脅かされ、脅かされながら新しい村へと組織化されるのである。平野の「大東亜」の領土にかかわる記述からは、不断に再定義しつづけなければ維持できない不安定な共同体こそが、読み取られなければならないだろう。それは占領が資本蓄積の開始でもある以上、もはや共同体は安定的に定義できないということの証左なのである。

逆にいえばこうした不安定さの中で平野は、「郷土社会」という共同体を一つの領土として強引に描こうとしたのである。平野の共同体と労働力の記述は、脱領土化と再領土化をくりかえす資本の運動の中で行われたのであり、そこで平野は、運動の中で不安定にならざるをえない領土を、まるで予定調和的に帝国の領土に結果するかのごとく、記述するのである。だが、労働力として自己を提示していくプロセスは、共通項としての労働力に行きつく道筋として総括されるべきものではないし、平野が描いたように帝国の領土を更新するとも限らない。平野をまきこんだ運動からは、別の未来が見出されなければならないだろう。

ところで平野に看取できる固有の共同体と普遍的な労働力という設定は、他の記述においても存在する。平野が企画部長を務める太平洋協会により組織され、南洋群島の調査研究にあたった研究者の中には、清野謙次や熱帯地域における「日本人植民者」の労働能率、環境適応能力を測定した医学者の中山英司、そして南洋庁の嘱託として一九三八年から一九四一年まで南洋群島全域にわたって「島民の旧慣調査」をおこない、戦後は東京大学文化人類学の初代教授に就任した日本の民族学の中心人物の一人である杉浦健一などがいたが、先にあげた平野の文章からも分かるように、平野においてとりわけ人類学、民族学への期待は大きかったことがうかがえる。特に杉浦健一の研究について平野はたびたび言及し、「故松岡大佐以後、杉浦氏らによる民族学の発展」が「今後の南方統治の上に好指針をあたへてゐる」と述べている。[31]

杉浦健一は、はやくからM・ミードなどのいわゆる文化相対主義的な文化人類学の記述を高く評価し、「勝手な先入観を去つて実際の調査・研究」をする事の必要性を主張した。こうした立場は、彼の「島民固有の文化」の研究として具体化されている。[32] こうした「固有文化」への認識を前提にして、杉浦は、太平洋協会が出版した『大南洋』(一九四一年)に所収されている「民族学と南洋群島統治」において、「未開人」への無理解にもとづくこれまでの民族政策を批判し、「固有文化」のうえに立った民族政策の意義を主張している。

杉浦はそこで、「彼らの過去を知り、旧慣に歩調を合はせて改善を指導すべきである」として、「固有文化」にもとづく「指導」を唱える。[33] いいかえれば、「固有文化」は、次第に消滅していくのではなく、改善と指導を通してたえず更新されていくのである。では、何を改善しなければならないのか。杉浦の主張する民族政策にとっては、「まづ第一に必要なのは土民の労働力を十分に使ひこなすこと」、これが基軸なのだ。[34] そして「土民」を労働力として使いこなす為には、彼らの「怠惰」を改善し、労働の規律を指導しなければならないのである。

つまり杉浦のいう民族政策において、「固有文化」は、「怠惰」の改善という実践のなかでたえず更新されていくものとして設定されているのである。こうした民族学者である杉浦の「固有文化」の設定が、平野のいう「郷土文化」とぴったりと符合するのはいうまでもないだろう。平野と同様に杉浦のいう「固有文化」は、「土民」を労働力として運用していくなかで、くりかえし定義されていく存在なのである。それはまた、「大東亜」の領土でもあるのだ。だからこそ、平野に対して行ったのと同様の注釈を、杉浦にも加えておかなければならないだろう。すなわち、「固有文化」と労働力化は、予定調和的で安定的な一つの領土に結果しない。

杉浦の文章において重要なのは、労働力という共通項により脅威にさらされる「固有文化」をたえず定義していくこうしたプロセスにおいて、「土民」の「怠惰」は、改善を必要とする対象として設定されているということである。「土民」を労働力として作り上げようとするなかで、「怠惰」は「固有文化」の限界領域として、たえず改善すべき対象として措定され、そうであるがゆえに、その改善という実践において「固有文化」の範域は確認されていくのである。「固有文化」の、そして「大東亜」の限界領域としての「土民」の「怠惰」こそ、その範域を定義する実践の場なのだ。いいかえれば、「土民」の「怠惰」が、あってはならない改善すべき領域として設定されることにより、労働力であるということと「固有文化」は、一つの領土としての調和を装うことができるのだ。そして次の問題は、「怠惰」の彼方に何があるのか、である。

労務監督官である鈴木舜一は、『南方労働力の研究』(一九四二年)において、南洋群島の住民に対し、「彼ら土着民には、労働の意志がないのである。又労働する意欲、労働しなければならぬ必要性もはなはだ薄いのである」としたうえで、労働科学のうえにたった職業教育の必要性を主張している。[35] しかしその一方で、「土着民」の鉱山労働への導入に関しては次のように述べている。

かかる連中をして燐鉱開発に従事せしめるためには、ここに一つの組織体制を形成せしめて、その就労を規制しなければならなくなるのは当然であらう。(36)

鈴木は、強制的な就労を主張しているのである。南洋群島の住民の労働力としての包摂が、まさしく大東亜共栄圏における南方労働力問題として議論されるなかで、「島民」の「怠惰」は、まず教育され改善されるべき対象として設定されたが、それと同時に改善の見込みがない場合、そこには強制的な就労が予定されていたのである。「教化」を主張することは、同時にその教化の限界においていつも暴力を待機させることでもあった。

またそれは、平野の議論に即していえば、「郷土文化」あるいは「大東亜」の限界領域として存在した「怠惰」の彼方には、強制労働という暴力があるということに他ならない。共同体がそこに属する住民の労働力としての包摂のなかでたえず定義されるということは、共同体の臨界領域がたえざる暴力にさらされ続けることを意味していたのである。教化の背後には暴力がいつも存在する。「島民」を観察する症候学は教導を促し、その教導の傍らには暴力がいつも待機しているのである。したがって共同体を表現する言葉からは、このすぐ傍らに待機している暴力が予感されなければならない。

こうした暴力が、占領の暴力であることはまちがいない。しかし同時に重要なのは、鈴木の議論からもわかるように、それが、労働力の包摂に関わる暴力でもあるという点である。たとえば、植民政策学者矢内原忠雄は、「南方労働政策の基調」として次のように述べている。

フィリピンのモロー族、ニューギニアのパプア族ボルネオ奥地の未開種族、南洋群島の島民の如きは、未だ近代的意味の労働者として適当なる程度まで発達して居らない。かかる未開種族を近代的企業の労働者として利用するには、原則としてある程度の強制を必要とする。[37]

矢内原のいう「近代的意味の労働者」という普遍的な人間像の臨界に、強制という暴力が登場している。この暴力は、「フィリピンのモロー族、ニューギニアのパプア族ボルネオ奥地の未開種族、南洋群島の島民」という、人種的カテゴリーに方向付けられているというよりも、「怠惰」な労働力の資本主義への包摂にかかわる。したがって、「土着民」の強制労働を主張する鈴木にとっても、その「怠惰」は、「土着民」だけの問題ではなかった。

産業開発、資源開発の問題に触れて来ると、どうしても土着民の怠惰癖といふことが、最大の障壁となつて立ちあらはれてくる。……／この心理状態は常人には、又優勝劣敗を条理とする社会に住むものには、ほとんど会得し難いものだと思ふ。私はかつて、東京市から委託を受けて、東京市内に在住する、いはゆるルムペンの無気力性とでもいふべき精神状態を調査したことがある。……今の土着民のそれも殆ど同じ心理だと考へてまちがひなからうと思ふ。[38]

「大東亜」の領土に囲まれた人々が、労働力として一義的に定義されるときに鈴木が見いだした島民の「怠惰」は、同時に寄せ場労働者の「怠惰」でもあった。そしてさらに重要なことは、占領の暴力である「島民」への強制労働は、労務報国会にみられる当該期の寄せ場労働者への暴力的組織化と無縁ではないということである。(39)労働力の包摂にかかわる暴力は、たんに植民者と被植民者の二項対立的な関係性において具現するのではなく、労働力という共通項により人々を定義していくなかで生み出される限界領域において作動すべく、常に待機しているのである。

だがその暴力は、普遍的な対象に対して行使されるのではないことに、注意しよう。労働力としての包摂と共同体の更新が、無理やり予定調和的な領土として描かれる時、労働力としての包摂にかかわる暴力は、「労働力」という「全体的」(サルトル——序章参照)なカテゴリーによって定義された「怠惰」という「全体的」な領域に対して作動するのではなく、更新されるべき具体的共同体の限界領域への暴力として登場するのである。「郷土社会」や「固有文化」は、共同体と労働力の調和の不可能性を無理やり消し去ることにより更新され、この更新の中で暴力は個別の社会や文化における厄介者や余所者への暴力として具現化するのである。

症候学において暴力は、いつも換喩的あるいは濫喩的に表現されている。今述べたような暴力は、さしあたりは顕在化しない。したがって、社会や文化に関わる症候学的記述からは、かかる暴力こそが見出されなければならないのである。

# Ⅲ　労働力の濫費

## 1　鉱山労働

南洋群島における住民労働力の包摂の中心は、鉱山労働だった。それは敗戦まで基本的には変化しなかったといってよい。南洋庁パラオ支庁管轄下のペリレウ、ロータ、フェイス、トゴバイ、ガフェルート、アンガウルなどの島には燐採鉱所が点在していたが、日本統治時代一貫して活動を続けたのは、アンガウル島だけである。このアンガウル島の燐採鉱所は、はじめ南洋庁による官営であったが、一九三六年に半官半民の南洋拓殖が設立されている。労働力としては、「島民」の他には「日本人」、「支那人」が導入されたが、現場作業においては「島民」が基幹的位置を占めていた。

こうした労働力の分類は、そのまま労働過程の階層構造に反映している。「日本人」が事務職、技術職を占め、職工長としては「支那人」が使用された。「島民」は「チャモロ」と「カナカ」の二つに分類され、「チャモロ」は「島民」のなかでも熟練労働にたえるとされ、副職工長になる場合もあったが、「カナカ」は現場労働にのみ投入された。またこうした労働過程の階層は、そのまま賃金水準にもはねかえっている。一九三七年で「日本人」の日給の平均が二円三〇銭であるのに対し「チャモロ」は一円一〇銭、「カナカ」は七一銭となっている。さらには「カナカ」に対しては賃金の一部は缶詰などの食料で支給されたという[40]。

基幹労働力である「カナカ」の導入方法については、一人あたり八〇銭ほどを村の長に支払い、この長はいわば手配師として、村の男を半ば強制的に鉱山に送り込むのである[41]。「チャモロ」の場合は、家族で移り住むことが許され、長期に雇用されたが、「カナカ」の場合は単身者しか許されず、雇用は一年契約であった[42]。したがってもし労働を拒否すればただちに賃金は打ち切られ、しかも郷里から離れた孤島に採鉱所があるがゆえに自力で帰還することはできず、結果的に苛酷な労働を受け入れざるを得ない状況下にあったといえよう。総じて「カナカ」は、鉱山労働に強制的に導入され、たえず飢餓の恫喝をうけながら雇用されていたのである。

鉱山労働の基幹労働力である「カナカ」のこうした労働過程は、労働力の濫費としてダイレクトに結果していく。まず指摘し得るのは、労働災害の多さである。一九三〇年から一九三五年までのあいだで年平均で三三七名が雇用され、そのうち年平均の延べ人数で重傷者三一名、軽傷者一三四三名をだしている[43]。しかも濫費はそればかりではない。アンガウル島の鉱山労働に導入された「カナカ」は、先に述べた導入形態をとりながら、主要にはヤップ島から供給されたのだが、このヤップ島の人口は、一九二〇年から一九三七年の間に三〇パーセント減少している[44]。このすさまじい人口減少は、同地における高い死亡率によるものであるが、住民の保護、強制労働を禁じた委任統治条項に反するこうした人口減少に対し、国際連盟委任統治常任委員会は、一九三〇年ならびに一九三三年の二回にわたって抗議を表明し、労働の中止を求めている。(45) ヤップ島における住民の人口減少は、すべてではないにしても、鉱山労働における労働力の濫費と関連しているといってよいだろう。

ではこのような労働力の濫費は、いかに記述されたのだろうか。というより、いかなる記述においてこの労働過程の暴力は見出されなければならないのだろうか。先の鈴木や矢内原のように、「怠惰」な「島民」への強制労働を主張する記述も確かに存在する。しかし、このたえざる資本蓄積をささえた労働過程における暴力は、強制労働と熟練労働の労働類型として文書化されるわけではない。すなわち作動中の暴力の中で遂行される症候学的観察とその記述が、まずこの暴力の文書化をになうのであり、さしあたり別ものとして表現された記述から暴力を見出す作業こそが、必要になるのである。

## 2　変　態

南洋群島を舞台に、もっとも組織的で大量の記述を行ったのは南洋庁医院に所属する医者たちであったといえる。南洋庁医院はサイパン、ヤップ、パラオ、アンガウル、トラック、ポナペ、クサイ、ヤルートの各島に存在した。こうした医院に所属する医者たちは、精力的に「島民」に関する医学的調査・研究をおこなった。その成果は全四巻からなる『南洋群島地方病調査 医学論文集』(一九三三―三七年)に所収されている。

こうした研究を概観すると、「島民」がもつ皮膚病、伝染病、性病、寄生虫に研究対象が集中していることがわかる。とりわけ性病の中でも「フランベシア」とよばれる梅毒に似た性病の研究は多い。こうした熱帯地域における風土病、地方病の研究が、地理的、風土的な問題ではなく、「島民」の身体に内在する疾患として研究されることは、植民者である「日本人」と被植民者である「島民」の接触の拡大を反映していることはまちがいない。植民地社会において皮膚病、伝染病、性病、寄生虫をもつ「島民」は、たえず監視され把握されていなければならなかったのである。(46) そこには、身体的接触に対する欲望と恐怖があるだろう。

しかし医者たちの研究テーマは、それだけではなかった。前述したヤップ島の人口減少は、彼らの格好の研究テーマとなった。ヤップ島の人口減少が研究された背景には、委任統治下にあった南洋群島におけるこうした人口減少に対し、前述したように、国際連盟委任統治委員会が、抗議をしたということがある。(47) こうした抗議に対し日本政府は、次のように返答している。

帝国政府はこれからの医学的方面の不良なる状態のみがその人口減少の原因のすべてなりとし、社会的事情による原因の調査を軽視し居るものにあらず。衛生思想の皆無、迷信その他の社会的事情等またその原因たり得るものあるべきを思ひ、爾来一方に於いて医学的方面の調査を為すと共に、他面ヤップ支庁をしてこれらの事情を調査せしめつつあり。(48)

労働力の濫費としての人口減少に対し、「社会的事情」、「衛生思想の皆無」、「迷信」などに原因を探ろうというわけである。したがって南洋庁所属の医者たちによるヤップ島研究は、抗議に対しての、科学的弁明という意味がある。濫費されていく「カナカ」は研究の対象物となり、医学的用語により記述されていったのである。そしてこうした医者たちの記述は、帝国の領土として占領されたこの地において展開した労働過程の暴力の痕跡に他ならない。暴力はいかなる記述により文書化されたのか、そして又、今それをどのような言葉で表現すべきなのか。

人口減少問題に関する記述は、先にあげた論文集全体にみうけられるが、とりわけ一九三四年に刊行された第三集は、「ヤップ島人口減少問題の医学的研究」という副題が示すとおり、人口減少を正面から扱ったものである。そこでは、藤井保を中心とする南洋庁所属の医者たちが、この人口減少問題を考察している。また序文には、南洋庁長官名で「世界医学会の問題たる「ヤップ島人口減少問題の医学的研究」を第三集として刊行せり」とある。

この報告書では、人口減少問題をヤップ島の「島民」における死亡率と出生率から論じようとしているが、死亡率の高さについては鉱山労働の問題はいっさい登場せず、「島民」が近代医療をうけようとせず、またその生活が不衛生であることに、原因が帰されている。たとえば結核による死亡の多さをとりあげ、「島民相互衛生思想の欠陥と疾病に対する看護法の知らざるが相関連して、その蔓延を一層つよからしむるによるなり」[49]としている。またその一方で人口減少の原因を、死亡率ではなく出生率の問題として中心的にあつかっている。その場合、低い出生率の原因として言及されているのは、(1)性病、(2)血族結婚、(3)「性に関する習慣」である。(1)の性病については、出生率の問題だけではなく皮膚病や寄生虫と並ぶ「島民」に内在する疾患として広く研究されている。また出生率と係わってとりわけ重要視されたのは、(3)の「性に関する習慣」であった。

まず性病については、二三五四名の「島民」に対し、警官の立ち会いのもと性病検査を行い、そこから淋病の罹病率として三・三〇％という値をはじき出している。そしてこの値を、警視庁衛生課の行った東京の「公娼」における罹病率と比較し次のように結論づける。

甚だ驚くに堪へ、全く公娼の罹患率に相匹敵せり、これ本病がいかに生殖の受胎能力に障害を及ぼすことたるや言をまたずして明らかなり。[50]

「島民」の性病は、「生殖の受胎能力」に影響を与え出生率を低下させるものとして、人口減少の要因とされた。しかしそれだけではない。「島民」において見いだされたこの疾患は、東京の「公娼」と比較され、「受胎能力」という点において同一視されていった。

つぎに「性に関する習慣」においては、「性交術」、「性の濫行」、「貞操観念」などがとりあげられ、それらが出生率の問題として記述された。[51]たとえば、「島民」の「性交時に種々雑多なる性交術を行う」ことが、「陰茎根部血管破滅」、「陰茎筋肉損傷」をひきおこし、それが出生率と関係しているとされた。[52]総じてこうした「性の濫行」は、出生率を低下させるものだとされたのである。他にも「島民青年処女等の性に対する濫行」がとりあげられ、八歳から一七歳の女子の処女膜検査をやり、「性交的遊戯」の廃止が主張されている。[53]マスターベーションも、出生率の問題としてとりあげられた。「手淫」については、以下のように記述されている。

手淫の習慣は重大成る結果をきたすは正則的なる性交に対する反発の念(女子に多く)と性的倒錯(男子に多く)とが惹起さるることなり……手淫と性的倒錯との密接なる関係あることは明らかなり。手淫が頻繁に繰り代へさるればされるほどますます普通の感覚が麻痺して性感を生ずるためには変態性の特殊なる刺激を必要とするに至る。[54]

「手淫」は「変態」で「倒錯」的な快感を生み、これが正常な性生活を不可能にし、その結果出生率が低下するというのである。また「婦人乳房と仔豚との関係」と題して女性のマスターベーションがとりあげられ、「婦人乳房は婦人生殖器と密接なる関係あり。該乳房を仔豚に吸啜せしめ快感を貪ることを唯一の楽しみ」とする習慣が、受胎率の問題として記述されている。[55]

結局のところ、警察の監視のもとで「島民」の性がいわば解剖学的につぶさに調べあげられ、そこに発見された「変態的」で「倒錯的」で「異常」な快楽こそが、出生率の低下を導いているとされたのである。性と出生率の結合は、あるべきセクシュアリティを、またあるべき快楽を定義し、出生率の低下は「変態」、「倒錯」の結果だとみなされた。こうした医学的記述において、労働力の濫費をつづける暴力の痕跡は、「島民」内部の「変態」と「倒錯」に置き換えられ、封じ込められ、それは同時にあるべき快楽、あるべきセクシュアリティを定義していったのである。逆にいえば、健全なセクシュアリティと快楽のなかで、暴力の痕跡は、「変態」として記述されていったのである。だが「変態」は、暴力の痕跡を封じ込めただけではない。それは、発動されなければならない暴力をも定義していったのである。

## 3 邪教

パラオ諸島一帯にモデクゲイとよばれる宗教運動がおこったのは、日本がパラオを占領してまもないころだった。(56) 前述した土方久功の沈黙もこのモデクゲイに対するものである。この宗教運動では、パラオの村ごとに存在していた宗教が組み合わされ、さらにそこにカソリックの要素が導入されている。だがこの宗教運動を特徴づけるのは、その教義や神学ではなく、その実践活動にある。モデクゲイの中心人物であったタマダット、オゲシー、ルグールが行ったのは、日本が持ち込んだ近代医療に対抗して、薬草をつかった呪術的医療と予言であり、それらを展開することにより信者を獲得していった。こうした活動は、病気や災いを祖霊や神などで解釈する住民の世界観とも関連している。またその教えは、教義を著した聖典によりあたえられるのではなく、ケセケス(kese-kes)とよばれる歌で表現され、伝えられた。ケセケスは即興でつくられる場合もあり、青柳真智子が一九七〇年代を中心に行ったフィールド調査で採取したものだけで一二八首ある。こうした歌は教会で、ときには何時間も歌われ、また歌いつがれていった。

南洋庁は、このモデクゲイを当初から取り締まりの対象としていた。タマダットとオゲシーは一九一八年一一月二日に初めて検挙され、「詐欺並びに治安妨害罪及びその幇助罪」でタマダットは懲役四年、オゲシーは懲役三年六ヵ月の刑をうけている。[57] その後も何度かタマダットとオゲシーは検挙され、タマダットは獄中で死亡している。信者に対しても、モデクゲイの信者であるというだけで連行され、拘留、強制労働に処されたという。[58] こうした南洋庁警察の弾圧にもかかわらず、モデクゲイは信者の数を増やし、その数は、南洋庁警察の記録によれば、一九三〇年代末でパラオ島民の約半数がモデクゲイの信者だったという。しかし、一九三八年にオゲシーほか中心メンバー二六名が検挙されて以降、その活動は圧殺されていった。

モデクゲイのケセケスは、明快な文意を持たずあいまいな表現が多く、またほとんどが、モデクゲイの神(ギラオムクール・イエスキリストなど)を歌ったものである。[59] しかしその中には、次のような歌もある。

コンソル水道に艦隊見えて　大砲の響き鳴り渡り　日本人のたはごと寒く　カナカはここに救はれぬ　日本人はコロールに　皆拉致されて影もなし　マラカル港より軍隊入れば　ギルホメクール・イエスキリスト　日本人は引揚ぐべきや　日本人は地をはらひ　パラオに残る人々は皆島民のコンパニー。(60)

モデクゲイの活動は、医療や予言を行いながら、密かに植民者である「日本人」と被植民者である「島民」という分節化を持ち込んでいったのである。モデクゲイの活動における、こうした日本の占領を表現する側面は、他に「流言蜚語」の中にも見いだすことができる。南洋庁警察が「流言蜚語」として報告した事例として、次のようなものがある。

ガラルド公学校で国民精神総動員の意に対して勤倹貯蓄の良習を島民児童馴致する目的で月十銭の郵便貯金を奨励したところ、毎月実行するのはカトリックやプロテスタントの信者の子どもだけで百十五人中の数名で他は皆そんな余裕はないといつて一回も貯金しないので、助教員カンイチが不審に思つて内偵してみるとオゲシー信者の家庭では今度の支那事変で日本は潰れて日本人は皆パラオから引き揚げるから日本の郵便局に貯金しても返して貰へぬからそんなことは真つ平御免だ、それよりオゲシーの生神様に献金して御利益に預かつた方がどれ位幸福かしれぬといふことであつた。(61)

パラオ住民の半数をかかえこんだモデクゲイが医療活動の中で密やかに表現したのは、占領状態である。占領状態の中で、誰が支配者で被支配者であるのかを指し示す。だが、こうした活動は、弾圧を行う警察においては医療活動や抵抗運動とは異なった存在として記述されている。

性的享楽と邪教のプロパガンダを行ふは勿論、密かに信徒を集めては我が官憲に対する反抗心を醸成する等、その終局の目的がパラオ全島民を原始時代の惰民に復帰させて、自己一族の安逸と享楽を貪らんとするに出でた心事は憎みてもなほ余りあるものがある。(62)

モデクゲイに対する警察の弾圧に際して、その対象として「惰民」や「性的享楽」が見いだされている。とりわけ「淫事」、「破倫不義」、「資性迂愚淫奔」などのセクシュアリティにかかわる記述は非常に多く、やや乱暴にいえば、モデクゲイは淫らな性として取り締まられ、弾圧されたのである。こうしたことは、その罪状として「姦通罪」がたびたび登場することとも関連している。そこには明らかに先に検討した熱帯医学の存在があるだろう。またかかる症候学と共に、モデクゲイが医療活動をおこなったことの意味を考える必要があるだろう。

暴力の痕跡は、熱帯医学という症候学の中で淫らな性に置き換えられていった。だがそれだけではない。暴力は「邪教」に対する暴力として顕在化していったのである。セクシュアリティをめぐる快楽が記述されていく中で、暴力の痕跡はかき消され、また同時にこの快楽の中で暴力は、再び定義されていったのである。快楽をめぐって展開するこの暴力の否認と再定義こそ、占領の社会的リアリティを構成していった。

症候学的観察による記述とは、暴力が別のものに置き換えられて表現されている言語領域なのだ。またそうであるがゆえに、かかる言語領域における言葉は、ある者にとってはただの「郷土社会」や「固有文化」の記述であるのだが、ある者には不断に暴力を感知させるだろう。

## Ⅳ　日の丸の旗のもとで

ところで熱帯科学の中で、医学、労働科学、植民学においては、南洋群島における「日本人」の資質を問題にする議論が登場した。多くの場合、南洋群島における「日本人」の資質の低さが問題とされたのである。たとえば太平洋協会の委嘱をうけて南洋群島を調査した医学者で人類学者でもある清野謙次は、この資質の低さを、「体力」、「出産率」、「仕事の能率」、「知能」、「指導精神」などの諸点において言及した(63)。また清野は、こうした「素質の不良なる日本人」に対して、医療・衛生、教育、生活改善による資質の治療を主張している。

こうした「不良なる日本人」においては、「日本人」と「島民」との人種分類が混乱している。たとえば清野においては、「資質不良なる日本人」は「島民と相似たる心理状態」と論じられているように[64]、治療される「日本人」は、熱帯環境の中で「日本人」が「島民」と同一化してしまうという問題として語られたのである[65]。すなわち、低い労働能力や出生率などの治療すべき資質が、「島民」と共通する徴候として観察された。

前述したように、南洋群島における「日本人」の五割から六割が沖縄出身者であった。すなわちここでいう不良日本人は沖縄出身者にかかわることなのだ。ここで、南洋群島における沖縄出身者に対して存在した「ジャパン・カナカ」という蔑称に、注目しなければならない。この言葉は南洋群島をめぐる症候学にしばしば登場するのだが、この言葉においては不良日本人と「島民」は重なり合っている。たとえば矢内原忠雄は、沖縄出身者が「ジャパン・カナカ」と呼ばれることに対し、こう述べている。

それほど沖縄人の生活程度は低く、その生活様式は島民の尊敬を博しないのである。従つて南方に於ける日本人の植民社会改善のためには、沖縄人の教育及び生活程度の改善を急務とする。「日本人の海外移民問題は沖縄問題である」とは、私が南洋群島視察により得た実感であるが……[66]。

矢内原においては、南洋群島における「日本人」の資質の問題は、「ジャパン・カナカ」である「沖縄人」の問題だとされている。「ジャパン・カナカ」。それは単に文化的区分や人種分類の問題ではない。この言葉が南洋群島をめぐる症候学的記述において登場するとき、この言葉が示す分類の混乱あるいは分類不可能性は、労働過程に関わる暴力を暗示しているのである。たとえば矢内原は、「ジャパン・カナカ」の「改善」をいう一方で、沖縄出身者を「島民」の「半強制的出稼労働」に代替していくことも主張している。(67) 近代化を希求し、「自由労働者」にむけて改善を主張する矢内原は、同時にその改善の臨界において強制労働を主張するのである。そして「ジャパン・カナカ」とは、強制労働、労働力の濫費の境界線上に位置している言葉なのだ。

だが既に検討したようにこの暴力は、自由／強制という区分において配置されるのではない。「郷土社会」や「固有文化」と労働力は調和しなければならない。そこでは、労働力の濫費に関わる暴力は、「郷土社会」や「固有文化」にかかわる怠惰、淫ら、変態といった領域に置きかえられていく。だが、「郷土社会」と労働力は調和しないのだ。資質問題において言及される「ジャパン・カナカ」における「カナカ」は、「郷土社会」や「固有文化」であると同時に、怠惰や、淫らな性でもある。そうであるがゆえに分類不可能な存在なのであり、「ジャパン・カナカ」なのだ。そこでは「島民」ではない集団に分類されようが、文化的に区別されようが、怠惰や淫らな性として言い換えられた暴力が、「島民」を超え、別の場所にも不断に侵入するのである。

したがってこの分類不能は、レイシズムの解消や平和で平等な統一性にむかうものではないはずだ。いいかえればそれは、より安定的な存在への融解を意味するのではなく、傍らに存在する暴力が浮びあがる臨界点をなす。だからこそ、次の梅棹忠夫の文章は、ある者には平和な労働者の世界として読まれるかもしれないが、ある者には、不断に迫りくる濫費を喚起することになる。

一九四一年、今西錦司を隊長とする京都探検地理学会の調査隊は、南洋群島ポナペ島をおとずれた。この調査隊は、この探検地理学会の当時の幹事長である木原均によれば、「将来南洋方面へ派遣すべき調査隊の予備訓錬」でもあった。(68) この学術調査隊に参加した若き梅棹忠夫は、その報告書において次のように述べている。

> 島民はなぜ日本人になれないのだらうか。島民をなぜ早く日本人にしてやらないのだらうか、内地人の島民も沖縄県人も半島人も日の丸の旗のもとで働いてゐるものはみな日本人といふことにならねばならないのじやないだらうか。(69)

「島民」と同じといわれることを、恐れ続ける「日本人」がいる。その「日本人」は、「日本人」に分類された「琉球人」であった。彼ら/彼女らが感知するのは、「島民」にのみ向けられた暴力ではない。それは、占領地の住民が労働力として包摂される中で作動する暴力であり、労働力の濫費である。したがって、たとえその人間が強制労働を被っていなくても、その濫費から逃れうる保証がない以上、不断に感知せざるを得ない暴力でもある。梅棹が正しくも指摘したように、「働くものなら誰でもいい」のであり、人種分類や「固有文化」に基いて自らを暴力から区分することはもはやできないのだ。したがって梅棹は労働力としての包摂という人種分類においては表現できない事態を、ある意味では正確に把握しているといえる。そこでは、あの下水道の拡大とともに無節操に膨らみつづける「日本人」と「日の丸の旗」が浮き上がるだろう。もはや誰でもいいのだ。働く限りは。

だが梅棹は、この日本人の中で濫費という暴力を不断に感知しつづけている者が、身構えながら(sur la défensive)存在していることに気付いていないようだ。働くものなら誰でもいいということは、誰もが濫費の傍らにいるということでもあるのだ。そして、この下水道の流れに誘われた「日本人」の拡大が、ソテツ地獄を契機に形成された過剰人口の労働力としての包摂であったことを、再度思いおこしておこう。そして次に問わなければならない。伊波普猷は、この日の丸の旗のもとに浮びあがる「大国民」に対して、未来を見出すことはないのだろうか。

# 第四章　出郷者の夢

# I　労働力としての経験

## 1　生産関係の文書化

資本主義の展開は、不断に人々を土地から引き剝し続ける。資本主義を拡大し続ける本源的蓄積においてとらえたローザ・ルクセンブルクは、一九〇八年から一年にわたってポーランド王国・リトアニア社会民主党の機関誌『社会民主主義評論』に、民族問題に関する論文を連載した。その中で彼女は、近代の国民国家に関して次のように主張している。

すべての国民に自決の可能性を保証しようとする考えは、少なくとも、巨大な資本主義的発展から中世的な小国家へ、しかも、はるか一五、一六世紀以前の昔にもどることを望むに等しいものである。(1)

またローザは、こうした国民国家志向を「ユートピアであると断定する」のである。[2] もちろんこのローザの文章は、いわゆる「ポーランド問題」をめぐるカウツキーやレーニンとの対立の中で読まれなければならないだろう。だが、こうした注釈に留意しながらも、ローザのこの言明は、当該期の時代経験としてもう一度想起してよい。すなわち、ウィルソン主義に代表される国民国家への希求が登場する時期は、同時に、もはや国民国家がユートピアとしてしか想像され得ない時代でもあったことを、ローザ・ルクセンブルクは主張しているのである。民族自決の時代には、既にその不可能性が刻印されていたのであり、それはまた伊波が「大国民」において「個性」を名乗ることを停止させていく時期でもあった。

だがいまここで、ローザに同意し、ユートピアをユートピアだといって批判するだけでは決定的に不十分である。ローザの主張に対しては、不可能性に刻印されたユートピアを希求してしまう人々こそが、いいかえればユートピアという夢を見ざるを得ない彼ら/彼女らの資本主義における経験こそが、論点に据えられなければならない。これが、本章で考えたい基本的なテーマである。

さて、こうしたローザ・ルクセンブルクの時代経験を念頭におきながら、大東亜共栄圏へ行き着く日本の帝国としての展開を考えたいと思う。問題にしたいのは、こうした展開が、当該期の人々とってどのような経験として表現され、記述されていったのかという点である。

おびただしい伏字と削除をともなって、一九三五年に『文学評論』に掲載された湯浅克衛の小説「カンナニ」には、日本人少年竜二と朝鮮人少女カンナニの、恋とも表現できないような淡い関係が描かれている。池田浩士はそこに、日本人が朝鮮人を見る視線だけではなく、朝鮮人からの視線を意識し続ける主人公を見いだす。いいかえれば湯浅は、植民地状況のなかで、彼ら／彼女らの視線を不断に感じていたのだ。池田のいう「現地の人々を見る日本人の目を、現地の人々の目で見返す視線」という交差する視線の中で、植民地主義をめぐる湯浅の文学表現は、展開していくのである。(3) 植民地状況において植民者は、むこう側からの視線に対してどう対応するのかということが、いつも実践的に問われ続けている。

だがこうした交差する視線は、失われていくことになる。一九四〇年に刊行された満州開拓移民を描いた湯浅の『遥かなる地平』では、描かれる「満人」たちは、「日本人にとっての客体としてしか、素材としてしか描かれない」と池田は指摘する。(4) 池田は、他者からの問いを見失い、自分勝手に他者を描いていくようになる文学表現の変遷を、見事にえぐり出している。池田があぶりだしたこうした湯浅の変遷は、植民地主義に関わって植民者が一方的に被植民者を表現していくという問題性を如実に示しているといえるだろう。またこうした文学表現に「オリエンタリズム」を重ねることも可能かもしれない。だが本章で問題なのは、こうした自己／他者という構図ではない。問題なのは、池田が「素材として」描くと指摘したことがらに含まれている別の可能性である。

池田が当該期の文学表現から見いだしたのは、勝手に他者を描くことだけではない。そこには同時に、建設あるいは生産という大テーマの登場と、こうした大テーマが示す一般的な目的に文学表現が従属していく新たな展開が、存在したのである。池田の表現を流用すれば、素材として描くことによって暗示されているのは、客体としての被植民者というだけではなく、生産や建設という目的性のもとで、機械部品(=素材)として位置づけられていく人間のありようなのであり、人間にかわって生産や建設が唯一の文学の主人公として登場してくる事態だったのである。あえていえば、交差する視線を消し去ったのは、植民者の他者に対する傲慢さというより、このような素材の登場なのだ。文学におけるこの素材の登場は、あらゆる人間が生産の素材になるという事態を暗示しているのである。

生産を表現するこうした文学について池田は、ヴァルター・ベンヤミンにおける「生産関係そのものの文書化」に言及している。一九三四年四月にパリの「ファシズム研究所」においてベンヤミンがおこなった発言は、「生産者としての作家」と題され遺稿として残された。この遺稿においてベンヤミンは、文学という営みが、生産関係の内部で遂行されることを指摘して、次のように述べている。

> ある作品が時代の生産関係にたいしてどのような立場にたっているのか——その生産関係を承認しているのか、つまり反動であるのか、あるいはまたその変革を望んでいるのか、つまり革命的であるのか——という問いのかわりに、またそう問いかけるまえに、別の問いを提出してみたいのである。つまりある文学が時代の生産関係にたいしてどういう立場にたっているのかを問うまえに、生産関係のなかでどうなっているのか、と問いかけてみたい。(5)(強調、原文)

このベンヤミンの指摘は、文学というジャンルの問題にとどまらない。資本主義的生産関係に包摂された誰もが、その関係の内部において文書を書き残すのだ。生産関係の内部から、「労働をことばで表現すること」[6]。ベンヤミンが「生産関係の文書化」と呼んだのは、先取りされ先送りされる労働力をめぐる商談のプロセスに人間が包摂されていく事態にかかわる、こうした内部観測とでもいうべき記述のことである。こうした記述においては、「労働をことばで表現すること」とベンヤミンが述べたように、自らを労働力として提示していくという経験的領域と、その言語化が想定されている。

このような生産関係の文書化は、序章でも述べたように、サルトルのように「全的人間(homme total)」と一括するわけにも、また契約と強制の二つの類型に分類して整理することもできない。労働力として自らを提示していく営みにおいて刻まれる経験が、すなわち労働力としての経験が、いかなる言葉で、いかなる文体において記述されるのか、あるいはいかなる代理において政治化するのか、その政治化する政治空間とはなにかということこそが、まずは要点になるだろう。そして占領と同時に始まったこうした資本蓄積の拡大とともに、素材としての人間という範疇は、人々を飲み込み始める。それは占領を他人ごととして遠ざけようとしていた人々をも、巻き込むことだろう。

人々を労働力として飲み込んでいくこうした運動の中で、自己や他者、出自や人種、民族にかかわる表現によって描かれた植民地主義の世界は、こうした労働力としての経験とその文書化として書き直されることになるだろう。それはまた、一気に過剰人口を抱え込み、大阪や南洋群島への出郷を引きおこした沖縄にかかわる記述でもあるだろう。第三章で検討した熱帯科学という症候学も、こうした文書化の中で登場するのだ。

## 2　ユートピア

次の引用文を繰り返そう。

安く働こうというものがあるなら、それが済州島人であろうが、琉球人であろうが一向に構わぬ。（『大阪毎日新聞』一九二八年九月二三日）

またそこに、次の発言を付け加えよう。

わが国は若年労働力を中心に窮迫しており、このままだと三―五年後には大変なことになる。これを補うには沖縄、韓国、台湾という隣邦友好諸国から募集するといった手を取らなければならないだろう。（『読売新聞』一九六五年一月一九日）

最初の文章は、既に説明したように、沖縄からの人々を集中的に包摂した岸和田紡績の社長の、一九二八年に新聞に掲載された発言である。二つ目の文章は、一九六五年に関西経営者協会が沖縄経済労働事情調査団を沖縄に派遣した時の、団長であった砂野仁川崎重工社長の発言である。この二つの発言からは、沖縄とは、資本主義にとっては第一義的には安い労働力の供給地であるということが、極めて直截に表現されている。ソテツ地獄によって開始され、今日にまで続いている事態とは、文化や出自が問題になる以前に、労働力として一義的に扱われるということだった。だが一九二〇年代から始まり一九三〇年代に本格化する沖縄出身者の大阪を中心とする本土労働市場におけるプロレタリア化は、もう少し別の文脈でも語られていった。

一九三〇年代に提唱され、沖縄に住む人々や沖縄出身者の間に流通した言葉として、生活改善というものがある。この言葉により、改善の対象としてとりあげられたものは、沖縄語、はだし、豚便所、墓、洗骨、姓名、うらない、ユタ、服装、飲酒、毛遊び、蛇皮線での唄い、祝い事、衛生問題、時間厳守など日常生活に係わる細部に及んでいる。また改善の目的として「立派な日本人」になるということが掲げられている。生活と定義された領域を日本人として国民化するということ、これが生活改善の目的である。(7)

ところで、沖縄語や「特異」とされた風俗・習慣は、風俗改良運動の中で明治後期から一貫して改善の対象とされてきた。こうした展開は、皇民化の問題としてこれまでしばしばとりあげられ、こうした強制的な同質化を進める装置として、教育制度が中心的に議論されたといえる。だが、ソテツ地獄を契機として広まった生活改善は、国家装置による同質化ということよりも、その背後には労働力として一義的に扱われるというプロレタリア化の問題が存在している。労働力としての経験が、生活改善の中では、「日本人」という国民的共同体への参加として語られているのだ。

ところで生活改善において希求される生活は、沖縄出身者だけの問題ではない。それは、人々が土地から引き剝され、生活が断片化される中で、日常生活を「詩化(poeticize)」する作業とハリー・ハルトゥニアンが述べたことでもある。(8) すなわち、労働力として一義的に人々が扱われることにより曖昧になっていく日常性を、より確固としたものとして再コード化していくプロセスにおいて、希求すべき理想の生活は描かれていくのである。またこうした生活改善が示すのは、当該期の技術論の主要なテーマだった労働過程における主体の問題が、理想の生活をめぐって登場してきたということとも無縁ではない。たとえば大河内一男は「「生活刷新」の社会的意義」において、「生活の刷新」を「「健全なる」人間労働力」の再生産の問題として主張した。

労働者の消費生活は、単純な「消費」ではなく、いわば「生産的消費」と呼ぶことが出来るだろう。蓋し労働者は消費生活を経ることによって、彼の生命ならびに家族を維持するのであるが、これによってたえずその「健全なる」人間労働力を、マン・パワーズを確保し再生産することが出来るのである。(9)

　ここで大河内の「生活刷新」とは、生活と呼ばれる領域を労働過程の一部として再定義することであり、いいかえれば、労働力としての経験を理想の生活へと言語化する作業に他ならない。ソテツ地獄を契機に進んだ沖縄出身者のプロレタリア化も、こうした生活改善の枠組みの中で語られていった。それは確かに、断片化の中での日常性の再コード化という問題であるだろう。そして次に問わなければならないのは、こうした再コード化の中で、土地から引き剝された出郷者が自らの出自を問うということは、出郷者にとっていかなる営みなのかということである。

　出郷者にとって自らの出自は、生活改善の中で再コード化されると、さしあたりいえる。それは神島二郎が「第二のムラ」とよんだことでもあるが[10]、神島が考えた近代化の遅れというより、ハルトゥニアンのいうように資本主義的生産関係における日常生活の詩化として理解されるべきものだろう。しかし今注目したいのは、この出郷者の出自をめぐって、神島が次のように指摘している点である。

　競争で負けた人は、いまいったように過去のことを語らなくなる。成功した人はどうか。成功した人はちゃんと過去を語る、しかも饒舌に過去を語る。成功した人はたいてい伝記を作り、その人は本来りっぱな人であって、いいことばかりして成功し、また、出世したことになっている。しかしどう考えてみても、彼らがいいことばかりして出世し成功したとは思えない。というのは、彼らの成功を裏から見てその秘密を明かせる人たちが、過去を語らずに消えてなくなっているということ、そこにこそ問題があると考えられるからである。[11]

この文章をここで引用するには、多くの注釈が必要だろう。つまりここでは、神島が想定しているような客観的な成功パターンも、逆にまた失敗パターンも設定しているわけではない。また労働市場へ包摂されていった人々を二種類に分類して考察しようとしているわけでもない。にもかかわらず、神島のいう語れない過去、すなわち語れない出自という指摘は、極めて重要である。出自という領域には、希求すべき理想生活には収まりきらない何かが、沈殿していくのである。また神島の成功という言葉に、その成功が日本人になることとして言語化された者たちを設定しよう。そこでは、日本人になるということにおいて言語化されない出自は、希求すべき理想生活にはおさまり切らない領域を形成することだろう。そしてその出自はまた、「成功した人」からみれば、理想生活からのオチコボレでもあるだろう。

「賢い人達の目からみれば、沖縄人は借金だらけの貧農として、低賃金労働者として、「売春婦」としてサービス業者として、土地を失った浮遊民として一切の自己解放のそして生きる展望と誇りを失い、権利、団結を失い、借金と涙に包まれて生き、そして死ぬしかないであろう」(沖縄青年同盟)[12]。沖縄出身者にとって、自らを労働力として提示していけばいくほど、その出自は語れない過去として沈殿していくだろう。言い換えれば労働力としての経験は、国民化として言語化されると同時に、その言語化の臨界領域において、語れない過去、語れない出自を堆積させていったのである。

そしてこの堆積した場所には、あの身構えている(sur la défensive)四貫島の主人がいる。労働力として自らを提示していく経験が国民化として文書化されていくその記述からは、語れない過去、語れない出自、そしてこの身構える者こそが見出されなければならないだろう。そして過去が、出自が、身構える者が感知しつづける世界を、予感とともに描き出さなければならない。以下に検討する者たちはみな、かかる新たな文書化を試みた者たちばかりである。

第二章においてとりあげた山之口貘の詩、『会話』を、もう一度思い起こそう。というのもこの「会話」は、文字どおり本土社会に出郷し、労働力として包摂されていく者に対してその出自を問いかけるかたちになっているからだ。そして民芸協会のメンバーに対して口を閉ざす主人同様に、「お国は」という問いかけに対する「僕」の口も重い。だが、彼は最後に自分の出自を「亜熱帯」と宣言し、「眼の前に見える亜熱帯が見えないのか！」と反問するのである。

この「亜熱帯」という宣言は、労働力として自らを提示していくなかで言葉にされないまま堆積していった出自が、いっきに言葉を獲得した瞬間である。それはまた、新たな文書化への飛躍なのであり、そこでは、労働力としての経験が、国民化とは異なる未来において表現されている。ソテツ地獄の中で伊波が「個性」を語ることを停止させ、ローザが国民国家をユートピアとして断じたそのあとで、「亜熱帯」は宣言された。本章で考えなければならないのは、身構える主人が宣言しある。

たこの別の未来であり、ユートピアであり、それを夢見た者たちが何を感知したのかという問題である。

忘れてはならないのは、「亜熱帯」に対して、彼の出自を問い続ける者が「アネッタイ」という感嘆の声を上げたことである。「亜熱帯」の海、そして「アネッタイ」の海。前者に後者が重ねられている。またこの宣言が、繰り返すが、やはり男性的な響きをもつことも留意しなければならない。そしてなによりも重要なのは、ユートピアとしての「亜熱帯」は、別の方向からも文書化されたということだ。『中央公論』(一九四一年、一〇月号)に掲載された石川達三の、南洋群島への旅を題材にした作品「航海日誌」には、「群島の労働力はすべて沖縄ですよ」というセリフが登場するが、(13)生産関係の新たな文書化は、「群島の労働力」とともに、つまり宣言された未来への夢は、新たな占領と拡大しつづける資本蓄積とともに、検討されなければならないのである。

第三章で検討したように、「群島の労働力」をめぐる新たな症候学の展開は、占領地の住民を固有の文化や郷土社会、あるいは人種分類において表現することがもはやできない事態と連動していた。またそこでは逆に、下水道の拡大とともに無節操に膨らみつづける「日本人」と「日の丸の旗」が登場した。国民化の臨界において表明された「亜熱帯」は、こうした症候学にさらされることになるだろう。

国民化の臨界を言語化した「亜熱帯」は、膨らみつづける「日の丸の旗」を誘引しないだろうか。出郷者の夢は、梅棹の帝国の夢に簒奪されないのだろうか。

# Ⅱ　琉球の海／大東亜の海

## 1　蘇る古琉球

ところで海という言葉は、国民国家の枠で分類されきらない自然的属性を表現するようだ。たとえば文明史、「世界単位」といった国民国家にかわるカテゴリーを定義するとき、この海という自然的属性がしばしば使われている。(14) だが陳光興は、「黒潮」という言葉から資本主義の運動を嗅ぎ取った。陳は、台湾において一九九四年に『中国時報　人間復刊』でおこなわれた「南方の黒潮から――南向特集」で登場する、「台湾はもともと黒潮文化圏の一員である」という言葉を、台湾資本の東南アジア進出とかかわらせ、こうした資本の展開を自明のものとして表象していく「黒潮」を、「自然化した知識／権力」と見なしている。(15) いいかえれば海という自然的属性が生み出すどこにも属さない領域とは、資本の蓄積運動であり、国境を越える船に乗り合わせた人々は、労働力に他ならない。第三章で述べた太平洋協会が刊行する雑誌『太平洋』には、次のように記されている。

而して太平洋上の先住民族の一たる日本民族は、来るべき太平洋文明に重大な役割を果たすべく運命づけられてゐるのである。而して太平洋が日本民族の海たるべきことは三千年来の我等の宿命である。（『太平洋』一九四二年六月号）

一九九四年の『中国時報 人間復刊』と、驚くべき一致をみせるこうした表現は、当時さかんに流通した。またこの太平洋協会を中心にして、「太平洋諸民族」、「文化交流」、「太平洋における日本民族の源流」などをテーマとした調査研究が行われている。最初に問題にしたい安里延の『沖縄海洋発展史』も、こうした傾向を背景に執筆されたのである。

一九四一年三月、当時沖縄県師範学校教諭であった安里延は、『沖縄海洋発展史――日本南方発展史』を刊行した。初版五〇〇部は、ハワイの沖縄県人会がすべて買い取り、一九四二年には同書の普及版が出版されたが、その際書名は主題と副題が入れ替わり、『日本南方発展史――沖縄海洋発展史』へと変更されている。この変更はまた、同書の受容のされ方をも反映しているだろう。沖縄の海は日本の海であるという当初の主張は、日本の海のなかに沖縄の海があると言い換えられているのである。それはまるで、伊波が鳥居の症候学を反復したことを、ちょうど裏返したようなものだ。

同書では、「大洋を馳駆」した「海洋民族として」、東南アジアにおける交易をになっていた室町時代(中世)、島津により支配され「海洋発展も次第に衰退」した近世、そして琉球が沖縄県になる事により、「沖縄人は解放されて室町時代の黄金時代を再び現出し、伝統的海洋発展の雄図を実現する機会に遭遇した」というように、近代を中世への回帰として位置づける歴史認識が示されている。[16] そしてこうした歴史認識をふまえて、次のような現状認識が示されている。

蘭印・仏印等の南海諸国を含めての東亜新秩序の建設に向はんとする躍進日本の動向は、沖縄人の南海発展の気運を愈々促進し、南進国策の第一線に立たしめんとしてゐる現状である。[17]

「沖縄人」の「南海発展」の歴史的必然性と、日本の南進を重ね合わせたこの主張については、次の二点が指摘されなければならない。まず第一は、琉球の歴史を見いだすことにより想定されているこの日本像は、「蘭印・仏印等の南海諸国」への進出を必然とする帝国としての自画像であるという点である。そこには、進出する日本(=自己)と進出されるアジア(=他者)という、自己/他者関係が浮かび上がる。

だがしかし、この安里の主張を単に自己/他者の二分法のなかでのみ理解することは、同書の持つ歴史的コンテクストを見失うことにつながる。あえていえばこうした整理は、いくら批判的な心性に基づいていようと、同書の主題と副題が転倒させられたことを、無条件で承認していることになるだろう。重要なのは、同書がなによりも、「沖縄人」であると自分をみなす人々によって読まれたこと、また安里自身がそのような人々の一人に他ならなかったということであり、したがって、次に指摘しなければならないのは、日本帝国への所属を強く希求し、自らを日本帝国のなかで「日本人」として主体化しようとする営みの中で、同書が生み出されまた読まれたという点である。しかもこうした主体化の営みの中で希求される「日本人」は、これまで「海洋発展」してきた「沖縄人」という歴史主体を包み込んでいるのであり、ある種の多元性を帯びている。たとえばそれは、安里がしばしば使う「南島日本人」という表現からもうかがえるだろう。

結局のところ安里は、大東亜の海の内部に琉球の海を見いだすことにより、「沖縄人」の歴史を描き、同時に「日本人」をも描き直したのである。同書における主題と副題の重ね合わせは、そのことを如実に物語っているといえるだろう。同書の自序で安里は、「アジア人のアジア建設の為の今事変が、五百年前の祖先の事業を復活する為の聖業に外ならない」と述べているが[18]、「祖先」という中世への回帰は、「沖縄人」の歴史を取り戻すプロセスであると同時に、「南島日本人」の「祖先」を新たに獲得する営みでもあったのである。

さて、こうした安里延の『沖縄海洋発展史』を読んでただちに気づくことは、中世への回帰と帝国への希求という文脈において「沖縄人」の歴史を発見し、そして帝国自身をも再定義する同書の構成が、同書の三〇年前に出版された伊波普猷の『古琉球』そのものであるということである。したがって安里は、伊波の行ったあの「個性」という名乗りを再び蘇らせているといえるだろう。もちろん資料や具体性において安里の方が格段に深化しており、また「南海発展」への比重のかけかたの違いなどはあるが、安里の歴史認識の基本構成が、伊波がかつて示したものを踏襲したものであることは明らかである。

だがそれは単にテキストの内容に関わる同一性ではないし、また伊波の名乗った「個性」が繰り返されるというだけの問題でもない。両者の間には、留意しなければならない論点が三つある。第一に、伊波は一九二〇年代において「個性」という名乗りを停止させていったのであり、したがって伊波が「個性」を閉じていった歴史性とともに、この安里による「個性」の主張は検討されなければならないだろう。すなわち伊波が希求した「個性」という主体化を不可能にせしめた状況とは何か、ということである。この問いは、両者の間にある三〇年という時間の問題でもあり、いいかえれば安里のテキストを、単なる時期区分とは異なる歴史性においてとらえ直すことでもあるだろう。また伊波に引きつけていえばそれは、沈黙の後に伊波が新たに開いた「南島」というテキストの問題でもある。

第二に、安里が「沖縄人の南海発展」というときそこには、「古琉球」の復活ということだけではなく、前述したような「群島の労働力はすべて沖縄」という事態が、既に展開しているという点である。そしてこの二つの論点は、ソテツ地獄を契機とした労働力の実質的な包摂という問題において重なり合っている。安里による伊波の「古琉球」の復活は、沖縄の過剰人口が自らを労働力として提示していくプロセスにおいて、検討されなければならないのである。

そして最後に、安里にみられるような「古琉球」の復活は、後段に検討するように、安里だけの問題ではない。とりわけそれは大東亜共栄圏と相まって流通した。だが、伊波はそうした動きと距離をおき続けているのである。[19] 伊波によって閉じられたテキストは、その後さまざまに流用されていったが、伊波自身によっては再度開かれることはなかったのである。かつて自らが主張したことが、三〇年後の時点で蘇ったとき、その作者は自らの文章から距離をおこうとしたのである。この距離は、これまでいわれたような戦争という「状況の進展への暗黙の拒否」[20] ということでは、ない。「個性」を閉じることが単なる悲惨さではないように、この距離の設定も、すぐさま時局への抵抗といってしまうわけにはいかないのだ。またさらに付け加えれば、「歴史に押しつぶされてゐる」といった伊波が、ソテツ地獄以降に展開する労働力としての経験に、何の歴史性をも発見しなかったはずはないのだ。伊波はそこに、新たな歴史を見出していたのである。しかも、大東亜共栄圏に極めて近い場所に。

## 2　労働力の海

ソテツ地獄よって引き起こされたこうした経験は、伊波普猷において「南島人」以外にも新たな表現を促していった。一九二八年から一九二九年にかけてカリフォルニア、ハワイを旅行した伊波は、「布哇物語」(『犯罪科学』別巻第二巻八号、一九三一年に掲載されるが発禁処分になる)、「布哇産業史の裏面」(『犯罪公論』二巻一号、一九三二年)を書き残している。ハワイには沖縄出身者が少なからず在住していたが、この二つの文章の伊波の記述では、沖縄出身者に直接言及される部分はほとんどなく、伊波はもっぱら農業労働に従事する日系移民を、「労働者」、「労働力」として論じているのである。たとえば「布哇産業史の裏面」で伊波は、日系移民が「賃金奴隷」として搾取されていることを問題にしているが、こうした伊波の記述は、明らかに「個性」によって「琉球人」の主体化をめざした『古琉球』における主張とは異なる新しい表現であり、さしあたりそこにマルクス主義の影響を見ることは正しい。(21)だがこの伊波の記述は、いわゆる唯物史観との思想史的な連関性ではなく、ソテツ地獄を契機に進展する労働力としての経験とその文書化として理解すべきことである。したがって、「個性」を停止させ「賃金奴隷」という言葉を登場させた伊波は、南洋群島への労働力としての包摂の中で「古琉球」を復活させた安里と、生産関係の文書化という点においては決定的に問題を共有しているのである。そしてそうであるがゆえに、「布哇産業史の裏面」の最後の文章は、極めて重要になる。

以上述べたことによつて、海外に無産市民を送り出すことを「海外発展」といふことの穏当で無いことが知れよう。布哇に於ける半世紀の間の経験は、既にこの種の移民が永久に賃金奴隷であることを証明した。……思ふに、この種の移民の送り方は、「海外吐出」とでもいふ可きもので、人口調節策以外の何者でも無く、真の「海外発展」とは、やがて一定の資本と共に移民を送り出すことでなければならぬ。(22)

資本進出をもとめる伊波は、資本に包摂される労働力に、「真の「海外発展」」という夢を重ねている。この夢は、「個性」でもなければ単に「唯物史観」の影響といって済ます訳にもいかないだろう。そこには明らかに、ソテツ地獄を契機に拡大し浸透した労働力としての経験が、存在しているのである。伊波は、「個性」を停止させながら、この経験に「真の「海外発展」」という夢を重ねたのである。だがこの夢は、この二つの論文以上には語られることはなく、伊波の記述は、まるで言葉が言い換えられていくかのように、第三章でのべた「南島人」に収斂していくことになる。

確かにこの労働力を扱った二つの論文は、「南島人」をテーマとする他の文章の中では異質な存在かもしれない。だが「個性」とは異なる不安定なシニフィアンとしての「南島人」と「賃金奴隷」という言葉は、同じくソテツ地獄以降の労働力としての経験の文書化として理解されるべきものなのである。

ところで、労働力としての経験にかかわって沖縄の未来を論じたのは、伊波だけではない。当時拓務省嘱託であった永丘智太郎もその一人である。那覇に生まれた永丘は、上海の東亜同文書院を中退した後、第一次共産党中央委員、雑誌『改造』の記者などをつとめ、一九三七年七月には、近衛内閣のもとで拓務省の嘱託になっている。またこの間、一九二八年には自らが経営した世界社から、カリフォルニア、ハワイへの旅行のために伊波が準備した小冊子『沖縄よ何処へ』を刊行している。また戦争直後には、伊波普猷を会長にして結成された沖縄人連盟に重要メンバーとして参加している。

永丘の沖縄人連盟での主張については最後にふれるとして、いま注目したいのは、マルクス主義の洗礼を受け片山潜ともつき合いのあった永丘が、拓務省の嘱託として、いわゆる南方における植民問題、労働問題について書き綴ったいくつかの文章である。たとえば、永丘の著作『比律賓に於ける政策の変遷』(一九四一年)の付録としても再録されている「南方に於ける日本民族の進路」において、永丘は次のように述べている。

特に日本は人、資本も技術も労働力も兼備してゐる民族であるから、これら太平洋地域への開発者としては願つたり叶つたりで、日本人こそ、此の地域への開拓者として最適格者と見做すべきである。(23)

この「資本」、「技術」、「労働力」に太平洋の「開発者」をみようとする永丘は、資本輸出に真の「海外発展」をみようとした伊波の主張と重なりあうだろう。そしてまさしくこのような「海外発展」に永丘は、沖縄の未来を投企しようとするのだ。永丘は、『月刊文化沖縄』(一巻三号、一九四〇年)所収の「沖縄県人の植民地的性格」において、次のように述べている。

南支及南洋の開発には同県人を以て優先的に充てるべきである。そのためには同県内及び南洋群島に於ける労働人口資源の涵養といふことも考慮を払はねばならない問題であらうと思ふ。[24]

この永丘の主張には、「大東亜」の海の内部に琉球の海を見いだすことにより「沖縄人」の歴史を描き、「五百年前の祖先の事業を復活」しようとした安里とは異なり、歴史の復権を主張するような側面は、さしあたり見あたらない。永丘にとって「沖縄県人」はあくまでも「労働人口資源」であり、沖縄は「南方発展の人的資源地[25]」なのである。いいかえればそれは、ソテツ地獄を契機として浸透した労働力としての経験に、永丘が見いだした夢である。

南の海に向かって広がった安里延の夢と永丘智太郎の夢。それはまた伊波が『古琉球』で描いた「個性」という夢と、ソテツ地獄後の、労働力としての経験において垣間みたもう一つの夢でもあった。だが伊波においては、この二つは共存してはいない。そして次に問わなければならないのは、この労働力であるということに投企された永丘の夢を前提にしながら、歴史の復権を主張する安里の夢とは一体なにか、という点に他ならない。

沖縄では、一九四一年八月に沖縄文化連盟が結成され、いわゆる翼賛文化運動が開始された。この時期に発刊され、「目覚しき文化運動の総合雑誌」として一九四〇年に発刊され、当時「唯一の月刊雑誌」であったのが、永丘も文章を載せていた前述の『月刊文化沖縄』である。翼賛文化運動の一翼を担ったこの雑誌には、沖縄という出自をめぐって二つの主張が入り乱れている。一つは沖縄方言論争に典型的に示される生活改善の主張である。生活改善は、翼賛文化運動はもとより、沖縄における国民精神総動員運動においても運動の軸であった。繰り返し述べたように、生活改善運動を軸に沖縄的な徴候は、改善の対象として監視されていったのである。

だがその一方で、自らの沖縄という出自を、中世の「琉球人」に見いだそうとする試みが展開されている。「吾々は海洋民族である。吾々こそは世界の七つの海を制すべき民族だ。そしてそれは地域的な運命でもあり歴史の要求する使命でもある」(26)。労働力としての経験の中で圧し殺されていった出自という領域は、帝国の中の「海洋民族」という主体として蘇ろうとしているのである。ここに、安里延の『沖縄海洋発展史』が登場することになる。伊波の沈黙の後に登場した安里のユートピアは、大東亜の海であると同時に、失われた出自を希求する出郷者の未来なのであり、だからこそ、「亜熱帯」であり「アネッタイ」なのだ。「亜熱帯」という宣言は、労働力として自らを提示していくなかで言葉にされないまま堆積していった出自が、言葉を獲得した瞬間であった。それはまた、新たな文書化への飛躍なのであり、そこでは、労働力としての経験が、国民化とは異なる未来として確かに表現されている。だがその未来は、「世界の七つの海を制すべき民族」の未来として登場しようとしている。安里が担うのはこの地点だ。出郷者は、労働力としての経験の中で国民を希求するが、そこに居場所を見いだせない出自は、国民を乗り越えて海へと流れだし、帝国の夢として再登場するのである。新たな文書化の起点としての「亜熱帯」は、同時に「アネッタイ」という帝国の夢と重なってしまうのだ。

こうして、「働くものなら誰でもよい」という労働力としての経験は、国民と帝国を同時に生産しつづけることになる。だがこの国民と帝国の重なりは、伊波がかつて「個性」をめぐって展開した小分類と大分類のような分類上の重なりではない。資本の蓄積の拡大という事態の中で、どちらも労働力としての経験が文書化され続けるという運動における、いわばストップモーションなのである。下水道は、ある瞬間には国民化として言語化され、それは同時に帝国への膨張でもあり、その膨張は新たに占領された領土へと流れ込むが、そこにもまたおさまり切らないのだ。したがって安里の夢、永丘の夢は、脱領土化と再領土化の運動にかかわる文書化の一翼を、それぞれが担っているともいえるだろう。

だが国民化の臨界を経験した者は、はたして帝国に回収されるだろうか。言語化されない経験を感知する者は、傍らに濫費されつづける労働力が存在し続けているにもかかわらず、梅棹の明るい未来を信じることができるのだろうか。身構えつづける四貫島の主人は、ユートピアに飛び立つのだろうか。労働力としての経験を文書化しつづけるということこそが、その文書化を担う記述者が実はいかなる文書においても放置されつづける沈黙する何者かを、不断に感知しつづけているということの、証左ではないのだろうか。そしてこの記述者は、放置され沈黙する者たちに対するより強度の高い症候学に邁進することはないだろう。

伊波が、「大東亜」の中で自らの「古琉球」が蘇ろうとしはじめたことに対し距離をおき、「南島人」という不安定なシニフィアンに固執しつづけたことを想起しておこう。「個性を表現すべき自分自身の言語を有つてゐない」といって「個性」の歴史を閉じた伊波からは、ソテツ地獄に対するナルシスティックな絶望ではなく、それを契機に流れ始めた下水道に自らを沈め込みながら、そこで身構えつづける者を予感とともに記述する工作者としての転戦こそが、見出されなければならないだろう。

## Ⅲ 自治

安里延は一九四四年七月に地方視学官・沖縄県教学課長になり、戦後は米軍政下のもとで民政府の文教部視学課長になる。一方永丘智太郎は、拓務省の嘱託として各地の調査に従事し、沖縄から九州への疎開民の調査にもあたり、戦争直後は、東京で結成された伊波普猷を会長とする沖縄人連盟の中心メンバーとなった(27)。そしてこの沖縄人連盟の機関誌である『自由沖縄』に、次々と論考を発表している(28)。

こうした論考で永丘は、米国のもとでは沖縄人の意志は尊重されるに違いないという見通しにもとづき、信託統治を主張し、かかる統治のもとでの沖縄の自治の獲得、独立への展開を主張している。たとえば『自由沖縄』(二〇号、一九四六年一一月一五日)の「沖縄の政治的動向」において永丘は次のように述べる。

現在の沖縄人としては、アメリカの軍政下なり、明日の信託統治下に於いて、従来よりも高度の自治を獲得することを、当面の目標とすべきである。

周知のように、一九四五年から一九五〇年代初頭にかけて沖縄の帰属をめぐる議論が展開した。とりわけ沖縄群島議会選挙に向けてこの帰属論議は活性化した。たとえば社大党、人民党は復帰を、沖縄民主同盟は独立を、また大宜味朝徳らが結成した社会党は信託統治を主張したのである。

とりあえず、自治や独立をめぐっては、こうした政治の鳥瞰図は描く事ができるだろう。またこうした帰属論をめぐる復帰あるいは独立といった言葉は、当該期の日本共産党における沖縄、奄美をめぐる論争、工作とともに検討されなければならない。とりわけ沖縄人連盟や人民党についてはそうだろう。また一九五〇年初頭におけるスターリンのいわゆるコミンフォルム批判が、沖縄をめぐる民族や独立といった表現に深い影をおとしていることは、いうまでもないだろう。さらにはかつての国際連盟における委任統治を引き継いだ信託統治に対する国際政治学的な検討も必要だろう。結局は実現しなかったこの統治形態がなぜ浮上し、また実現しなかったのかということは、当該期の米国の占領政策を考える上で極めて重要であり、そこでは潜在主権という奇妙な論理が問題になるだろう。そしてこうしたさまざまな力学が、さしあたり冷戦と呼ばれる国際関係を形作っていったのである。またこうした構図を前提にする限り、当該期の独立論や信託統治論は、多くの場合、反共イデオロギーの一つとして整理されていくことになる。

だが、いまここでこの時期の永丘の主張をなぜ検討するのかといえば、当該期の政治史や共産主義運動史の中で永丘や信託統治論を位置付けたいからではなく、[29]労働力としての経験に沖縄の未来を仮託しようとした者にとって、あるいは「大東亜」の海ににじり寄りながら琉球の海を蘇らそうとした者にとって、戦後の始まりとはなんだったのかという問題を考えたいからである。たとえば、一九四七年に結成された米国による信託統治を主張する社会党、あるいは一九五八年に琉球独立を主張して結成された琉球国民党の中心人物である大宜味朝徳は、かつて南洋群島への移民を推進し、こうした出郷者に沖縄の未来を見出そうとした人物でもあった。[30]戦後の沖縄政治史の中では大宜味は、確かに反共主義者である。しかし同時に彼の自治や独立をめぐる議論には、ソテツ地獄を契機に始まった労働力としての経験が流れ込んでいるのである。かかる経験がいかなる言葉によって文書化され、代理され、政治化するのかという問題は、依然として継続しているのだ。またそこには、米軍占領に関わる地域研究というさらなる症候学が登場するだろう。

沖縄人連盟の機関紙『自由沖縄』において信託統治の論陣を張った永丘は、同時期の一九四六年に『沖縄民族読本』を刊行した。副題には「沖縄民族性の形成過程」とあり、また主題の英訳として「RACIAL CHARACTERS OF OKINAWAN」と表記されている。

同書は、「序」、序論「沖縄民族形成の風土的基盤」、本論「沖縄民族性の形成過程」、付録「日本よりの離脱と沖縄の将来」に分かれる。「序」には次のようにある。

いま一つ、中年期から私の脳裡にはぐくまれた念願は、民族問題の研究である。印度独立、支那革命、朝鮮および比島の独立問題、ソ連の東洋民族政策等は、私がもつとも情熱を捧げた研究テーマであつた。／私が、かかるテーマに心ひかれると云ふのも、結局は私が琉球に生まれ弱小民族の悲しみを身に沁みて感得したからに外ならない。私は琉球を愛するが故に、偏狭なる親日主義者とはなり得なかつた。(31)

拓務省の嘱託として活動した永丘は、「民族問題」を研究していたのである。そして彼が嘱託としておこなったフィリピンをはじめとするこうした調査研究の背後には、明らかに戦後における彼の自治、独立論が存在するのである。また、伊波普猷が当初から有していた、沖縄を民族解放という世界性の中で思考するという立場は、永丘にも継承され、それはより具体的に正面から議論されているといえるだろう。

かかる永丘の「民族問題」としての沖縄民族をめぐる議論において注目すべきは、それが伊波のさまざまな局面における議論を総合した内容になっているという点である。もちろん永丘の場合、伊波自身の言及よりもさらに多くの知見によって議論が補強されているが、内容的には伊波の主張を再現しているといってよい。たとえば伊波の『琉球人種論』を引きながら永丘は「琉球人」と「日本人」が同祖であるとしたうえで、「日琉間には、人種的、言語学的同祖関係があるからと云つても、沖縄民族と大和民族は必ずしも同一であるとは云へない」とする。[32] そしてこうした民族の違いを生んだのは島津に侵略される以前の時代なのであり、この時代において、「民族独自の歩み」がなされ、「海洋民族としての特性の発揮」がなされたとする。それは、安里の『沖縄海洋発展史』における主張でもあり、また『古琉球』における伊波の「個性」でもあるだろう。「古琉球」は、そして「個性」は、「沖縄民族性の形成」として永丘においても蘇るのだ。だがその一方で、永丘は日本による占領以降の展開を次のように概観する。

沖縄人が日本人と同種であり、況して沖縄語が日本語と最も近縁関係にある以上、資本主義の時代となつてから沖縄人がたやすく日本民族への同化過程にあつたことは当然である。即ち、沖縄人の民族性が日本民族国家の要請に従い質的に変化を遂げつゝある事実が、眼前に展開されてゐる。／かの一九二〇年代までは、関西地方の工場等に「沖縄人と朝鮮人入るべからず」の禁札が見られたが、当今かかる差別のなくなつたことは、同方面の沖縄人が日本人としての同化を遂げた事を意味し、一九三〇年代となつてまでも南洋群島に於ては、「沖縄人は日本のカナカだ」と日本人から云はれ、ダバオでは亦「沖縄人は日本のバゴボ」と云はれてゐたのは、彼地に於ける沖縄人の民族的色彩が依然濃厚であることを物語つてゐる。[33]

この歴史観には明らかに、ソテツ地獄以降の労働力としての経験が存在している。資本蓄積の拡大に伴う労働力としての経験は、永丘においては民族性を消滅させていく事態として、考えられているのである。それはまた、「大東亜」の中で永丘が、「南方発展の人的資源地」として沖縄を位置付け、「労働人口資源の涵養」を主張したこととも重なるだろう。働くものなら誰でもよいのであり、かかる事態に差別の解消と同化を見る永丘は、梅棹忠夫がいう「日の丸の旗のもと」の、すぐそばにいるといえる。

このような、一方で過去の歴史において「個性」を蘇らせ、他方で資本主義の展開においてその消滅を見出す永丘の主張は、明らかに矛盾しているといえるだろう。またこの矛盾に関しては、後者の事態の進展において前者の「個性」を停止させていった伊波が言及されなければならないだろう。さらにこうした永丘の主張に対しては、歴史にはぐくまれた郷土社会と労働力としての身体を予定調和的に定義した平野義太郎の協同体論が想起されなければならないだろう。だが今問題なのは、永丘の民族論の矛盾を暴露することではない。こうした矛盾を孕みながら、永丘が沖縄の未来を米国統治に委ねたということこそが論点なのだ。永丘は、「アメリカ人が有色人種に対する人種偏見は執拗なものがある」ことを承知しながら(34)、「沖縄人を日本人から区別して、独自の民族性を認識しつゝあるアメリカの方策」に賭けるのである(35)。

この「アメリカの方策」に議論を移す前に、次のことが確認されなければならない。すなわち労働力としての経験を沖縄の未来として文書化しようとした永丘にとって、大東亜も信託統治も資本主義という一貫性の中で展開した一連の事態に他ならないということだ。こうした一連の事態の中で自治や独立を唱える者は、出郷者の言語化されない出自を、出郷者の夢として描き出す。そしてそうである限り、伊波自身がいくら停止させていても、「個性」は夢として何度も蘇ることになる。その夢は、不断に帝国を招き入れるだろう。だがしかし、出郷者の出自が労働力としての経験の言語化されずに沈殿する場所である以上、出郷者の夢は帝国内部の「個性」によっては決して満たされることはない。永丘の民族論における矛盾とは、かかる満たされない状態を表現しているのであり、逆にいえば永丘は、出郷者の夢と「個性」をあえて統一させることにより、帝国の中で生き延びようとしているのだ。それは論理的矛盾なのではなく、労働力としてしか生き延びざるをえないものが見る満たされない夢とでもいうべきものである。そしてこの出郷者の夢を再度記述するとしたら、それを帝国の中の夢としてのみ語るのではなく、そこからやはり身構える者たちを見出さなければならないだろう。

重要なのは、多くの出郷者が魅せられていった帝国の夢を、ファンタジーだといって批判することでもなければ、そこに国民国家と帝国が重なっていることを論証することでもない。もはや伊波の「個性」は、「大東亜」の海であると同時に、労働力としての経験のなかで、失われた出自を希求する出郷者の未来なのであり、かかる未来はすべての帝国の夢から奪還されねばならず、また労働力に収まりきらないまま身構える者たちには、別の可能性が見いだされなければならないのである。

そして永丘は、アメリカの占領に賭けた。その永丘は同書で、米国統治下の沖縄の近未来を、次のように描き出す。

即ち沖縄本島には、約六万の米軍が駐留してゐたのであるが、漸次復員が開始せられ恒久的には一万数千人程度を留めおくと云はれてゐる。仮りに之が実数とすれば、その軍人家族を含めて約二万人のアメリカ人が常住逗留することになるであらうから、沖縄にも自動車が氾濫し、ジャズは流行し進駐軍向きの土産品工芸品——伝統を誇る漆器、陶器、ビン型等が復興するであらうし、かくて島内に於て消費される弗は相当の額に達するであらう。(36)

「弗」の額こそが問題なのだ。「伝統」も駐留する軍事的暴力も、「弗」の額の問題なのだ。そして、文化や暴力が「弗」において計算されるかかる永丘の近未来は、とりもなおさず今に至る現実であり、今の私たちの世界そのものなのだ。この「わたしたち」の現実とともに、「アメリカの方策」は検討されなければならないだろう。労働力として生き延びるために描かれた出郷者の夢は、この世界から奪還されなければならない。

# 終章　申請する者

意識の故郷であれ、実在の故郷であれ、今日この国の棄民政策の刻印を受けて潜在スクラップ化している部分を持たない都市、農漁村があるだろうか。このような意識のネガを風土の水に漬けながら、心情の出郷を遂げざるを得ない者たちにとって、故郷とは、もはやあの、出奔した切ない未来である。／地方を出てゆく者と、居ながらにして出郷を遂げざるを得ないものとの等距離に身を置きあうことができれば、わたくしたちは故郷を再び媒体にして民衆の心情とともに、おぼろげな抽象世界である未来を共有できそうにおもう。(1)

——石牟礼道子

# I　法と暴力

## 1　地域研究

米国による占領状態において「個性」を主張するということは、いかなることだったのだろうか。日本による占領の暴力を不断に感知しながら、伊波普猷は「個性」を名乗った。そして永丘智太郎は、米軍占領のなかでまた、「個性」を主張する。永丘にとっての「個性」が、他方で労働力としての経験を言語化したものであり、かかる意味において米軍占領下で主張された沖縄の民族性と、大東亜共栄圏の「労働人口資源の涵養」としての沖縄が一連の流れにあることは、第四章でも指摘した通りである。そしてこうした一連の流れを前提にしつつ、本章では、永丘が米軍占領下において「個性」を主張したことが検討される。

第四章でも指摘したようにこの場合の「個性」は、生き延びる者たちが見ざるを得ない、決して満たされない出郷者の夢であり、かかる夢としての「個性」は、大東亜というより、ソテツ地獄以降にはじまったといえる。しかしこうした一連の流れを念頭におきながらも、なぜ米軍占領と「個性」が重なるのかということは、やはり検討されなければならないだろう。また、かかる検討をふまえながら、ソテツ地獄以降何が始まったのかということが、再度遡及的に議論されなければならない。

米軍占領についてのこうした検討における要点は、「個性」を名乗る者が何を感知していたのかという点にある。伊波が首里城制圧の後に始まる占領を感知しながら「個性」を名乗ったとしたら、この米軍占領において名乗られた「個性」は、いかなる暴力を感知していたのか。結論からいえばそこで感知される暴力は、決して米軍占領によってのみ開始されたのではない。この点は後段で論じる。

ところで、米軍占領下で伊波の「個性」を蘇らせたのは、永丘だけではない。「個性」の蘇生には、沖縄戦のまえから準備され占領とともに展開した米国研究者による地域研究と、それに関連しながら展開した戦後における日本の民族学、人類学、民俗学による沖縄研究という二つの症候学の登場がある。

アジア太平洋戦争のさなか米国陸軍省は、沖縄戦に際して、沖縄占領のためのハンドブックである『民事ハンドブック』(*Civil Affairs Handbook*)の作成を、人類学者のG・マードック、J・ホワイティング、C・フォードらに依頼した。このハンドブック作成において使用した方法は、彼らがイェール大学において作成しつつあった通文化ファイル(Cross-Cultural File)であり、このファイルにもとづいてハンドブックの項目が立てられた。この通文化ファイルは、全世界の諸文化を定義し比較するために作成された地域研究の情報整理ファイルとなるフラーフ(Human Relations Area Files)に発展していく。(2)こうした通文化ファイルとその具体的な成果である『民事ハンドブック』こそが、永丘のいう「沖縄人を日本人から区別して、独自の民族性を認識しつゝあるアメリカの方策」と結びついている。

マードックは一九四三年の春、ホワイティング、フォードらとともに米軍の占領計画作成のプロジェクトに参加する。その際マードックが第一の調査地として考えていたのは、日本統治下にあったいわゆる南洋群島であった。こうしたマードックらの地域研究は、文字どおり沖縄に限らず、太平洋諸島、とりわけミクロネシアに対する占領統治のなかで、展開していった。いいかえれば、米軍の占領計画、統治計画の作成のなかで、地域研究の枠組みが生まれていったのである。(3)

ミクロネシアの米軍占領の後、一九四六年一月にマードックは、合衆国調査評議会(the National Research Council)を組織し、一九四八年にはハーバード大学の動物学者であるH・クーリッジとともにこの評議会に太平洋学術部会(Pacific Science Board)を発足させた。この太平洋学術部会こそ、南洋群島、沖縄の調査研究を実質的に組織していく機関であった。発足するとすぐさま海軍省は、一〇万ドルの調査費を太平洋部会に提供し、南洋群島に関する調査を依頼している。この依頼を受けて、ミクロネシアではＣＩＭＡ(Coordinated Investigation of Micronesian Anthropology)が組織されることになる。(4)

この太平洋学術部会による沖縄研究は、ミクロネシアの展開から少し遅れて、一九五一年に開始される。同年、陸軍省の要請を受けた太平洋学術部会は、米国による占領地域の救済と復興の為の基金、いわゆるガリオア基金(GARIOA：Government and Relief in Occupied Areas Fund)によりＳＩＲＩ(Scientific Investigation of the Ryukyu Islands)を発足させた(5)。このＳＩＲＩによって次から次へと研究プロジェクトが組まれ、いわゆるＳＩＲＩレポートが生み出されていったのである(6)。

あのＧ・Ｈ・カーの『琉球の歴史』(一九五六年)も、当初このＳＩＲＩレポートとしてまとめられたものである(7)。このレポートは、マードックとクーリッジの提言を受けて、当時琉球列島民政長官であったＪ・ルイスの申し出によりカーが作成したものである。またその作成の目的として、軍労働への住民の雇用において歴史的視座が必要とされることが記されてある(8)。

こうした調査研究の展開の中で、太平洋学術部会が組織した研究も次第に拡大していった。また、East-West Center の協力を得てハワイ大学に琉球研究センター(Ryukyus Studies Center)が設立された。自らも国頭村において通文化研究でパーソナリティ研究を行っていたＴ・マレツキーの言葉を借りれば、こうして「琉球は天然の実験室」になったのである(9)。

ところでこのカーのレポート作成に当たっては、伊波普猷とともに沖縄研究に従事し、戦後沖縄人連盟で活動し、金城朝永らとともに沖縄文化協会を設立した比嘉春潮らが資料収集を担当しており、この資料は一九六〇年には琉球大学から『琉球文献目録』として刊行されている(10)。それは、金城や比嘉の戦後における沖縄研究と地域研究の重なりを暗示している。

戦争直後の日本における民族学、民俗学による沖縄研究の方向を知るために、これまでにもたびたびとりあげられてきた『民族学研究』の「沖縄研究特集」を検討しよう。[11] 当時日本民族学協会の理事であった石田英一郎は、この特集の「巻頭の言葉」で、これまでの沖縄研究について、柳田国男、折口信夫らの民俗学をあげた後、つぎのように述べている。

けれども両者の同祖同系を強調するあまり、沖縄人自身のエートノスの全体的把握や非日本的な要素の究明について、なお見落とされた点や誤った解釈がのこされていないだろうか?[12]

そして、この「非日本的な要素」を考えるために石田は、「世界における沖縄の位置」を規定しなければならないとする。この「世界における沖縄の位置」というのは、同特集の一号前の『民族学研究』における石田の「月と不死——沖縄研究の世界的連関性によせて」という論文とも関連している。同論文において石田は、沖縄研究の方法論に言及し、「島国根性」を捨てて「広範な比較研究」をしなければならないと主張している。[13] さらに注目すべきは、この「沖縄研究特集」を実質的にコーディネイトし、比嘉春潮らとともに沖縄文化協会を設立した言語学者であり民俗学者である金城朝永が、その「編集後記」で、石田の主張に重ね合わせるように次のように記していることである。

沖縄の文化を、日本文化の中の変わり種と見なし、主として、その中から日本文化との類似点のみを拾い出して比べ合わせるが如き、従来の態度から脱却して、先ず琉球文化なるものを、一つの独立した単位として取扱い、いわゆる大和文化の従属的地位から解放して、それに含まれている種々相を、今一つ精密に分析して、我が国のみならず、広く遠く隣接周辺の諸邦との比較をも試みてみること。(14)

石田の「非日本的要素」は、金城においてはさらに「一つの独立した単位」としての「琉球文化」として再設定されている。そしてその「独立した単位」としての「琉球文化」は、金城の場合も石田と同様に、比較研究により定義されている。ここに伊波普猷の「個性」が新たに蘇るだろう。伊波こそ、「一つの独立した単位」としての「琉球文化」を研究した「最初の貢献者」なのである。伊波が鳥居のアナロジーの方法を反復しながら導き出した日本人と「一致していない点」としての「琉球民族」の「個性」は、戦後の沖縄研究では「一つの独立した単位」となった。さらにはそこには、「独自の民族性を認識」する「アメリカの方策」とマードックの通文化ファイルが控えているだろう。またこの金城の文章には、これまで沖縄文化を「変わり種」として扱ってきたことへの批判が、含意されている。いいかえればそれは、これまで「変わり種」としてしか見なされていなかった固有な文化への想いが吐露されているのである。ここに、アメリカの地域研究と固有な文化への想いが共鳴しあう。

伊波は「個性」を設定するために、「大国民」という場を希求した。戦後それは、「独立した単位」としての沖縄文化として、「世界」において位置づけられ、地域研究の対象としてファイルされることになった。一九六一年八月、ホノルルで開かれた第一〇回太平洋学術会議(Pacific Science Conference)では、はじめて日米の沖縄研究者が一同に集まった。こうした動きに呼応する形で日本民族学会は一九六二年五月の第一回日本民族学会で「沖縄シンポジウム」を開いている。

## 2 米国という帝国

ところで戦後米国のアジア地域への展開において特徴的なのは、巨大な資金援助とその資金運用に関わるさまざまな法的制度である。例えばそれは、マーシャル・プランに代表される対外援助を意味するが、アジアについては、ガリオア基金、あるいはエロア(EROA : Economic Recovery in Occupied Areas)に特徴的に見られる、救援、復興、開発にかかわるアジア諸地域への介入のことである。またこの介入は、アメリカ合州国軍の巨大な軍事的ネット・ワークの建設とも対応しており、さらにはそれは、介入していく諸地域への恒常的な監視、あるいはその地域に関わる情報、知識の集積としても展開した。いうまでもなく、この地域に関わる情報と知識の集積を担ったのが、今述べた地域研究である。再分配に関わる法的制度、軍事的ネットワーク、地域にかかわる知の集積という三つの側面が絡まり合いながら、戦後米国のアジア地域への拡大は展開したのである。

それはまた、先ほどの金城朝永の固有な沖縄文化への想いからもわかるように、これまで承認されてこなかった自画像の主張とも重なっている。だからこそ固有な文化を閉じ込む通文化ファイルを入れ物にしながら、地域研究は沖縄学と結びつくのだ。そしてかかる結合は、「穏健な民族主義」(15)を自らの手中に収めようとする米国の占領統治でもあるだろう。一九五〇年一月、青白赤と上下に三等分され、左端に星が輝く国旗が、沖縄民政府によってつくられた。志喜屋孝信知事により宣言されつつも結局は採用されなかったこの旗は、しかし、米国という新しい帝国のシンボルでもあった。沖縄は、単に地域研究の「天然の実験室」だったのではない。救援、復興、開発に関わる再分配の法的制度、軍事的ネットワーク、地域にかかわる知の集積という三つの側面の絡まり合いが、まるで新しい帝国の実験場のように展開されていった場所なのである。軍事力はアメーバーのように拡大しながらシナップスを形成し、その占領地には固有の文化と新たな法を準備していく。

もちろんこうした米国による占領の展開は、いわゆる国際関係論でいう冷戦構造という構図のなかで了解されることであろう。だがここで留意しておきたいのは、こうした米国の展開が、これまでの植民地支配でもなければ、総力戦のような全面戦争を生み出しているわけでもないという点である。今述べたことからも想像できるように、米国の救援、復興、開発は、多くの場合、脱植民地化という動きとも連動しており、したがってそこでは、国家主権を剝奪したり、否定したりすることを極力避けながら、植民地主義からの解放が強調されている。逆にいえば、独立にともなう主権の主張は、すぐさまこの帝国の否定にはつながらないのだ。米国が沖縄において認めた潜在主権は、かかる文脈でも検討されなければならないだろう。また各地に展開した米軍基地は、ソ連との戦争準備というより、いつでも攻撃できるのだということを当該諸地域に対して不断に示しつづける機関として存在し、そこでは実際の軍事行動よりも、恒常的な監視システムと国家テロルが基軸になる。その結果米軍は、世界にその軍事的ネットワークを張り巡らした「世界の警察」として展開していくのであり、各地の米軍基地はそのネットワークのシナップスとして、つまり集められた情報と物理的軍事力をアメーバーのように運用する結節点として、宣戦布告も終結宣言も存在しない恒常的な占領状態を維持していくのである。それは国境線を拡張し、領土を獲得していった国家とは、明らかに異なる相貌を見せている。

表面的には植民地主義との切断を標榜し、援助、復興、開発といった法と恒常的占領を軸に展開していったこのような帝国を、どのように問題化すればよいのだろうか。ここで、この帝国をフランクリン・ルーズベルトのニュー・ディールの延長線上で考察しようとする、マイケル・ハートとアントニオ・ネグリの指摘は極めて重要である(16)。なぜならそれは、アメリカを帝国に関わる問題の中心に据えながら、冷戦という概念を国際関係論から解き放ち、この帝国に関わる問題を、資本主義の危機と危機における国家という論点に再設定したからである。

その要点は、ニュー・ディールが単に経済的不況への対応としての国内経済政策ではなく、一九一七年一〇月革命によるソヴィエト樹立に具現した革命への予感と、その回避にある。すなわち、一九二〇年代の資本主義の危機(=革命への予感)の中で登場しはじめる危機管理政策にこそ、戦後を取り仕切る新しい帝国の形成の出発点があるのである。冷戦は戦後の二つの国家間の睨み合いではなく、この革命への予感をめぐる危機管理の問題として、基本的には立てられなければならないのである。また、ニュー・ディールという危機における国家の変貌を、あらかじめ国内と国外に区分して議論してはならないのであり、そこでは地理的に区分された国境線をこえて国内の法と帝国の法が重なり合っていくという法の新たな展開こそが、問題にされなければならない。そしてこうした問題は、当然のことながら、ニュー・ディールだけではない。

一九四五年一〇月、接収のために三井財閥にやってきたアメリカ外交官ジョン・K・エマーソンに、三井の幹部は壁にかけられた大東亜共栄圏の地図を微笑みながら指差して、こういったという。

あれなんですよ、われわれがしようとしたことは。これであなた方が何をなすべきか、おわかりになるでしょう。(17)

このエピソードが示すものは、アメリカ合州国に見られる新しい帝国の同時代性であり、いいかえれば、ニュー・ディールが資本主義の危機の問題である限り、それを米国の歴史に閉じ込めることはできないという論点である。また資本主義の危機という文脈における日本帝国と米国という新しい帝国との重なりは、沖縄における戦後という時間をどのように想定するのかという点においても、極めて重要である。そこでは戦後は、ニュー・ディールと日本の社会政策の同時代性において議論されなければならない。

ところで、ニュー・ディール、援助、復興、開発といった、市場を介さない財の投下によって特徴づけることのできるこうした法を、いま救済の法とよぶならば、この救済の法は、社会民主主義、修正資本主義、福祉国家、コーポラティズム、開発主義などさまざまな顔をもちながら、いずれにしてもあまねく社会に浸透し、社会なるものを構成していったといえるだろう。現在にまで継続中のこの救済の法とは一体なにか。この法の登場はいかなる政治を生み出したのか。そして、この法の対象になるということはいかなる事態なのか。

## 3　救済の法

法的な救済を受けるということは、いかなる事態なのだろうか。[18] 救済の法がある集団を対象にする以上、その集団を指し示す名前が存在する。法的な救済対象として命名するということ、あるいは逆に対象外として命名するということ。また、命名された者たちが、救済申請に際して、自らを法の対象として名乗るということ。あるいは、そのような名乗りを拒否するということ。こうした法にかかわる名前の命名、あるいは名乗りということを、どのような事態として受けとめればよいのか。また、法的救済の対象を示す名前を、たとえ名乗らずにすんでいるとしても、こうした問題系と無関係な場所は、もはや存在しない。

前述したように沖縄には、米軍の占領当初からガリオア基金を皮切りに、さまざまなお金が落ちてきた。またそれは、行政権が日本に移った後も変わることはなかった。沖縄開発庁が設定され、さまざまな振興開発事業が展開されてきたのである。救済、復興、振興、開発という法的制度の対象として沖縄は、設定されつづけているといえる。したがって沖縄を名乗ること、あるいは、「個性」を名乗るということは、まずもってこうした救済の法における申請という行為とかかわらせて検討しなければならないのである。くりかえすが、たとえその名乗りを行う者が、こうした法とは無関係であることを標榜したとしても、この救済の法と無関係な場所など、さしあたり存在しない。そして、こうした法の対象になるということが、同時に軍事的ネットワークのシナップスとしての基地を受け入れることとして強要されつづけてきた。この基地と開発の不可思議な取引こそ、乱暴にいえば、沖縄の現在に至るまでの戦後を一貫して形作る法的枠組みの根幹を成しているといえる。そしてこの取引をどのようなプロセスとして考えるのかということは、現在に続く沖縄の歴史性をいかなるものとして描き出すのかということに関わる、重大な問題に他ならないだろう。

ここで、この基地と開発をめぐる交渉のプロセスを、いわゆる「アメとムチ」というように整理してしまわないでおこう。なぜならこうした説明は、この法の中で申請者として生きる者の歴史を単純化し、またこの法の外に飛躍する潜在力を、ムチへの反抗という平板な構図を想定することにより見失うからである。たとえばそこには、次のような安里哲志の発言の入り込む余地がない。

基地が動くかもしれないと思えた、数年前の政治過程は、今も確実に私達のある欲望を刺激している。県内でわき起こった基地誘致運動は、経済発展したいという地域要求が生み出したものだが、そこには、かつてあった基地をタブー視する心情そのものを過去のものとしている。私たちは、基地を欲望的に見る現代的視点を獲得したのである。基地だろうがなんだろうが、一方的に勝手に押し付けて造れるものではない。[19]

ここで安里のいう「数年前の政治過程」とは、一九九五年九月におきたレイプ事件以降の、一連の動きをさしているのだが、ここで考えたいのは、安里のいう「基地を欲望的に見る」ということだ。それは、一九九五年に突然登場したことではないだろう。

まず、この安里の文章に、いくつかの注釈を加えておきたいと思う。この欲望を成り立たせているのは、基地という負荷を背負った人々を、救済されるべきだと認定し、その負荷に見合った財の投下を制度的におこなっていくという救済の法である。そして「基地を欲望的に見る」とは、この負荷の査定額をめぐって基地が計算可能な欲望の対象になるということに他ならない。ここで基地は、機会費用的な計算のもとで擬似的な商品として扱われることになる。またその基地の値段は、市場ではなく、負荷の査定をめぐる商談によって決められていく。いいかえれば、救済の法は、がんらい市場として流通し得ないものを、擬似的な商品として商談の場に設定していくのである。

もちろんこのような商談は、多くの問題を含んでいる。だがここでは、こうした商談の外部、いいかえれば、救済、復興、振興、開発という救済の法の外部にすぐさま身をおき、基地への抵抗の根拠を主張するのではなく、こうした商談へ参加するということ、あるいは参加せざるを得ないということから話をはじめていきたい。くりかえすが、戦後史の中で「沖縄問題」とよばれる領域におけるさまざまな発話や名称を考察するには、こうした発話や名称が、まずもって救済の法の中の発話であり名称であるということを、批判的に問題化する必要があるのである。沖縄と命名したり、名乗ったりすることは、こうした法の中で議論されなければならないのであり、逆にこうした法の外部をあらかじめ設定することは、抵抗という言葉自身を、恐ろしく単純化してしまうと同時に特権化することになるだろう。

安里の文章に戻ろう。そこから看取できるのは、基地を擬似的な商品とみなし、商談に望むことが、いかんともしがたい運命的な基地の存在を、操作可能な対象へと置き換えることでもあったということである。いいかえれば、運命を計算可能な経済の文脈に置き換えることにより、商談を行う行為者として主体化するのである。

三〇数年間、基地の中にオキナワがあった。今は違う。オキナワの中に基地があるのだ。[20]

この安里の表現は、こうした主体化を正確にいいあてているといえよう。安里が「基地の中」の

「オキナワ」ではなく「オキナワの中に基地がある」というとき、「オキナワ」は法の外部にいる抵抗者でもなければ単なる法的主体でもなく、まさしくこうした行為者として想定されているのである。

第四章の最後で述べたように、信託統治を主張した永丘が描く沖縄の近未来には、「弗」により計算可能な世界が設定されていた。そこでは米軍の駐留は、軍事的暴力としてではなく、「弗」の額として計算されている。永丘の描く沖縄の近未来には、あらゆるものが擬似的に計算可能になるというこの救済の法の登場が、すでに予想されているといえる。永丘は商談にうって出ようとしたのだ。また後段で再度検討するように、出郷者の夢である「個性」は、地域研究とこの救済の法により、文字どおり実態として地域化され、かつ計算可能な法の対象として設定されるのである。この計算された「個性」は、完全に満たされることが可能な存在となっている。だが、計算可能な法の対象を、申請する者と混同してはならない。確かに法の対象は、申請者である。だが「個性」を名乗る者は、単なる法的主体ではないのだ。安里が「オキナワ」という言葉で示した商談に参加する行為者としての主体化こそ、この章で主題的に考えたいテーマなのである。また議論を先取りすれば、商談に参加したのは永丘だけではない。「個性」を停止させた伊波はまた、この商談に「個性」を名乗りながら参加するのである。

ところで救済の法とは、一体いかなる法なのか。救済の申請とその承認によって展開するこの商談は、本来的な意味での商取引ではない。この商談は、いわば市場の失敗あるいは不完全性に基礎付けられているのである。被害額、必要額、補償額を算出して申請し、承認を得て財が交付されるというこの商談は、近代法の文脈の中では、社会政策にかかわる労働法制あるいは産業政策に関わる団体主義的立法の問題として議論されてきた。だがここでは救済の法を、社会政策か産業政策かという区分のいずれかに限定しないでおきたい。また市場ではなく、申請と承認という商談により財が流通するというプロセスに注視する限り、植民地政策として議論されてきた領域や開発政策と呼ばれる領域にも、同じくこの商談を見出すことができるのである。[21] したがって、ここで商談という点において問題化されている救済の法は、いわゆる国内法と植民地政策という地政学的な区分や、労働法制や産業政策という法分類に閉じ込めることはできないのである。

こうした救済の法の設定は、概念の拡張ということではなく、ここで私が安里のいう「オキナワ」を議論しようとしていることに関わっている。すなわち申請と承認により構成されるこの商談に参加するということが、あらかじめ法の前に存在する主体の予定された行動なのではなく、法への参加自体が主体化なのだという点こそが、議論の要点なのであって、法の作動する対象やその意味をあらかじめ決定してしまった国内法、植民地政策、社会政策、産業政策、開発政策といった法の分類は、こうした主体化を予定調和的な主体として描いてしまう危険性があるのだ。さらにこの予定調和は、申請と承認により作動する法の機能において追認されるだろう。法的救済という結果から遡及的に定義される法の対象としての申請者が、申請前の存在としてあらかじめ設定されることになるのだ。

さらに、このような法と申請者の予定調和的設定は、その法への抵抗者を、申請者ではないという点において特徴づけることにもなる。法の対象としてあらかじめ設定された申請者と、やはりあらかじめ設定された抵抗者。申請の直前においてすでに敵と味方は定義されており、そこには、安里のいう「オキナワ」が入り込む余地はない。

だが、結果的あるいは遡及的に定義される申請者ではなく、またこの申請者ではないという点において定義される抵抗者でもなく、申請するという行為の中で生じる主体化こそが、一義的にまず問題にされなければならないのだ。問題は名乗るということなのである。逆にいえば、名乗った後に見出される事後的に定義された申請者から、この名乗るという行為の軌跡を浮びあがらせ、この申請者の背後にとり憑いている名乗る直前の風貌を、いいかえれば定義された申請者とは異なる風貌を浮びあがらせること。この法に参加する直前の、文字どおり法の臨界にたたずんでいる何者かこそが、法の結果によって見出される法の歴史に、不断に別の歴史の可能性を潜在力として忍び込ませる者なのだ。この歴史は、申請の前にあらかじめ定義された申請者の歴史でも抵抗者の歴史でもない。

だが、というよりもだからこそ、法は歴史を要求する。ドゥルシラ・コーネルは、ニコラス・ルーマンのオートポイエーシスを批判的に検討しながら、法の「規範的正しさ(the normative rightness)」と「時間様式(the modality of time)」の関係について、議論を展開している。すなわち、法をシステムの作動として考えるならば、法の規範的正しさは過去の判例にもとづく反復された真正さであり、そのとき法は、その起源から規範的な正しさを帯びているものとして、登場することになる。だが法の判断は、いつもそこに決定できないアポリアを含んでおり、こうした意味で判断はいつも「新たな判断(fresh judgement)」(S・フィッシュ)なのであり、コーネルはデリダに言及しながら、そこに正義と責任を設定するのである。また過去の判例の反復としての規範的正しさは、まさしくこのアポリアを覆い隠し、自立的な計算システムとしての法と、過去の判例集という計算書の束としての無責任な歴史を、同時に設定するのである。[22] こうしたコーネルの法批判を、救済の法に即していえば、それは救済の法を成り立たせている救済認定という法的判断の規範的正しさに関わっている。

救済の法における承認ということを考える際、承認に先立つとされる申請をまずとりあげなければならない。救済の法における商談は、申請がまずなされ、その申請に対し承認を行うものだとされている。したがって申請者は、いまだ法の対象者としては認定されておらず、かかる意味においてさしあたり法の外に存在するとみなされる。だが一方で申請者の存在は、法の対象領域を明示化し、その救済の必要性の証《あかし》として法の根拠を与える。法はこうした申請を受け付け、規範的正しさでもってその救済の必要性を計算し、審議し、法の対象として承認していくというわけである。

だが、誰を申請者とみなすのか。救済の法を存立せしめるのに必要不可欠な申請者という領域を定義するのは一体何か。そこには、救済の法と不可分なかたちで存在し、誰を申請者とみなすのかということに関わるもう一つの隠された法が存在する。乱暴にいえば、法の外に申請者が存在するのではなく、救済も認定も、救済の法とこの隠された法による自作自演なのだ。にもかかわらず申請者は法の外に存在しなければならない。なぜなら外部において申請者が存在するがゆえに、それは法の対象に内実をあたえ、法の存立の根拠にもなるからである。この申請者に関わる隠された法こそ、前述したアポリアをあらかじめ除去し、救済認定における規範的な正しさを保護し、計算書と範例集の束としての歴史を打ちたてるのである。

誰が申請する者なのか。結果的にのこされた計算書と範例集に対しては、この問いを再度設定しなければならないだろう。法の自作自演にもかかわらず法の外に存在するかのように演出された場所にいる、申請する者とは誰なのか。法の前に存在する者とは誰なのか。法に参加する直前の、文字どおり法の臨界にたたずんでいるのは何者なのか。それはどのような場所なのか。

こうした問いを念頭におきながら、いま眼の前にさしあたり提出されているのは、救済の法への申請に関わるテキストである。この救済を求める声を前にして、観察者は二つの、回避しなければならない過ちを犯すだろう。一つは、テキストそれ自身を取り出して議論できるというテキスト主義的な過ちと、今一つは、テキストの前に発話する主体を前提としてそのテキストを理解するという還元主義的過ちである。またそれらは、フィールド・ワークの記述に関わってクリフォード・ギアーツが指摘した、「対象への接近に十分な客観性が保たれているのかという学問的配慮」と「対象への親密なかかわり方が不充分ではないかというヒューマニズム的憂慮」にも結びついている。(23)その学問的な配慮は、時にはその申請を受け取る行政官と一致するだろうし、また申請を代行する弁護士とも一致する。

あとで展開するように、私は前者を、法的救済における「事実確認的(constative)[24]」な発話をどのように再読するのかという問題として考えたいと思う。また後者についていえば、発話が還元される場所としての「基盤主義的(foundationalist)[25]」な申請者ならびに抵抗者を法的救済の外側にあらかじめ想定することなく、法が求める歴史からの離脱を考えてみたいと思う。

## 4 非合法

法に参加する直前の、文字どおり法の臨界にたたずんでいる何者かこそが、したがって問題なのだ。それはどのような場所なのか。この法の臨界をもう少しはっきりと設定するためには、救済の法に関わる商談について少し注釈が必要である。まず以下に述べる注釈は、安里の文章にかかわって先ほど述べた、運命的な基地という表現に関わる。この運命性ということがいったい何を意味しているのか。基地を操作可能な対象へ置き換えるという商談も、法に参加する直前の領域も、この運命性への注釈を抜きにしては議論できないだろう。

前述した安里のいう「数年前の政治過程」でもあるのだが、一九九七年に駐留軍用地特別措置法(特措法)が「改正」された。この特措法は、個人の所有する財(土地)を軍用地として強制的に使用し続けることを法制化したものであり、有事立法やガイドライン関連法案で焦点のひとつになる軍事行動の際の私的な財の強権的使用を、先取りしたものである。そしてこの「改正」の焦点が、沖縄における米軍用地をめぐる国の不法占拠状態の合法化にあったことは疑いない。この「改正」の過程で、一九九六年八月に当時の梶山官房長官の肝いりで「沖縄米軍基地所在市町村に関する懇談会」がつくられた。そのメンバーである経済学者の島田晴雄は、沖縄の基地問題を沖縄への振興政策に置き換えながら、国家による軍用地の使用は安全保障にかかわる「国家の信用」の問題であり、不文律であることを主張している[26]。

この島田のような沖縄振興の主張からは、救済の法が位置する文脈が、如実にうかがえる。すなわちそこでは基地が、法を超えた国益に関わる存在として設定され、したがって不法占拠という暴力、すなわち占領は、国益という法を超えた不文律として語られ、その一方で基地をめぐる交渉は、振興政策という救済の法における商談として設定されているのである。いいかえれば、基地の存在をめぐる関係は、占領という暴力的関係そのものであり、商談とはその濫喩的な表現に他ならないのである。

そして、そうであるがゆえに、この商談をどのようなものとして考えるのかということが重要になるのだ。すなわち商談のみをとりあげ、そこでの行為者を固定的な主体とみなすならば、この商談が濫喩的に表現している暴力の痕跡を抹消していくことにもなりかねないだろう。暴力的なものを計算可能な経済的なものへ置き換え、逃れがたい運命を操作可能なものに読みかえる商談は、暴力の痕跡を否認する危険なプロセスでもあるのだ。だが逆にそれは、商談のプロセスから暴力の痕跡を浮かび上がらせる可能性でもあるだろう。ただ、あらかじめ述べておけば、浮かびあがる暴力の痕跡とは、商談の外に再び物理的暴力が登場するということではなく、商談自身が、絶えず暴力により維持され、また暴力にさらされていることを、商談のプロセスの中で予感することなのである。またくりかえすがそれは、救済の法の対象として命名された沖縄という名前とその歴史を、どのように叙述するのかという問題でもあるだろう。

申請するという行為の中で生じる主体化こそが、問題だといった。それは法の中で生きるものたちを、法の外部や法の前でなく、また法によって決定された主体でもない、行為遂行的(performative)な行為者として、思考することでもあった。だがこの商談が暴力にさらされているプロセスであることをふまえるなら、この法の中の行為遂行性(performativity)は、まずもってニコス・プーランツァスのいう法の「演劇性(théâtralité)」の問題として理解しておかなければならない(27)。プーランツァスのいう演劇性は、オースチンなどの言語行為論やラカンの精神分析学をくぐり抜けた行為遂行性という設定とは異なり、はるかに基盤主義的な概念であり、物質化された法や国家を反復した表現である。だが、そうであるがゆえに彼の議論は、法がまずもって国家あるいは帝国の制度であることを思い起こさせ、法への批判的作業がどこに向かわなければならないのか、あるいは法の中での商談のプロセスにおいて何を再読し、記述しなおさなければならないのかを、羅針盤のように指し示してくれるのだ。

プーランツァスにおいて法の外部は、国家の「非合法性」の領域なのであり、「国家の非合法性は、常に国家が設定した合法性の中に刻み込まれている」[28]のである。法は法を設定した国家の合法化されない暴力に囲われた牢獄なのであり、「法は組織された公的暴力のコードである」[29]。プーランツァスにとって法の「物質性」とは、この国家の暴力性を指すのである。こうした外部のない、というより「国家の非合法性」という外部しかない法の中に、演劇性が設定されている。「この演劇性は、近代法の中に、そしてこの法律が物質化されている迷宮・迷路の中に刻み込まれている」のだ[30]。

法の外は「国家の非合法性」なのであり、演技者の居場所は法の外に保障されることはない。暴力にさらされた逃げ場のない劇場においてプーランツァスが設定したこの演劇性を、私は思い切り誤読してみたいと思う。すなわち法を演劇として生きることは、まずもってその劇場が暴力にさらされている牢獄であることを、演じること自身において発見することなのだ。法の申請者は、ここでいう演じるという行為遂行性において、法の中にいながら法の外を感知している何者かでもあるのだ。その者たちは、法という牢獄により隔てられた外に放置された死体を、壁ににじり寄りながら、その死体の傍らに自分がいることを感知するのであり、前述した法の臨界にたたずんでいる者とは、この死体の傍らにいる者に他ならない。法の申請者を死体の傍らにいる者として、暴力の予感とともに描き出すことこそが、法の歴史とは異なる未来を見いだすことだといえるだろう。

こうした予感にともなって描きだされる暴力は、国家に所有された道具としての物理的暴力や国家テロルそのものではもはやなく、牢獄の外に向かう想像力において再発見されたものに他ならい。かかる意味において、この演劇とは、すでに存在している「国家の非合法性」を想像力の場に引き込み、再設定することなのである。(31) 法を演じるときに獲得されるのは、まさしく法の外へのこの想像力に他ならない。そしてこの想像力は、法の外に「国家の非合法性」ではない世界をも、見出すに違いない。死体の傍らにいる者の暴力への感知力は、計算や予測といった用語や高度な症候学において読みかえられるべき存在ではない。この感知には、暴力を想像力において再設定する営みがあるのだ。かかる営みは、ただ予感するという動詞においてのみ表現されるべきものである。

# II 危機と救済

## 1 居ながらにしての出郷

ところで、沖縄という名前をめぐって救済の法が登場するのは、前述した米軍のガリオア基金が初めてではない。法的救済の対象を指し示す沖縄という名前が登場したのは、一九二〇年代におけるソテツ地獄において登場した沖縄救済論議においてであり、こうした救済論をうけて一九三二年には沖縄県振興計画が成立した。一体この法的救済、すなわち沖縄救済と振興計画はどのような法として登場したのだろうか。

第三章で指摘したソテツ地獄において生み出された出郷者と、とどまり続ける者という二つの顔は、前者が旧来の社会からの離脱として、後者がその保持として表現されるがゆえに、対立して登場する場合が多い。離村者と村人、労働力と土地といった区分により過剰人口は分断されるのだ。沖縄という帝国の領土も、こうした二つの顔において再度定義されることになる。だが出郷者は依然として出自から自由ではないし、村はもはやかつての伝統的共同体ではない。また一見対立する両者は、土地からの離脱と土地への回帰として互いに干渉しあいながら展開するだろう。ソテツ地獄においていっきに抱え込まれた過剰人口が危機として登場するということが、これまでの諸コードや登記様式を崩壊に導くことだとするなら、出郷者ととどまる者という区分も、この危機の表現に他ならないのである。

労働力の実質的包摂にともなって、自らを労働力として提示していく営みにおいて刻まれる痕跡が、すなわち労働力としての経験が、文書化されていく。そしてこの文書は、危機を表現しながら、未来を描き出す営みであった。第四章で検討したように、たとえば出郷者は、自らの出自を未来への夢として見出していく。だが、繰り返すが、この夢は満たされることはない。伊波の「個性」は、満たされない想いとともに、何度も蘇ることになるのだ。

だがしかし、次に考えなければならないことは、信託統治に賭けた永丘が「個性」を蘇らせながら、さらにそれを、計算可能な「弗」に置き換えたという点である。「個性」は蘇ることはない。だが救済の法の中で「個性」は、救済されるべき法の申請者として定義され、商談の中で「弗」によりその内容が充塡されている。

それは確かに、出郷者というより、とどまる者たちの問題かもしれない。だがこの救済の法において申請者としてみなされ、救済の必要量を示す計算書が作成される時、かかる申請者としてとどまる者たちもまた、既に計算書においてしか見出せない「個性」に、満たされない想いを抱き続ける出郷者でもあるだろう。こうした「居ながらにしての」出郷者(石牟礼)は、救済の法における商談の中で、計算書とともに自らの希求すべき生活を描こうとするが、この計算書において表現された「個性」にはどうしても住まうことの出来ない者たちでもあるのだ。いいかえれば、申請者にはどうしてもなりきれない者たちが、まさしく申請するという営みにおいて生成しつづけている。この者たちは、法の内部にいながら法の外を予感するだろう。

くりかえすが、安里の「オキナワ」は、救済の法の計算書において定義された沖縄ではない。それは、救済の法のもとで計算書を提示しながら、法の外を予感しつづける「居ながらにしての」出郷者なのだ。ソテツ地獄という危機が救済の必要性として主張され、救済の法が登場していくプロセスに、まずこの「オキナワ」を見いだすことからはじめよう。

## 2　危機という問題

危機が救済へと置き換えられていくプロセスを考えるために、そもそもソテツ地獄という危機は、いかなる危機として存在したのかという点を検討しなければならない。一九二四年に伊波が『沖縄教育』(一三六号)に執筆した「琉球民族の精神分析――県民性の新解釈」は、これまでの伊波普猷研究においても、ソテツ地獄や沖縄救済論との関係の中でたびたび言及されてきた。(32) たとえば同論文の意義を最も早くに指摘した比屋根照夫は、伊波が「人間の社会意識を決定する物理的・経済的基盤(下部構造)に着目し、その基盤の上に樹立される政治的・経済的制度の改革を抜きにしては、沖縄の救済はありえないとする認識の転換」を行ったとし、(33) こうした比屋根の理解は、鹿野政直らにおいても継承されている。

確かに、「今となつては、民族衛生の運動も手緩い、啓蒙運動もなまぬるい、経済的救済のみが私たちにのこされた唯一の手段である」という伊波の文章からは、(34) ソテツ地獄を前にして「物理的・経済的基盤」への着目と経済的救済を求める伊波普猷が浮びあがることは間違いない。また多くの論者がそこに、マルクス主義の影響を想定しようとしている。

こうした伊波のソテツ地獄に対する経済史的理解は、歴史研究者自身のソテツ地獄の理解と合致するがゆえに、極めて受け入れられやすい考え方だろう。だが経済史的なソテツ地獄に抜きがたく存在している法の理解、すなわち法の外部に、法が必要とされる経済的危機をあらかじめ設定することや、法を選択する総資本の意志を想定する法の道具的説明は、参照はされるべきだが、拒否しなければならない。なぜならこうした法の道具的な枠組では、法をめぐって、歴史的必然性として設定された法の外に存在する経済的危機と、その危機への対応を計画する自由意志を設定してしまうからである。その結果、危機は法則的あるいは事実確認的(constative)に把握され、法は計画的あるいは計算的なものとして記述され、その背後に合理的な自由意志が措定されていくことになる。この必然性と自由意志の関係は、さしあたりエルネスト・ラクラウやシャンタル・ムフがいうように「境界関係(a relation of frontiers)」にあり[35]、境界線は移動するが、二元論は克服されないというような関係である。そこでは、危機は観察された後に解決すべき対象として設定され、それを「知的に加工すること」[36]に思考が限定される。ラクラウやムフがいうように、こうした危機をめぐる二元論こそ危機の徴候に他ならない[37]。

過剰人口の急激なる拡大は、まずもって「登記様式の崩壊」を導くのであって、それは法の前に問題として設定されている経済的危機ではなく、あえていえば代理できない存在の膨張と、これまでの政治空間の崩壊こそが強調されなければならないのである。そしてもし、かかる事態が経済的危機とみなされるとしたら、そこには既に新たな秩序が開始されているのである。つまり経済的危機という設定により、危機は救済されるべき欠如に置き換えられていくのだ。また救済の法の作動とは、世界の崩壊であるはずの危機が、救済されるべき部分的欠如として描きなおされていく事実確認的なプロセスでもあるということだ。このプロセスにおいて危機は、補填することのできる欠如として部分化され、事実化され、典型化され、物質化され、測定され、計算され、その結果、救済されるべき不足としての法の対象たる名前に置き換えられる。(38)この置き換えのプロセスにおいては、救済の法と実証的知は、ピッタリと重なっているのである。

それはまた、社会からその一貫した基盤を奪い取る「論議無用」(パスカル)の力である危機が、(39)充填されるべき欠如態として、ある部分の問題に限定されていくことでもある。その部分は、全体の一部としてみなされるだけではなく、全体の一部になるにはまだ何か足りないという欠如を担う部分として設定されるだろう。そしてかかる部分が担う欠如への充填を通じて、社会は全体性を確保しようとするだろう。いいかえればシニフィアン全体を揺るがすゼロが、代数的計算を成り立たせる理論的ゼロ値に置き換えられ、したがって欠如は代数的欠如として数値化された量により充填されうる欠如となり、かかる部分化され事実化された欠如が充填されているということを確認するなかで、社会は提喩的に秩序を回復するのである。(40)

したがって、救済の法と危機の関係は、財の投下の有無や、投下された財の数値化された経済効果にあるのではない。危機が救済されるべき欠如として設定された時には既に、救済の法による新たな秩序は作動しているのである。そして、かかる危機の経済的危機への置き換えを議論した上で、すなわち救済の法とともに生まれてくる新たな秩序の登場を前提にした上で、伊波のいう「経済的救済」は、あらためて検討されなければならないのである。

## 3 救済されるべき沖縄

一九二〇年代、後に「沖縄救済論議」とよばれる沖縄救済をめぐる議論が新聞・雑誌に登場し、また沖縄救済に関わるいくつかの本が出版された。湧上聾人編『沖縄救済論集』(改造之沖縄社、一九二九年)、新城朝功『瀕死の琉球』(越山堂、一九二五年)、田村浩『沖縄経済事情』(南島社、一九二五年)、親泊康永『沖縄よ立ち上がれ』(新興社、一九三三年)などである。こうした救済論議とともに、帝国議会や県議会においても沖縄が討議された。いわば沖縄が、解決しなければならない沖縄問題として登場したのである。

こうした中で、一九二五年第五〇議会において、「沖縄県財政経済の救済助長に関する建議案」「沖縄県救済に関する建議案」が決議され、この建議案にもとづいて一九二六年から五年間、「産業助成金」の支出が決定された。また第五二議会でも、一九二七年から一〇年間の「工業助成金」の支出が決定された。一九三二年に総予算額六八四七万円余りで決定された沖縄県振興計画は、こうした流れの中で立案されたものである。[41] より詳しく述べれば、一九三一年から一九三二年にかけて、沖縄県は『沖縄県振興計画案』ならびに『同事業説明書』を作成し、この計画案を審議するための沖縄県振興計画調査会が政府部内に設置されたのである。それはまた、救済の法の対象として沖縄が議論され、法の対象としての沖縄という名前が確定されていくプロセスでもあった。

この『沖縄県振興事業説明書』（一九三二年）には、「振興計画理由」として、まず沖縄県が琉球王国から島津の侵攻に至るまで独自の歴史を経てきたことが説明された後、次のように記されている。

明治一二年始メテ県ノ名称ヲ受ケ益々一視同仁皇恩ニ均霑スルニ至レリ名ハ即チ県ナリト雖モ実ハ即チ揺籃ヲ離レタル一嬰児ナリ其ノ養育、保護ヲ俟テ始メテ他日有意ノ士トナルヘカリシナリ、朝鮮、台湾、北海道ノ如キ皆然ラサルナシ独リ沖縄県ニ関スル限リ為政者識者共ニ事茲ニ出テス其ノ内容ノ充実ヲ顧ミズ……。(42)

「朝鮮、台湾、北海道」と沖縄を比較し、保護、救済をうけずに放置されてきた沖縄を主張することは、この救済論議から沖縄県振興計画への展開において極めて特徴的な議論である。(43) とりわけ台湾は、沖縄救済の正統性を主張する際、いつも参照項として言及された。また同時期に振興計画と密接に連動しながら、砂糖消費税ならびに砂糖関税をめぐる陳情が、沖縄県農会、沖縄砂糖同業組合、町村会などからたびたび提出されていたが、そこでも、台湾と同様の積極的な糖業政策、保護政策を求める記述が多くなされている。たとえば沖縄県農会ならびに沖縄砂糖同業者組合による『黒糖白下糖消費税免税並沖縄県産分蜜糖原料生産者保護嘆願書』（一九二六年）には、「沖縄糖業ハ従来台湾糖業ノ如ク確固タル保護政策ノ下ニ成長シ来キタレルモノニハ非ズ」とし、(44)「本県糖業ハ台湾糖業ノ保護奨励ニ比シ恩典薄キコト」を批判して、(45)「保護奨励」をもとめている。

台湾と比較し、台湾と同様の法を求めるというこうした正統性の主張は、沖縄救済論議において登場した「植民地行政の長所」を加味した「帝国内における特別行政区域」として沖縄を位置付ける議論にもつながっている。[46] だがこうした救済の正統性は、同時に次のような反論を招くことにもなった。前述した沖縄県振興計画調査会の第一回会合で、振興計画を説明した沖縄県知事の井野次郎に対して、当時斎藤実内閣において法制局長官であった堀切善次郎は次のように質問をしている。

沖縄ノ方デ台湾ニ負ケナイヤウニ経営ガ出来ルカト云フ、其点ガ十分ニ頭ニ這入ラナイノデアリマス……少トモ日本ノ将来困ラナイ産業ニスルニハ、台湾ト競争シテ負ケナイト云フ論拠ガナイト……。[47]

これに対して井野は、「台湾ニハ劣ラナイヤウニ出来ルノデハナイカト思ヒマス」と応答しているが、[48] さらに黒田英雄大蔵次官が次のように発言している。

他ニ適当ノ土地ガアツテ其処デ経済的ニ出来テ行クト云フモノガアレバ、サウ云フコトニ無理ニ拘泥ヲシテ行クト云フコトハ将来又ソレニ就テ苦シイ経験ヲシナケレバナラナイト云フヤウナ危険ガアルノデハナイカ。[49]

第三章でも指摘したように、糖業資本は当時、台湾から南洋群島へと拡大していた。とりわけ第一次大戦後に新たに獲得した南洋群島への資本投下は、急増していた。沖縄がダメなら「他ニ適当ノ土地」を求めればよいというこの黒田の発言において重要なのは、たんにそこから植民地経営における経済合理的な政策決定や合理的な意志が看取できるということではない。重要なのは、この黒田の発言が、人によっては、沖縄が暴力的に領土化された土地であることを想起させ、またその暴力の新たな作動を予感させるものであるということだ。植民地に似せて命名された救済の対象としての沖縄という名前は、その名前が命名されたり名乗られるたびに、領土獲得の暴力を不断に想起させ予感させることになる。

さて、今一度『沖縄県振興事業説明書』に戻りたいと思う。その「振興計画理由」には、「朝鮮、台湾、北海道」への言及だけではなく「県民生活ノ如キ其ノ程度他府県ト比スヘクモアラス」という他府県との比較も主張されている。そこでは「衛生状態」が問題とされ、その改善が主張されている。(50) こうした他県との比較は、同時期の砂糖消費税ならびに砂糖関税をめぐる陳情においても、沖縄糖業保護の正当性として主張されている。たとえば沖縄県農会長、沖縄県各種産業団体、沖縄県農業者一同による『砂糖関税並附加税撤廃反対陳情書』(一九三五年)には、「他府県農村ニ対シテハ政府ハ米価ノ維持引上ゲ並蚕糸業ノ保護救済等ニ巨額ノ国帑ヲ投シアラユル方策ヲ講ジ居ラレ候処沖縄県民ハ何等之等ノ恩恵ニ浴セサルノミナラス……」とある。(51) すなわち、国内農業の保護政策として沖縄糖業の保護が要求されており、そこでは植民地とのアナロジーではなく国内の一つの県としての沖縄ということが強調されている。
沖縄救済論議から沖縄県振興計画に至るプロセスにおいてまず看取できるのは、救済の法の対象としての沖縄とは何か、という問いかけであった。そこには、植民地農業としての積極的な再編か、国内農業としての保護かという方向性が確かに存在するが、救済の法をめぐる議論の中から見えてくるのは、植民地でも国内でもそのどちらでもないという空白としての沖縄の、植民地や国内への擬似的な同一化という事態だといえる。沖縄は、植民地でも国内でもなければ、そのどちらでもあるのだ。

このような対象の空虚さは、救済の法において展開されるべき商談の正統性をめぐる危機としてたえず登場せざるを得ない。そして、そうであるがゆえに法はこの空虚さを許容できず、そこに社会と歴史の内実を要求することになる。いいかえれば、法には救済すべきリアルな対象が必要なのだ。この内実を求めていく作業は、次に考える救済申請をめぐる事実確認的な発話の問題に他ならないが、そこでは法の正当性を崩壊させる空虚さは、充塡されるべき欠如に置き換えられることになる。

かかる意味において救済されるべき沖縄という名前は、法の正当性の危機の換喩的あるいは濫喩的表現であり、それは不断に充塡されるべき内実を要求していくものだと、さしあたりいえる。またこの危機とは、法の外に存在するのでもなければ、法により解決されるものでもなく、まさしく法の対象として命名された沖縄という名前において、継続していくのである。

最後に「振興計画理由」には、以上の議論を受けて次のように記されている。「本県民ヲシテ昭和ノ御代ニ日本臣民トシテ生マレタル栄光ヲ感シ聖沢ニ浴セシムルハ実ニ識者為政者ノ責務タラサルヘカラサルヲ痛感ス」(52)。法の対象の空虚さは、沖縄に「日本臣民」という名前を更に重ねることにより、充塡されようとしている。

## 4　申　請

ところでこうした欠如が充塡されるべき内実を備えることは、文字どおり申請するという行為の開始でもあるだろう。次にこうした申請の領域において、沖縄救済を考えてみよう。沖縄救済論議において救済対象である沖縄は、たんに国内あるいは植民地への擬似的な同一化によって設定されただけではない。前述した欠如は、どちらでもないという意味での非決定性ではないのだ。そこでは、国内か植民地かという地政学的な区分に関わる議論とは異なった、救済の法をめぐって登場した新たな言語が問題にされなければならない。それは、救済されるべき沖縄の現状を説明する、極めて物質的で経済的な事実確認的言説である。

たとえば前述した『沖縄救済論集』に収録されている元大阪毎日新聞の松岡正男の「赤裸々に視た琉球の現状」では、食料生産額、移出入額、通貨量、金利、農地面積、国税未納額、県税未納額、生産力、生活程度、体格、などにより救済されるべき沖縄が描かれている(53)。あるいは、沖縄県新興計画調査会において振興計画の必要性を主張した知事の井野は、救済されるべき生活について、家屋の形状や食生活にまで立ち入って述べている[54]。こうした事実確認的な言説こそ、前述した空白を埋めるフェティッシュな対象を構成するのであり、法の外部を装って救済の根拠を明確に示す基盤主義的な言説なのである。その結果救済認定は、事実に基づいた法的判断という正統性を獲得していく。

またこのプロセスは、沖縄という名前における欠如が充塡されるというより、生産力や生活程度という言葉で提示される個々の具体性を帯びた事実確認的言説に、沖縄という署名がつけられていくプロセスであるといった方がよいだろう。したがって、一つ一つの諸事実が提示されるたびに、こうした事実確認的言説が沖縄の提喩として読まれていくことになる。事実はいつも提喩として、すなわち事例として、表現されるのだ。

ところでこうした事実確認的言説として展開する申請は、いくつかの行為遂行的な意味を帯びているといえる。まず第一に、こうした申請により、危機が、欠如に関わる事実確認の問題へと置き換えられ、危機は先送りされ、起きるべき抗争が無力化されていく。すなわち、法の内部の危機が、法の外部の対象へと置き換えられるのである。かかる危機の外部化にかかわって次に指摘しなければならないのは、この事実確認的言説が救済を求める声を表現しているのだという前提の存在である。すなわち、背後には声があるという音声中心主義的な事実の文書的記述こそ、申請における基盤主義的言説に他ならない。文書化された申請の外の領域に声を押し込め、その声を申請が代弁するという、この声と申請の分担関係は、文書化された申請こそ真の民衆の声であり、現実を反映しているのだという転倒を生むだろう。またこうした転倒のなかで、声はどこまでも救済を求める平和的な諸要求の声としてあらかじめ切り縮められることになる。救済されるべき閉じた世界の記述は、「声の届く範囲に対する賞賛」(デリダ)によって遂行されるのである。(55)

この申請をめぐる文書化と声の分担関係とその転倒には、救済の法をめぐる申請(＝代弁あるいは代書)という政治と、その背後に存在する民衆の声というお決まりの政治区分が重なるだろう。商談の外はいつも平和的な諸要求の声で満たされているという思い込みと、要求を語れない人々を声の不在の領域に勝手に埋め込む良心的思い込みが、商談という政治を包み込むことになる。だが声は平和的な諸要求とは限らないし、声の不在は話したくとも話せないという状態とは限らない。また、プーランツァスなら、商談の外に国家の暴力をまずは想定するに違いない。

またこの政治区分は、次に述べる、要求を聞き取る者という論点にも関わるだろう。要するにそれは、民衆の声を聞き取り、商談を行う良心的媒介者の問題なのだ。また申請において提示された事実こそが民衆の声だという転倒は、歴史記述に即していえば、生産力、生活、移出入額という物質性とそこに設定される法則性こそが民衆の歴史だと考える転倒でもある。そこでは、要求を聞き取る者という媒介的位置に、歴史家が文字通り置かれることになる。

いずれにしても、こうした要求を聞き取る者がいかなる存在として登場するのかということが、この事実確認的な言説の行為遂行性を考える上で、重要な論点になるのである。沖縄救済が論議され、沖縄県振興計画が制定されていく過程において、多くの官僚、ジャーナリストが沖縄を訪れ、視察をおこなった。またこの視察には、沖縄在住の知識人やジャーナリスト、政治家なども参加し、沖縄救済をめぐるおおくの記述が生産されていった。前述した『沖縄救済論集』に所収されている東京日々新聞記者である新妻莞の「琉球を訪ねて」もその一つである。[56]

「これは住宅ですか」

「そうです中以下の分で村全体からいえば、この式のがなかなか多いです」

「床がないようですが――」

「これが床です」

指さされたそこには、ふるびたこもがしかれてあるが、そとの地面より幾分か高いだけ、こもをまくって見ると海岸から運ばれた砂がしかれてあった。

「ここへねるのですか?」

「えー、無論敷ふとんどころか掛ふとんもありません」

「大体暖いからいいが、モそ《ママ》っと寒かったら事ですね」

「処がこの列島は同じ沖縄といっても北の端になっており、北支那方面からの寒い風を受けるので冬は相当きついのです」

「じゃ何を掛けて寝るのです」

「あれです」
あれとは外米の袋地やボロにボロをつぎ合はせ布目も見えぬ程の古布子手に取るとプンと異臭が鼻をついた、夜具兼衣服といえばこれだけ(と――引用者)きいて、私は次にきくべき言葉をしらなかった。(新仮名使いに改めた――引用者)

これは、伊平屋島を視察した新妻と村長のやりとりを、新妻が記述したものである。視察にきた者が、地元のインフォーマントに質問し、説明を受けるというこのやりとりは、鳥居龍蔵の沖縄調査から続けられてきた沖縄に関わる記述の基本的な構図であるといえる。だが、この新妻と村長のやりとりを特徴付けているのは、たんに記述者とインフォーマントの関係というより、救済されるべき対象を探ろうとする視線と地元の人の説明(声)に耳を傾け、具体的事実を提示しようとする記述者の態度である。この二つの特徴によって提示された具体的な諸事実は、救済されるべき沖縄の提喩として読まれていくことになる。

まず指摘すべきは、この救済されるべき沖縄を探ろうとする視線は、これまでの沖縄像への批判的な言説として登場するということである。たとえば新妻においても、視察のなかで、「沖縄県人はなまけものだ根気がない」、「沖縄人に貯蓄心がない」というこれまでの「誤解」[57]を、自らの視察で発見した事実と統計的数値によりひるがえそうとしているのである。こうした批判的言説には、これまでの歪められた沖縄像を批判し、本当の救済されるべき「純朴」[58]な沖縄像を見出そうとする視線が存在する。それは、レイ・チョウのいう歪められたイメージを批判する反帝国主義批評家の視線でもあり、そこには本当の真実を知ろうとする欲望、いいかえれば「騙されない者(the non-duped)」になりたいという欲望が存在するのだ。(59)

このような欲望を新妻の記述から見出すとき、地元の声を聞き取る新妻の自作自演の滑稽さとでもいうべき自己欺瞞がうかびあがってくる。村長が示す「ふとん」や「床」などのリアルな物質は、彼の文章においてはことごとく救済されるべき真の沖縄を示す徴候として記述されていくのである。他にも同様に、新妻は小学校の児童に「きのふの一日」という作文を書かせ、「私は昨日朝早く起きて井戸にいつて顔をあらつて……かへつて草をかり夕はんをたべてじしゆうをしてやすみました」という児童の一日の記録を、救済されるべき「涙ぐましい」子供を示す徴候として記述している。(60)

いまここで新妻の滑稽さをとりあげるのは、村長や児童たちが提示した事実の背後に、新妻が想定したこととは異なる別の意図が存在するという事を言いたいからではない。意見のすれ違いやディスコミュニケーションということが、問題なのではないのだ。重要なのは、彼の滑稽さが白日のもとにさらされるということが、騙されない者になりたいという新妻の欲望を裏切ることにつながるということだ。だからこそ、この批判的言説に見出される植民者の欲望が裏切られないためには、いいかえれば滑稽さが露呈しないためには、地元の声はいつも本当の声でなければならず、嘘をつくことは断じて許されないのである。

したがって、いつも真実の生の声を発する地元を求める視線は、嘘を事前に監視し見破ろうとする警察の視線でもある。またそれは、騙されない者としての自己を防衛する保身術でもあるだろう。申請が申請でありつづけるには、事実確認的言説が提示されねばならず、事実確認的言説があるところには、こうした保身にもとづく予防的な「本当のことを言え」という恫喝が存在しているのである。逆にいえば申請を成り立たせている事実確認的言説とは、申請を聞き取る者を、これまでの偽った沖縄像を批判し真実を探り当てる調査者として、また供述の声に含まれる嘘の身振りを摘発する警察官として、不断に措定していく行為遂行性を帯びているのである。

諸要求の声を聞き取り、その声を代弁する媒介者は、真実を探ろうとする観察者であり、嘘を摘発しながら尋問を行う警察官なのである。こうした媒介者は、本人がどのように思いこもうと、隠された法の執行者として救済認定における規範的な正しさを保護し、範例集の束としての歴史を打ちたてることになる。

# Ⅲ　継続する危機

## 1　消尽点

先にもふれたように、伊波普猷は一九二四年に『沖縄教育』(一三六号)に「琉球民族の精神分析――県民性の新解釈」という文章を記している。前述したようにこの文章は、これまで伊波普猷研究において一つの焦点になっていた。すなわちこのテキストは、伊波がソテツ地獄を目の当たりにして、従来の啓蒙運動から政治的・経済的な制度変革へと移行した画期を示すものだというわけである。そこではこうした転換の起点として、伊波の「絶望」が指摘されている。(61) だがこの絶望を感傷的な理解と結び付けないためには、この絶望を、救済の法とともに生まれてくる新たな秩序とともに検討しなければならない。

ところでこのテキストの特徴は、フロイトの精神分析学による無意識の発見と、マルクスにおける社会の発見が、同時に展開されているという点である。結論を先取りすれば、自らの内部に見出された無意識という言語行為の及ばない言葉の不可能性は、「意識が存在を規定するのではなく、存在が意識を規定する」(『経済学批判』)を経て、社会の発見へと向かうのである。このフロイトとマルクスに出会った伊波からは、言葉の不可能性を知りながらそれを不可能性として言葉の外に放り出すことなく、そこに社会を語る言葉を繰り出そうとする記述者としての伊波が浮びあがるだろう。

伊波はまず、「私は精神分析に関する数冊の著作を播いていくうちに、この新科学の光を琉球史の研究に差し向けたらどんなものであらう、といふことを考へ[62]」、琉球民族を精神分析学により分析しようとする。そこには琉球民族を定義しようとする知識人エリートの欲望がまずは存在しているだろう。だが、同時に他人事のように琉球民族を分析する伊波自身もまた、この琉球民族の中にいる。そしてだからこそ、この自己言及的な分析により浮びあがるのは、単なる言葉の不可能性としての無意識の発見ではなく、「自分の国でありながら自分で支配することが出来」ないという自己の決定不可能性とでもいうべき事態なのである。それは確かに、絶望ではある。

この絶望については、このテキストと同時期に、やはり『沖縄教育』(一三七号)に掲載された「寂泡君の為に」とあわせて考えなければならないだろう。第二章でも検討したように、そこで伊波は、「個性を表現すべき自分自身の言葉を有つてゐない」と記しているのであり、この「個性」という言葉の停止は、「琉球民族の精神分析」における自己の決定不可能性と重なるだろう。すなわち自らを決定できないという事態は、政治的資源の不在ではなく、言葉に関わる主体の決定不可能性なのであり、かかる意味で無意識なのである。序章でも述べたようにレヴィ＝ストロースは、言語化できない領域に無意識という理論的名辞を与え、体系的なシニフィアンの秩序を獲得し、マナやハウを「特定社会の人間たち」の問題として説明する分析者の位置へと身を翻した。だが伊波にとっての無意識とは、分析者の位置を手に入れる理論的用語ではなく、自らの言葉が自らの主体を決定できないという絶望にかかわる比喩的表現に他ならない。伊波は、依然として観察される側にいる。また、この無意識に関わる絶望は、単に個人の精神分析学なのではなく、名乗る際に用いられてきた「個性」という言葉が担ってきた政治の停止ということに関わるのであって、かかる意味で、この絶望はなんら感傷的なものではなく、まずもって政治的絶望なのである。伊波において政治は、言葉に直結している。

かかる絶望をめぐって以下に検討すべきは、絶望を経た後に表明されるべき政治的「わたしたち」を、いかなる「わたしたち」として見出していくのかという点にある。結論を先取りすれば、そこでは、再登場する「わたしたち」を絶望の忘却だとする安易な批判や、絶望を資源の不在に置き換え、その補塡に希望を刷り込ませるような平板な政治が、批判的に検討されることになるだろう。(63)

ところで、繰り返しを恐れずに述べれば、この「個性」という言葉には、琉球民族という「わたしたち」を、被支配民族から区別し、占領の暴力から離脱しようという身振りが存在した。沖縄の独自性を、植民地ではないということと合わせて主張するために、伊波はこの「個性」を、定義しようとしたのである。さらにこうした区別の身振りには、伊波自身が日清戦争時における沖縄住民へのジェノサイド計画と、自分がそれを遂行する側に立たされていたという内戦の記憶が隠されている。感知されたこの占領の暴力を、伊波は、沖縄の「個性」を日本内部の中で提喩的に位置付ける作業において、振り払おうとしつづけていたのである。したがって「個性」が停止していくことは、これまで振り払おうとしていた占領の暴力が、あるいは打ち消そうとしていた内戦の記憶が、さらには琉球民族に銃を向けるために軍事訓練を受けていたという伊波自身の記憶が、その存在を主張し出すことを意味していたのである。絶望とともに占領状態が広がっていく。

　だがしかし、「個性」の停止ではじまったのは、絶望だけではなかった。「琉球民族の精神分析」においては、自己の決定不可能性ということは、「これは心には是非さうせなければならぬときめても、何だか能くわからない他の力が活いて、自分の思ふ通りにさせないことを意味する」、「チムンテーンアラン」ということわざをめぐっても、展開されている[64]。そこでは、言語の不可能性が、「何だか能くわからない他の力」への感知に結びついている。「個性」という「わたしたち」が困難にたたされた時、伊波は、絶望とともにひろがる占領状態から、「他の力」を感知するのである。そしてこの地点において、マルクスが登場する。

　けれどもその後唯物史観を研究して人の意識が人の生活を決定するのではなく其の反対に人の社会的生活が人の意識を決定する、といふことを理解するに及んで、私は環境といふことをおろそかにしてはならないといふことを考へさせられるやうになつた。従つて沖縄がかうなつた

原因をその制度に求めなければならないやうになつて来た。[65]（強調、原文）

「個性」の停止からは、社会と制度が、力とともに見出される。ここに、危機の最も近傍で思考している伊波がいるだろう。そしてこの場合の危機は、経済的疲弊ということでもなければ、ソテツ地獄ということでもない。危機とは、社会を再度見出す起点なのだ。

　さらにこうした危機の中で伊波が、南島人と労働力を記述し始めたことを想起しなければならない。過剰人口の拡大が引き起こした社会体の登記様式の崩壊のなかで、伊波は「個性」を停止させ、その消尽点において、社会や制度とともに労働力をも見出したのだ。伊波は危機の中で、労働力としての経験を文書化しはじめるのである。それはまた伊波が、もはや社会が「個性」としては復権できないことを、了解していた証左でもあるといえる。この「個性」の消尽点で伊波が社会や制度に言及するとき、そこには社会や制度においてはもはや登記できない下水道が、同時に見出されているのである。したがって、重要なことは、伊波が危機の淵から見出した社会と制度は、すぐさま新しい社会や制度の建設に直結するものではないという点である。そこには、下水道に身をおく者たちのみが垣間見ることのできる批判的想像力こそが、看取されなければならないだろう。まただからこそ、救済の法はその鎮圧に向かうのだ。

　伊波は、社会と制度を見出した後、それをすぐさま救済が必要な社会として主張する。「経済的救済のみが私たちにのこされた唯一の手段である[66]」とした上で伊波は、次のように述べるのだ。

本県は毎年五百万円の国税を納めてゐるが、本県が受ける国庫の補助金は僅百七十万円に過ぎない。つまり三百万円以上の大金が国庫に搾上げられる勘定になる。搾上げられるといふと語弊があるが、国防や教育や交通など国家に必要な設備に使はれるのだ。けれども本県人はその恩恵に預ることが至つて少ない。(67)

伊波が見出した社会は、救済されるべき社会として、すぐさま数値化され事実化されている。「個性」という「わたしたち」の停止から、「恩恵に預ること」のない「本県人」が躍り出す瞬間を確認しておこう。そしてこの「本県人」は、「個性」をも復活させるのだ。

私たちが納めなければならぬ最も尊い税は個性の上に咲いた美しい花でなければならぬ。(68)

「琉球民族の精神分析」は、この納税額により示された「個性」で終わっている。「個性」は閉じられ、そしてその瞬間に数値化され事実化された補塡されるべき対象として再度登場するのである。それは永丘が信託統治において唱えた「個性」でもあるだろう。申請が開始された。だがこの「個性」の停止から再開への展開には、言葉を失い不断に暴力を感知する消尽点が存在することを確認しておかなければならない。

## 2 共通利害

なにがはじまったのか。何が今も、進行中なのだろうか。救済の法にむけて申請し、計算可能な「わたしたち」を提示することにより成立する商談のプロセスが開始されるということは、危機が救済の必要性に置き換えられて行くことである。だが、それだけではない。危機の中で申請を開始する者が通過したはずの消尽点は、計算可能な「わたしたち」を不断に脅かすと同時に、占領の暴力、労働力の濫費を感知する神経でもある。したがって救済の法が継続する中で、かかる消尽点は不断に予防的弾圧をうけることだろう。救済の法をめぐる政治とは、あらかじめ設定されたテーブルにおける商談のことではない。法が歴史を獲得するには、不断に危機が置き換えられ、消尽点が鎮圧され続けることが前提になっているのである。逆にいえば、かかる商談は、いつも危機にさらされているのだ。

伊波は、救済の法を求めて「本県人」という「わたしたち」を主張した。この「わたしたち」について伊波は、次のように述べる。

党争をやめよ、分取主義を棄てよ。お互ひ協力一致して、この根本問題の関係に熱中しやうではないか。(69)

「協力一致」して申請をおこなう「本県人」が、ここにはいる。ここにいたって、「わたしたち」の困難さが、言葉の困難さではなく、「党争」や「分取主義」にスライドしていることに注意しよう。言葉の困難さは、「協力一致」という合意の問題の中で、逆に「党争」という利害上の対立として設定されているのだ。この設定により言葉の困難さは、申請を行うための利害の調整と合意形成という課題へと解消されてしまう。この利害は、いうまでもなく計算可能であり、困難さは解決可能となるのだ。

「わたしたち」の困難さが、「わたしたち」という利害への合意の困難さに置き換えられる中で、この合意を取りしきるエージェントが登場することになるだろう。このエージェントは、前述した、要求を聞き取る媒介者でもある。この者たちは良心的な観察者であると同時に、本当のことを聞き出そうと尋問を繰り返す警察官でもあった。さらにこのエージェントは、共通利害への合意を困難にしている費用やリスクを肩代わりすると同時に、人々に「わたしたち」への参加を迫る組織者でもあるだろう。そしてこのような観察者、警察官、組織者の顔をあわせもつエージェントの登場こそ、救済の法とともに開始された政治の一つの帰結なのである。それはこのエージェントにより組織された共通の利害をもつ「わたしたち」が、救済の法における隠された法の執行者として、いいかえれば統治機関として登場することでもある。救済の法の登場に伴う新しい社会は、かかる「わたしたち」によって構成されるのだ。

沖縄県振興計画の制定の中で、沖縄県会では「此大計画、大方針ニ対シ少シデモ妨ゲヲナスモノハ、如何ナル人デアラウトモ、又如何ナル力強イ大会社デアラウトモ、皆ナ県民吾々ノ敵デアリマス」という発言がなされている。[70] すなわち、救済の法を申請するということは、救済されるべき沖縄にそぐわない徴候を、いいかえれば救済を求めて申請される共通の利害に反する存在を、「敵」とみなしていくことをともなっている。この「敵」の摘発こそ、観察者、警察官、組織者の顔をあわせもつエージェントの役目なのだ。ではこの「敵」とはだれなのか。この者は、共通利害において定義された「わたしたち」を、決定的に危機に陥れるものは誰なのか。この者は、「わたしたち」の消尽点において身構えている(sur la défensive)者たちだ。救済の法の臨界に身を潜めている者たちだ。この者たちは、下水道に棲みながら、占領を、そして濫費を感知する。だからこそ共通利害を持つ「わたしたち」とエージェントは、この消尽点で身構えている者たちを鎮圧するだろう。[71]

また申請の開始とともに、消尽点で身構える者たちは、共通の利害に反するものとして命名され、実体化されるだろう。「敵」という表現には、明らかに人格化の作業が存在し、「敵」は共通の利害に反する利己的な利害を持った人格として見出されるのだ。だが、消尽点で身構える者たちは、かかる「敵」という表現に関わる個人として抽出されるべきではない。なぜなら個人として人格化された時点において既に申請は開始されており、消尽点の存在は個人の利害に置き換えられているからだ。その結果「わたしたち」に組織されようが、あるいは「敵」として設定されようが、いずれにしても計算可能な存在となってしまう。消尽点とはこうした個人を単位とした利害の問題ではなく、敵と味方の区分において表現されるべきものでもなく、まさしく申請するという営みにおいて必ず通過した点であり、それは申請者に既に含み込まれているのである。それはたとえば伊波が計算可能な「個性」を主張しながら、同時に「個性」を停止させたように、申請の中で主張される共通利害を持つ「わたしたち」にいつもとり憑き、神経を張り巡らそうとしている。

伊波のいう申請者(=「沖縄県民」)には、いつもこの消尽点がとり憑いている。だからこそ伊波はそこから、神経を伸ばしていき、暴力を予感しながら別の記述も生み出していったのだ。また永丘のいう「沖縄民族」にもとり憑いているのであり、申請において登場するこのような消尽点にとり憑かれた「個性」こそ、安里哲志のいう「オキナワ」なのだろう。[72]

## 3　工作者の敗北、あるいは継続する危機

永丘が『沖縄民族読本』を出版した翌年の一九四七年、伊波は最後の書『沖縄歴史物語』を刊行した。死の一ヵ月前である。同書は『沖縄よ何処へ』(一九二八年)をもとに執筆されたということになっているが、ソテツ地獄から敗戦後に至る時期についての記述は、明らかに加筆されたものである。この戦後に至る時期は、乱暴にいえば「とにかく、沖縄復興計画の進行中に、日本の政情の変転したことは、沖縄に取つて非常に不幸であつた」という表現に要約されるように、救済の歴史として了解されており、一九四七年において救済は未だ途上にあるというわけである。[73]この途上にお

いて、伊波は最後の文章を書いたのである。

さて、沖縄の帰属問題は、近く開かれる講和会議で決定されるが、沖縄人はそれまでに、それに関する希望を述べる自由を有するとしても、現在の世界情勢から推すと、自分の運命を自分で決定することの出来ない境遇におかれてゐることを知らなければならない。彼等はその子孫に対して斯くありたいと希望することは出来ても、斯くあるべしと命令することは出来ないはずだ。といふのは、置県後僅々七十年間における人心の変化を見ても、うなづかれよう。否、伝統さへも他の伝統にすげかへられることを覚悟しておく必要がある。すべては後に来たる者の意志に委ねるほか道がない。それはともあれ、どんな政治の下に生活した時、沖縄人は幸福になれるかといふ問題は、沖縄史の範囲外にあるがゆゑに、それには一切触れないことにして、こゝにはたゞ地球上で帝国主義が終りを告げる時、沖縄人は「にが世」から解放されて、「あま世」を楽しみ十分にその個性を生かして、世界の文化に貢献することが出来る、との一言を附記して筆を擱く。(74)（強調、原文）

多くの解釈が集中した伊波の絶筆であるが、その中からいま、安里哲志の直截な評価のみを引用する。「敗北の宣言」(75)。既に死体である伊波を、様々な名前をつけて祀り上げる前に、この文章が「敗北」を認めたものであることを確認しなければならない。救済は途上にある。その救済の法の中で、伊波はすでに申請しているのであり、政治は継続している。伝統もすげかえられ、自分の運命を自分で決定することなどとうていできない状況の中で、伊波は言葉を紡ぎ、転戦し、工作しつづけてきたはずである。その伊波が、政治には触れないと宣言し、政治は沖縄史の範囲外であるとみなしたのだ。自分たちの運命の決定が不可能であるということが、悲惨なわけでも敗北を意味するわけでも、ない。不可能性を、自らが綴ってきた言葉の外に投げ出したことが、敗北なのだ。なぜなら、その時点で、消尽点で身構える(sur la défensive)者たちは、やはり言葉の外に置かれてしまうからだ。その時、帝国主義は歴史のすべての決定権を持つ存在として超然と登場し、あとにはつるっとした飴玉のような「個性」が残る。救済の法は途上にあり、軍事的ネットワークと地域研究とともに、今まさに帝国が躍り出んとしているその時に、伊波は身を引いたのである。伊波の「個性」には、その消尽点が、既に埋め込まれているのではなかったのか。解放に見えることが、帝国の再開だったという許しがたい展開の中で、「個性」が共通利害としてその中核を担おうとするとき、消尽点から神経を張り巡らし、暴力を予感し、法の歴史とは別の歴史を法の中にたたずみながら生み出していくことこそが、「個性」を名乗る申請者の、工作者としての記述ではなかったのか。

そして、伊波の最後の絶筆を「敗北の宣言」として了解するということは、伊波が工作者として記述しつづけたということを了解することでもある。工作者の敗北に個人名をつけることの意義は、唯一その戦いを継続させることにのみある。敗北者として伊波の文章を読むということは、伊波という個人名により署名が付けられた言葉を、継続中の軌跡として、今、読むということ以外にはないだろう。そこでは個人化、神格化、固有化はもっとも警戒すべき読書形態だ。かかる意味で伊波普猷は、読み捨てられなければならない。

この新しい帝国が逝きつく今日のグローバリゼーションとは、経済史的な段階なのではなく、潜在的に引き継がれてきた身構える者たちが、計算可能な「わたしたち」でもなく、またその「敵」でもない相貌をともなって、次々と登場する事態なのだ。名前を持たずまた複数の名前を持つこの者たちの顔には、神経が剝き出しになっている。それは、申請する者たちに埋め込まれていた消尽点から成長した神経でもあるだろう。この神経は暴力を予感し、かつ互いに結合する。「帝国主義に終わりを告げる」のは、この者たちなのだ。下水道がその水量を増やせば増やすほど、この者たちの神経系もまた、拡大しつづける。

# 注

## 序章

（1）沖縄青年同盟編『沖縄解放への道』ニライ社、一九七二年、九三頁。
（2）「滓」という表現は、新原道信との会話の中で学んだ。
（3）各章における問題設定、方法的な検討については、ここでは触れない。またこうした個別の問題設定を統括する理論を開陳することが、この序の目的なのではない。
（4）池田浩士『「海外進出文学」論・序説』インパクト出版会、一九九七年、三八八頁。
（5）全称命題という用語については、長原豊の次の論考から多くを学んだ。長原豊「全称命題に抗して」『aala』一〇〇号、一九九五年／Ⅲ冬。
（6）野村浩也「日本人へのこだわり」『インパクション』一〇三号、一九九七年、四〇頁。
（7）この点に関しては、引用部分の著者である野村自身が、議論を展開している。野村浩也「日本人と共犯化の政治――「沖縄人も加害者だ」という言明をめぐって」『広島修大論集』四二巻一号、二〇〇一年。
（8）この虐殺事件に関しては既に多くの記述がある。『沖縄県史 一〇』沖縄県、一九七五年、八一〇―八一四頁、大島幸夫『沖縄の日本軍』新泉社、一九七五年、福地曠昭『哀号・朝鮮人の沖縄戦』月刊沖縄社、一九八六年。
（9）沖縄県労働組合協議会『日本軍を告発する』一九七二年、六九頁。
（10）高橋和巳編『明日への葬列』合同出版、一九七〇年。
（11）次の魯迅のいう希望が、この記述者の顔には残されている。『新青年』を編集している者が魯迅のもとにやってきて「どうだい文章でも書いて……」といった。魯迅は次のように答える。「かりにだね、鉄の部屋があるとするよ。窓はひとつもないし、こわすことも絶対にできんのだ。なかには熟睡している人間がおおぜいいる。まもなく窒息死してしまうだろう。だが昏睡状態で死へ移行するのだから、死の悲哀は感じないんだ。いま、大声を出して、まだ多少意識のある数人を起こしたとすると、この不幸な数人のものに、どうせ助かりっこない臨終の苦しみを与えることになるが、それでも気の毒と思わんかね」。この編集者は答える。「しかし、数人が起きたとすれば、その鉄の部屋をこわす希望が、絶対にないとは言えんじゃないか」。このやりとりを受けて魯迅は次のように続けるのだ。「そうだ、私には私なりの確信はあるが、しかし希望ということになれば、これは抹殺はできない。なぜなら、希望は将来にあるものゆえ、絶対にないという私の証拠で、ありうるという彼の説を論破することは不可能なのだ。そこで結局、私は文章を書くことを承諾した」。最初の魯迅と編集者のやりとりに登場する力学的に計算された可能性としての希望と、最後の魯迅が記述をはじめるにあたって述べる希望は異なっている。魯迅は力学的計算にもとづく可能性の予測としては、依然として否定的な確信をもっている。だが、にもかかわらず希望はあるのだ。文章を書くということにおいて。魯迅『阿Q正伝・狂人日記』竹内好訳、岩波文庫、一九五五年、一二―一三頁。

(12) 冨山一郎『近代日本社会と「沖縄人」』日本経済評論社、一九九〇年、三〇七頁。

(13) Jean-Paul Sartre, *Situation II*. 加藤周一・白井健三郎・伊吹武彦・白井浩司訳『シチュアシオン II』人文書院、一九六四年、二〇―二一頁。

(14) この問題は、ガヤトリ・C・スピヴァクにおける「アジア的生産様式」にかかわる議論に深くかかわっている。「アジア的生産様式は、他者の理論化における由緒あるモーメントをはっきりと示している」のである。Gayatori Chakravorty Spivak, *A Critique of Postcolonial Reason: Toward a History of the Vanishing Present*, Harvard University Press, 1999, p. 72. 引用文の訳は、同書の第1章第三節の翻訳、長原豊訳「ポストコロニアル理性批判」(『現代思想』二七巻一二号、一九九九年)を参照した。またこの点については植村邦彦

「マルクスにおける「世界史」の可能性」（同上）をぜひ参照されたい。なお同論文は植村邦彦『マルクスを読む』（青土社、二〇〇一年）に所収されている。

(15) 冨山一郎『近代日本社会と「沖縄人」』（前掲）のとりわけ第二章と第三章を参照。

(16) こうした、プロセスとしての労働力商品化という問題の設定が、「宇野・梅本」論争を待つまでもなく、これまで多くの論争を経由してきていることはいうまでもないし、そこに社会科学がなすべき領域が、依然として存在し続けていることも、否定するつもりはない。またこの問題が、宇野的な段階論と大河内的な社会政策論をかい潜りながらなされるべき歴史分析へのこだわりとして、依然として私の中にあることも事実である。この点については、以下の論文が私にとって初発にある。また本書の第四章で言及する、労働力としての経験という設定は、こうしたこだわりの中から得た、さしあたりの私の立場である。冨山一郎「大河内理論における存在論的「労働力」概念について」荒木幹雄編『小農の史的分析』富民協会、一九九〇年、同「労働の規律と「伝統的」なるもの」『新しい歴史学のために』一九八号、一九九〇年。この立場はまた、距離を置きながらも、E・P・トムスンを論じた長原豊や、新しいモノグラフの可能性に賭けようとする崎山政毅と共震している。長原豊「〈自称〉する人々の歴史を記述する文体——主体を価値として過程的に術定する経験」『思想』八九〇号、一九九八年、崎山政毅『サバルタンと歴史』青土社、二〇〇一年。

(17) 冨山一郎『近代日本社会と「沖縄人」』（前掲）の第三章を参照せよ。

(18) 同上、一六八—一六九頁。

(19) 時期区分や地理的領域を前提にした「思想史」とは決定的に異なるこの思想的系譜を、崎山は「地続き」と表現する。この表現には、あえていえば、連帯の問題が引き受けられているのだ。加々美光行「飽食に刻印された者に真の「越境」は可能か」東アジア反日武装戦線への死刑・重刑攻撃とたたかう支援連絡会議編『あの狼煙はいま』インパクト出版会、一九九六年。崎山政毅「非西欧世界」今村仁司編『マルクス』作品社、二〇〇一年、同「歴史記述の「文体」、「地続き」の課題」『図書新聞』二五三四号、二〇〇一年。

(20) 日本民芸協会「沖縄言語問題に対する意見書」『民藝』一九四〇年一一月一二月合併号、『那覇市史 資料編二 中-三』(那覇市、一九七〇年)の「文化問題資料」所収、四二四―四二七頁。
(21) 沖縄県労働組合協議会『日本軍を告発する』(前掲)六九頁。
(22) 沖縄青年同盟編『沖縄解放への道』(前掲)九〇頁。
(23) 同上、九九頁。
(24) Frantz Fanon, *Les Damnés de la Terre*, Maspero, 1961. 鈴木道彦・浦野衣子訳『地に呪われたる者』みすず書房、一九六九年、六三頁。
(25) Immanuel Wallerstein, *The Capitalist World-Economy*, Cambridge University Press, 1979, chap. 16.
(26) *Ibid.*, p. 265. 訳文は日南田靜眞監訳『資本主義世界経済 II』(名古屋大学出版会、一九八七年)を参照した。
(27) ファノン『地に呪われたる者』(前掲)四五頁。
(28) Raymond Williams, *Keywords*, Fontana Press, 1976, p. 330. 訳は岡崎康一訳『キイワード辞典』(晶文社、一九八〇年、四〇四頁)に拠った。
(29) ファノン『地に呪われたる者』(前掲)六七頁。
(30) Huey P. Newton, *Revolutionary Suicide*, Writers and Readers Publishing, Inc., 1995, p. 112.
(31) ファノン『地に呪われたる者』(前掲)三八頁。
(32) 同上、六七頁。
(33) 同上、六八頁。なお、マナとは呪術的な力を意味しているが、この点に関しては後述する。
(34) ファノンの知覚と記述については、冨山一郎「対抗と遡行――フランツ・ファノンの叙述をめぐって」(『思想』八六六号、一九九六年)も参照されたい。
(35) 身構えるという表現には、言葉の臨界と同時に、場所論的に設定された認識対象への移行という問題が存在する。たとえば症候学的な観察からはあらかじめ切断された経験的あるいは現場的な領域に、記述対象を囲い込む危険性がそこには存在するだろう。またそこでは、視覚的な領域への飛躍が示されているともいえる。それは、前述した高橋和巳の寓話とも関係するが、こうした視覚的領域への飛躍は、思考の可能性であると同時に、言葉の臨界を視覚的な領域へと置き換え、言葉と映像という二つのメディアにより表現対象の領土的拡張をなさんとする危険な営みでもある。こうした領土拡張への陥没においては、素描は盲者の手による不断の先取りであるというデリダが提出した視覚表現への介入が、結果的に消し去られている。ここでは、視覚の領域を意識しながらも、そちらへ論点を移し変えることなく、どう記述するのかという問いを保持しつづけることにする。Jacques Derrida, *Mémoires d'aveugle—L'autoportrait et autres ruines*, Éditions de la Réunion des musées nationaux, 1990. 鵜飼哲訳『盲者の記憶——自画像およびその他の廃墟』みすず書房、一九九八年。

(36) Carlo Ginzburg, *Mite Emblemi Spie-Morfologia e storia*, Einaudi, 1986. 竹山博英訳『神話・寓意・徴候』せりか書房、一九八八年、二二四—二二五頁。

(37) 冨山一郎「証言」『現代思想』二八巻三号、二〇〇〇年。

(38) ギンズブルグ『神話・寓意・徴候』(前掲)二一八—二二二頁。

(39) 同上、二二三—二二四頁。

(40) 奥野勝久「参加と自失——症候学としてのファシズム文芸論のために」『神戸外大論叢』第三七巻、一九八六年、五一九頁。奥野は奥野路介と奥野勝久の二つの名前で論文を書いている。この二つの使い分けについての問題は、今のところ措いておく。

(41) 奥野路介「機械と純系」『現代思想』二一巻二号、一九九三年、二四九—二五〇頁。

(42) 同上、二六〇頁。

(43) Gilles Deleuze & Félix Guattari, *Mille Plateaux: Capitalisme et schizophrénie 2*, Les Éditions de

Minuit, 1980, p. 537. 宇野邦一・小沢秋広・田中敏彦・豊崎光一・宮林寛・守中高明訳『千のプラトー』河出書房新社、一九九四年、四八八頁。

（44） Pierre Clastres, *La société contre L'Etat: Recherches d'anthropologie politique*, Les Éditions de Minuit, 1974. 渡辺公三訳『国家に抗する社会』風の薔薇、一九八七年、二六八頁。

（45） 同上、二八頁。

（46） 「戦争は戦争機械の「代補」である」(Deleuze & Guattari, *Mille Plateaux*, p. 520. ドゥルーズ＝ガタリ『千のプラトー』〈前掲〉四七二頁)。

（47） *Ibid*., p. 441. 同上、四一二頁。

（48） Spivak, *A Critique of Postcolonial Reason*, pp. 256-257. 訳文は上村忠男訳『サバルタンは語ることができるか』(みすず書房、一九九八年)に所収されたものに従った。またこのスピヴァクの批判を、サバルタン・スタディーズに対するスピヴァクの介入として受けとめた崎山政毅の論考をぜひ参照されたい。崎山政毅『サバルタンと歴史』青土社、二〇〇一年、一三一九八頁。

（49） *Ibid*., p. 110. 訳は同章の抄訳である長原豊訳「ポストコロニアル理性批判」(前掲)を参照した。

（50） Deleuze & Guattari, *Mille Plateaux*, p. 444. ドゥルーズ＝ガタリ『千のプラトー』(前掲)四一五頁。

（51） *Ibid*., p. 535. 同上、四八六頁。

（52） *Ibid*., p. 545. 同上、四九三頁。

（53） *Ibid*., p. 540. 同上、四九〇頁。

（54） Claude Lévi-Strauss, *Anthropologie Structurale*, Librairie Plon, 1958. 荒川幾男・生松敬三・川田順造・佐々木明・田島節夫訳『構造人類学』みすず書房、一九七二年、第八章。

（55） 同上、一六七頁。

（56） さらに付け加えるなら、ドゥルーズ＝ガタリはレヴィ＝ストロースの記述に幾何学的説明を重ねたといえる。そこには、言葉の中にあって言葉から離脱していく領域によりそうクラストルとは異なり、言葉の臨界を図表により埋め合わせてしまう営みがあるのではないだろうか。序章の注（35）を参照。

（57）渡辺公三「メルロー＝ポンティ、レヴィ＝ストロース、クラストル——訳者あとがきにかえて」『国家に抗する社会』（前掲）三一三頁。

（58）Claude Lévi-Strauss, "Introduction à l'œuvre de Marcel Mauss," Marcel Mauss, *Sociologie et Anthropologie*, Presses Universitaires de France, 1950. 清水昭俊・菅野盾樹訳「マルセル・モースの業績解題」『マルセル・モースの世界』みすず書房、一九七四年、二二三—二二五頁。

（59）レヴィ＝ストロース『構造人類学』（前掲）三二四—三二五頁。

（60）クラストル『国家に抗する社会』（前掲）六〇頁。

（61）同上、一五一頁。

（62）ここで工作者という言葉を、谷川雁の「工作者宣言」から引用しておきたい。言葉が自分の手段になりきらないという地点において表現に賭けようとする谷川の、言語表現への基本的な構えが、そこには含意されている。それは、以下に述べるブリコルールという問題とも重なるだろう。谷川雁『工作者宣言』（現代思潮社、一九七〇年）所収の「工作者の論理」ならびに「観察者と工作者」を参照。またこうした谷川の持つ意義は、長原豊の次の論考から学んだ。長原豊「いわゆる「日本（人）」を騙る〈Askese〉〈A(nti)-Ethik〉——こうして世界は複数になるのだ」『情況』一九九七年一・二月号。

（63）レヴィ＝ストロース「マルセル・モースの業績解題」（前掲）二四八頁。

（64）浅利誠「レヴィ＝ストロースとブルトンの記号理論——浮遊するシニフィアンとアウラを帯びたシニフィアン」（鈴木雅雄・真島一郎編『文化解体の想像力』人文書院、二〇〇〇年）参照。

（65）レヴィ＝ストロース「マルセル・モースの業績解題」（前掲）二三七頁。

（66）この点に関しては、ポール・ド・マンの「パスカルの説得の寓意」における、「名辞ゼロはゼロの文彩なのです。ゼロは現実には名辞がなくて「名ざせない」場合にはつねにゼロと呼ばれるのです」(強調、原文)という指摘を参照。スティーブン・J・グリーンブラット編『寓意と表象・再現』(船倉正憲訳、法政大学出版局、一九九四年)所収。ド・マンが展開するように、欠如を代数的欠如におきかえることにより、「論議無用(sans dispute)」(パスカル)の力は見失われることになる。

(67) レヴィ＝ストロース「マルセル・モースの業績解題」(前掲)二四三頁。

(68) Claude Lévi-Strauss, *La Pensée Sauvage*, Librairie Plon, 1962. 大橋保夫訳『野生の思考』みすず書房、一九七六年、二三三頁。

(69) レヴィ＝ストロース自身こうした不確実性を、ブルトンの「客観的偶然性」という用語でもって説明している。レヴィ＝ストロース『野生の思考』(前掲)二七頁。

(70) Jacques Derrida, *De la Grammatologie*, Les Éditions de Minuit, 1967. 足立和浩訳『根源の彼方に――グラマトロジーについて 上』現代思潮社、一九七二年、二七五頁。

(71) 同上、二一四頁。

(72) 同上、二七六頁。

(73) Jacques Derrida, *L'Écriture et la différence*, Éditions du Seuil, 1967. 梶谷温子・野村英夫・三好郁朗・若桑毅・阪上脩訳『エクリチュールと差異 下』法政大学出版局、一九八三年、二二四頁。

(74) デリダ『根源の彼方に――グラマトロジーについて 上』(前掲)二七七頁。

(75) 経験主義の問題については、デリダの次の文章を参照せよ。「一方において構造主義は、まさに経験主義の批判そのものとして提出されている。だが同時にまた、レヴィ＝ストロースの書物や論文はいずれも、いつでもあとからほかの情報が現れて補足したり否認したりできる、経験的な試論として提出されていないものはないのである」。デリダ『エクリチュールと差異 下』(前掲)二三〇頁。またスピヴァクの次の個所も参照。Gayatri Chakravorty Spivak, Translator's Preface, Jacques Derrida, *Of Grammatology*, The Johns

Hopkins University Press, 1976, pp. xix-xx.

(76) デリダ『根源の彼方に――グラマトロジーについて 上』(前掲)二三六頁。

(77) 同上、二六六頁。

(78) Spivak, *A Critique of Postcolonial Reason*, p. 406.

(79) デリダ『根源の彼方に――グラマトロジーについて 上』(前掲)二四九―二五〇頁。周知のようにデリダのレヴィ＝ストロース批判の一つの焦点になっているのは、『悲しき熱帯』におけるナンビクワラ族についての記述にある「書くことの教え(leçon d'ecriture)」の部分である。「ナンビクワラ族が文字をしらないということは推測も付こうが、それだけではなく、彼らは絵を描くこともしないのだ。せいぜい、彼らの瓢箪の上に付けられている幾らかの点や、ジグザグ形ぐらいのものだ」と述べるレヴィ＝ストロースを、デッサン自身がエクリチュールであるとしてデリダが批判するとき、そこでは視覚的な表現をエクリチュールの外部に投げ出すことを拒否し続けるデリダの後の論点が、すでに準備されているといえる。「声の届く範囲に対する賞賛」への批判が、「眼の届く範囲に対する賞賛」に置き換えられてはならないのである。序章の注(35)を参照されたい。またレヴィ＝ストロースの引用部分は、川田順造訳『悲しき熱帯 下』中央公論社、一九七七年、一六三頁(Claude Lévi-Strauss, *Tristes Tropiques*, Librairie Plon, 1955)。

(80) ドゥルーズ＝ガタリ『千のプラトー』(前掲)三二七頁。

(81) デリダ『エクリチュールと差異 上』(前掲)一三八頁。この引用部は「ブルトンの吃水部におけるシュルレアリスム」について述べている個所である。

(82) ジュディス・バトラーが一切の根拠を拒否しながらも、遂行的に記述し続ける中でつむぎ出そうとする関係性を、私はこのように呼んだことがある。冨山一郎「困難な「わたしたち」」『思想』九一八号、二〇〇〇年。

(83) 沖縄青年同盟編『沖縄解放への道』(前掲)一〇四頁。

(84) 内海愛子・高橋哲哉・徐京植『石原都知事「三国人」発言の何が問題なのか』影書房、二〇〇〇年、二〇一頁。
(85) 同上、九九―一〇一頁。
(86) この目取真の記述について、桃原一彦が、震災に巻き込まれていないにもかかわらず虐殺を感知する経験としてこの文章を理解している点は極めて重要である。桃原一彦「大都市における沖縄出身者の同郷者結合の展開」『都市問題』九一巻九号、二〇〇〇年、五五頁。
(87) 引用個所は、比嘉春潮『沖縄の歳月』中央公論社、一九六九年、一〇九頁。
(88) 国内植民地という用語は、多くの場合、植民地のアナロジーとして用いられ、結果的に問題を曖昧にしてきた。またこの用語において曖昧なまま放置されたのは、地理的に区分することのできない植民地主義の展開であり、すぐ横で展開しているが既に他人ごとではない暴力のありようである。沖縄をめぐる国内植民地論の系譜の検討については、次の論考を参照されたい。冨山一郎「国境」『近代日本の文化史 四』岩波書店、二〇〇二年。
(89) 野村浩也「日本人へのこだわり」(前掲)四〇頁。
(90) 冨山一郎「困難な「わたしたち」」(前掲)。
(91) 山之口貘「スフに就いて」『山之口貘全集 第三巻』(思潮社、一九七六年)所収。
(92) 山之口貘「沖縄の叫び」『山之口貘全集 第三巻』(前掲)所収。
(93) 比嘉春潮『沖縄の歳月』(前掲)一一〇頁。
(94) 同上、一一一―一一二頁。
(95) この受動性は、避け難い力という意味と、言葉への受動性という二つの意味において使っている。そしてこの受動性における潜在力を避け難い力と渡り合いながら引き出すためにこそ記述がある。またこの受動性という表現は、崎山政毅『サバルタンと歴史』(前掲)二九〇―二九一頁から引用されている。参照されたい。
(96) 比嘉春潮『比嘉春潮全集 第五巻』沖縄タイムス社、一九七三年、一九二頁、同『沖縄の歳月』(前掲)三七頁。

(97) 比嘉は「復帰」直前のインタヴューにおいて次のように述べている。「「沖縄は長男、台湾は次男、朝鮮は三男」ということは、伊波先生がいわれた言葉です。つまり、日清戦争の時、台湾は日本に属するようになり、日露戦争で朝鮮は日本に併合された。沖縄といえば、その前から日本です。それで、沖縄、台湾、朝鮮はそういう関係になる。この言葉は、わたくしにも実感としてあります」。『比嘉春潮全集　第五巻』(前掲)五九五頁。

(98) 同書はいわゆる日本と清国との先島をめぐる分島案をめぐって李鴻章となされた交渉記録が付録として収録されている。だが比嘉があるいは伊波が同書から読み取ったのは、この資料としての付録だけではないはずだ。同書ならびに同書と比嘉のかかわりについては、森宣雄の次の論考、ならびに森からの直接の御教示から多くを学んだ。森宣雄「琉球併合と帝国主義、国民主義」『日本学報』二〇号、大阪大学日本学研究室、二〇〇一年。

(99) Charles S. Leavenworth, *The Loochoo Islands*, North-China Herald Office, Shanghai, 1905, pp. 59-61. 同書は『琉球所属問題関係資料　第五巻』(本邦書籍、一九八〇年)として復刻されている。

(100) 沖縄県のバック・アップのもと一九〇四年に行われた調査の報告書である同書が、当時の欧米の中で展開したアジア研究の中でどのような位置にあるのか、あるいは日本の植民論や南進論とどのような関係にあるのかということは、興味深い研究テーマではある。さらに同書をほぼ同時期のファン・ボイ・チャウの『琉球血涙新書』との関係において検討することも、必要だろう。この点に関しては高良倉吉の先駆的研究が重要である(高良倉吉『沖縄歴史論　序説』三一書房、一九八〇年、第Ⅱ部第一章)。ただ誤解のないように付言すれば、伊波のテキストを、日本の植民論、あるいは植民論にかかわる研究史において整理すべきではない。なぜなら植民論の比較分析を設定した時、植民地主義を不断に感知しながらいわゆる植民論を展開していない伊波は、植民論を論として全面展開した冷汗を決してかくことのない植民者たちの議論の周辺におかれてしまう。予感される暴力に無自覚な思想史研究者が作り上げた植民論のカタログの中に、伊波を分類し、綴じ込むことが目的ではないのだ。

(101) Frantz Fanon, *Peau Noire, Masques Blancs*, Éditions du Seuil, 1952. 海老坂武・加藤晴久訳『黒い皮膚・白い仮面』みすず書房、一九七〇年、一四二頁。

**第一章**

(1) 笹森儀助『千島探験』一八九三年、復刻版(至言社、一九七七年)一〇頁。

(2) 笹森儀助「琉球群島における人類学上の事実」『東京人類学会雑誌』一〇巻一一〇号—一一巻一一四号、一八九五・九六年。

(3) 日本の人類学の誕生に理解を示し、大学での制度化を推し進めた渡辺洪基東京大学総長は、「将来日本学者の人類学上探査調査すべき場所は、沖縄、台湾、朝鮮である」と語っている。鳥居龍蔵「日本の人類学の発達」『科学画報』九巻六号、一九二七年、『鳥居龍蔵全集 第一巻』(朝日新聞社、一九七五年)四六二頁。

(4) 鳥居自身、「東洋民族学」「東洋人種学」を提唱し、「日本は今や昔日の日本ではなくして、既に学術上最も面白味のある植民地の諸民族を有するのみならず、なほ我が帝国の周辺は諸処の地方と接近して来た。すなはち満州、シベリア、蒙古、シナ等のアジア大陸のみならず、フィリピン群島、マレー諸島、ミクロネシア、ポリネシア諸島は近寄つて来た」と述べている。『東亜之光』八巻一一号、一九一三年、『鳥居龍蔵全集 第一巻』四八二頁。

(5) 平野義太郎・清野謙次『太平洋の民族＝政治学』日本評論社、一九四二年、三一五頁。

(6) 同上、三五〇頁。

(7) 同上、三五三頁。

(8) 清野が注目したこの図譜と人種分類がそれぞれ包含する博物学的性格は、ボルヘスに言及しながらM・フーコーが指摘した台(table)あるいは図表(tableau)に対する二重の意味を参照しながら議論されなければならないだろう。「すなわち、まず、影をむさぼり食うガラスの太陽のしたできらめく、純白に塗られた弾力あるニッケル・メッキの台——それこそ、そのうえで、ひととき、いや、おそらく永遠に、こうもり傘とミシンが出会う場所だ。そしてもうひとつ、秩序づけ、分類、それぞれの相似と相違を指示する名による区分け、諸存在にたいするこのような操作を思考に許す表——それこそ、言語が開闢以来、空間と交叉しあうところである」(Michel Foucault, *Les Mots et Les Choses*, Gallimard, 1966. 渡辺一民・佐々木明訳『言葉と物』新潮社、一九七四年、一六頁)。

(9) 日本人種論を学説史としてまとめたものとして、工藤雅樹『研究史 日本人種論』(吉川弘文館、一九七九年)、吉岡郁夫『日本人種論争の幕あけ』(共立出版、一九八七年)がある。その他にも寺田和夫『日本の人類学』(思索社、一九七五年)が戦前期の人類学の系譜をまとめている。

(10) Stephen J. Gould, *Mismeasure of Man*, Norton, 1981. 鈴木善次・森脇靖子訳『人間の測りまちがい』河出書房新社、一九八九年、八一頁。

(11) 簑作元八「人身一代表」『人類学会報告』一巻二号、一八八六年、同「身長遺伝」『人類学会報告』一巻三号、一八八六年、同「人身測定の成績」『人類学会報告』一巻五号、一八八六年。

(12) 菊池大麓「人身測定の話」『人類学会報告』一巻四号、一八八六年、六一—六二頁。

(13) 羽柴雄輔「身体測定成績表」『東京人類学会雑誌』三巻二六号、一八八八年、同「鼠ヶ関小学校生徒身体測定表」『東京人類学会雑誌』四巻三五号、一八八九年。

(14) 坪井正五郎「伊豆諸島にて行いたる人身測定成績」『東京人類学会報告』二巻一六号、一八八七年、同「伊豆諸島に於ける人類学上の取調、大島の部」『東京人類学会雑誌』三巻二三号、一八八八年。

(15) タカシ・フジタニ「近代日本における権力のテクノロジー」『思想』八四五号、一九九四年を参照。

(16) 成沢光「近代日本の社会秩序」(東京大学社会科学研究所編『現代日本社会 四』東京大学出版会、一九九一年)を参照。

(17) 菊池大麓「人身測定の話」(前掲)六二頁。

(18) 三輪徳寛「生体測定」『東京人類学会雑誌』五巻三三号、一八八八年。三輪は他の論文でも、ケトレについてたびたび言及している。三輪徳寛「日本人の身長と体重に差あるは生活法如何による説」『東京人類学会雑誌』六巻六〇号、一八九一年、同「衣服の重量」『東京人類学会雑誌』三巻二八号、一八八八年。

(19) もちろんドゥルーズ＝ガタリのいうそれである。

(20) Gilles Deleuze & Félix Guattari, *L'Anti-Œdipe: Capitalisme et schizophrénie*, Les Éditions de Minuit, 1972. 市倉宏祐訳『アンチ・オイディプス』河出書房新社、一九八六年、二二五頁。

(21) 同上、二二七頁。

(22) M・フーコー『言葉と物』(前掲)一六八頁。

(23) 同上、一七五頁。

(24) 同上、一七二頁。ここでいう「歴史的出来事」は、論文「ニーチェ、系譜学、歴史」で展開されている次の系譜学の問題として理解されなければならないだろう。「(系譜学は)、偶発事、微細な逸脱——あるいは逆に完全な逆転——、誤謬、評価の誤り、計算違いなど、われわれにとって価値のある現存物を生み出したものを見定めることである。それは、われわれが認識するものおよび、われわれがわれわれであるということの根っこにあるのは、真理と存在ではなく、偶発事の外在性であるということを発見することである」(Michel Foucault, “Nietzsche, Genealogy, History,” *Language Counter-Memory, Practice*, translated by Donald F. Bouchard and Sherry Simon, Cornell University Press, 1977, p. 146. 訳は『ミッシェル・フーコー思考集成Ⅳ』(筑摩書房、一九九九年)所収の伊藤晃訳「ニーチェ、系譜学、歴史」を参考にした)。

(25) 同上、一七九頁。

(26) 坪井正五郎「人類学当今の有様 第一編」『東京人類学会報告』二巻一八号、一八八七年、二七四頁。

(27) たとえば、坪井正五郎といわゆるコロボックル論争を展開した白井光太郎は、「西洋の実験」により「我邦内地に遺存する古跡遺物および人種論の如き外国人の探求するところとなる」ことに対し、あからさまな嫌悪を示し、このままでは「海外外国の学士」により「自国(日本――引用者)の事を問うにいたらん」として、日本における人類学会の設立を賞賛している(白井光太郎「祝詞」『人類学会報告』一巻一号、一八八六年)。この白井の主張は、これまでに指摘されたようなナショナリストとしての白井の問題ではなく(工藤雅樹『研究史 日本人種論』〈前掲〉八九頁、寺田和夫『日本の人類学』〈前掲〉二五頁)、そこからは西洋により語られた「自国」ではなく、自らが語る「自国」という自己言及的な祖国(＝日本)を表出しようとする、日本の人類学の出発点が看取されなければならない。

(28) 序章の注(58)に同じ。また「この自らを客体化しうる能力」としてのレヴィ＝ストロースの民族誌記述を、ホミ・バーバは、国民の記述の問題として言及している。Homi K. Bhabha, *The Location of Culture*, Routledge, 1994, p. 150.

(29) たとえば山田鉎太郎「クサイ島の住民」『東京人類学会報告』二巻一〇号、一八八六年。

(30) 同報告書では「食人種」の人種決定については、保留されているが、モース自身は「日本人」でも「アイヌ」でもない第三の人種の存在を主張している。

(31) 白井光太郎「モールス先生と其の講演」『人類学雑誌』四一巻二号、一九二六年。

(32) 坪井正五郎「貝塚は何で有るか」『東京人類学会雑誌』三巻二九号、一八八八年。当時、モースの「食人」説に疑義を投げかける論文は多い。たとえば福家梅太郎「人骨研究」『東京人類学会報告』一巻五号、一八八六年、寺石正路「食人風習に就いて述ぶ」『東京人類学会雑誌』四巻四三号、一八八八年など。

(33) 西洋からの視線にそいながら「日本」のなかに未開を再発見するという問題は、石器時代人をめぐる言説以外にも看取することができる。たとえばアメリカ人種学の年報に、「未だ開化せざる人種」の特徴である「形語(しかたことば――引用者)」の人類学的な調査地として、「日本島」があげられたことに対し、鈴木券太郎は「吾人はこの同胞間に存するもしくは存したるべき形語(しかたことば――引用者)のあとを追わんとするには先僻地、遠陬等の開化のもつとも遅れたる箇所に就かざるべからず」と述べている。アメリカ人種学の客体である「日本島」は、日本の人類学においては、「開化のもつとも遅れたる」、「僻地」として再発見されている。鈴木券太郎「形語」『東京人類学会雑誌』四巻三二号、一八八八年。

(34) M・S(白井光太郎)「コロボックル果たして北海道に住みしや」『東京人類学会報告』二巻一一号、一八八七年、佐藤重記「陸奥上北郡アイノ沢遺跡探究記」『東京人類学会雑誌』五巻四六号、一八八九年、山中笑「縄紋土器はアイヌの遺物ならん」『東京人類学会雑誌』五巻五〇号、一八九〇年など。

(35) 坪井正五郎「アイヌ模様と貝塚模様との比較研究」『東京人類学会雑誌』一一巻一一九―一二〇号、一八九六年。

(36) 坪井正五郎「縄紋土器に関する山中笑氏の説を読む」『東京人類学会雑誌』五巻五四号、一八九〇年、三六五頁。

(37) 小金井良精「北海道石器時代の遺跡に就いて」『東京人類学会雑誌』五巻四五号、一八八九年、三八頁。

(38) 小金井良精「日本石器時代の住民」『東洋学芸雑誌』二五九―二六〇号、一九〇四年、のちに小金井『人類学研究』(大岡山書店、一九二六年)所収。同書三二一頁。

(39) 人類学的言説におけるこうした他者の時間への支配を、J・ファビアンは「同時間性(coevalness)」の否定と呼んでいる。J. Fabian, *Time and The Other*, Columbia University Press, 1983.

(40) 田代安定「人類学上の取調に付き沖縄よりの通信」『東京人類学会報告』二巻一六号、一八八七年、三三七頁。

(41) 鳥居龍蔵「琉球諸島女子現用のはけだま及び同地方掘出の曲玉」『東京人類学会雑誌』九巻九六号、一八九四年。

(42) 田代は曲玉を八重山における宗教の考察においても言及しているが、そこで彼は「沖縄諸島の土俗を目して皇和の民族の範囲外にゐる者とな」す「売国奴」や、「ポリネシアン」「メラネジー」などの「諸民族と等しき原人すなはち野蛮民族とみなす者あり故に」執筆したとのべている。田代安定「八重山群島住民の言語及び宗教」『東京人類学会雑誌』九巻九六号、一八九四年。
(43) 清野謙次『日本人種論変遷史』小山書店、一九四四年、二九七頁。
(44) 田代安定「沖縄諸島結縄記標考」『東京人類学会雑誌』六巻六一号、一八九一年。
(45) 坪井正五郎「足利古墳発掘報告」『東京人類学会雑誌』三巻三〇号、一八八八年。
(46) 鳥居龍蔵「沖縄諸島に居住せし先住人民に就いて」『太陽』一一巻一号、一九〇五年、『鳥居龍蔵全集 第一巻』所収、同「沖縄人の皮膚の色に就いて」『東京人類学会雑誌』二〇巻二二三号、一九〇四年、『鳥居龍蔵全集 第四巻』所収。鳥居は皮膚の色の検討において、頭蓋計測学により人種の優劣を主張したポール・ブロカの皮膚色表を使っている。ブロカについてはS・J・グールド『人間の測りまちがい』（前掲）の第三章に詳しい。
(47) 鳥居龍蔵「沖縄諸島に居住せし先住人民に就いて」（前掲）『鳥居龍蔵全集 第一巻』二四三頁。
(48) 田代安定「沖縄諸島結縄記標考」（前掲）二五六―二五七頁。
(49) 坪井正五郎「通俗講話 人類学大意（続）」『東京人類学会雑誌』八巻八八号、一八九三年、四二五頁。
(50) 坪井正五郎『人類学』早稲田大学出版部、一九〇六年、六一頁。
(51) 同上、六三頁。
(52) 同上、六五頁。
(53) たとえば坪井の風俗測定法は、個人の観察からその「西洋化」＝「開化」の度合いを測定している。坪井正五郎「風俗漸化を計る簡単法」『東京人類学会報告』二巻一四号、一八八七年、同「中等以上の者九百人の風俗を調べたる成績」『東京人類学会報告』二巻一六号、一八八七年、同「風俗測定成績及び新案」『東京人類学会雑誌』三巻二八号、一八八八年、同「東京西京及び高松に於ける風俗測定の成績」『東京人類学会雑誌』四巻三五号、一八八九年、同「東京に於ける髪服履欧化の波動」『東京人類学会雑誌』四巻三七号、一八八九年。

(54) 坪井正五郎『人類学』(前掲)一二四頁。

(55) 鈴木善次『日本の優生学』(三共出版社、一九八三年)参照。

(56) 高橋義雄『日本人種改良論』一八八四年、『明治文化資料叢書 第六巻』(風間書房、一九六一年)所収。高橋は福沢諭吉の下で慶応義塾に学んだ時事新報社の記者である。高橋と福沢諭吉との関係については、鈴木善次『日本の優生学』(前掲)三一一四四頁を参照。

(57) 高橋は「遺伝」において西洋人と日本人の雑婚を主張し(「黄白雑婚論」)、加藤弘之と論争を展開している。加藤弘之「人種改良の弁」『東洋学芸雑誌』五三―五五号、一八八六年。加藤の批判の要点に付いては鈴木善次『日本の優生学』(前掲)三五―三八頁に詳しい。

(58) 海野幸徳『日本人種改造論』冨山房、一九一〇年、三〇三頁。

(59) 坪井正五郎「刑事人類学万国会議報告」『東京人類学会雑誌』八巻八一号、一八九二年。犯罪人類学に関しては、グールド『人間の測りまちがい』(前掲)の他に渡辺公三「同一性のアルケオロジ(一)―(三)」『国立音楽大学研究紀要』二六―二八集、一九九二―九四年を参照。

(60) 坪井正五郎「刑事人類学の真価」『東京人類学会雑誌』九巻九三号、一八九三年。

(61) M. S. Nordau, *Entartung*, 1892. 同書は、一九一四年に『現代の堕落』として抄訳されている。M・ノルダウ『現代の堕落』中島茂一訳、坪内雄蔵(逍遥)「序」、大日本文明協会、一九一四年。

(62) エチエンヌ・バリバールは、今日の拡大する移民や難民に対する新たなレイシズムへの闘いとして、インターナショナル(=トランスナショナル)な市民権という戦略を主張しながら、近代の人種主義について次のように述べている。「近代の人種主義は、その本質において、ただ単に文化的、社会的差異の倒錯にもとづく他者との関係なのではない。それは国家の介入に媒介された他者との関係なのだ」。ここでバリバールが、国家の介入に関して指摘しているのは、行政や警察機構、法的制度といった治安維持の装置である。こうした装置によりレイシズムは、分類された二つのグループの問題ではなく、社会一般の安全性の問題として処理されていくことになるのである。またそれは、「異常者」や「犯罪者」として社会的に危険視された人々を、別の人種として表現するような事態とも関連している。Etienne Balibar, "Migrants and Racism," *New Left Review*, 186, 1991, pp. 15-16.

(63) 序章の注(83)に同じ。

(64) 『大阪毎日新聞』一九二八年九月二三日。この発言については、第四章で再度検討する。

(65) ドゥルーズ＝ガタリ『アンチ・オイディプス』(前掲)二二五頁。

(66) Louis Chevalier, *Classes laborieuses et classes dangereuses à Paris*, Librairie Plon, 1958. 喜安朗・木下賢一・相良匡俊訳『労働者階級と危険な階級』みすず書房、一九九三年、九九―一〇八頁参照。

## 第二章

(1) 伊波普猷『古琉球』沖縄公論社、一九一一年、一一三頁。

(2) この伊波の「奴隷解放」は、琉球処分の評価に直結するがゆえに、多くの論者がこれまで議論を展開してきた。それは伊波普猷論の一つの基軸であるといってよい。私の議論は、これまでの以下のような研究史に多くを負っている。鹿野政直『沖縄の淵――伊波普猷とその時代』岩波書店、一九九三年、安良城盛昭『新・沖縄史論』沖縄タイムス社、一九八〇年、比屋根照夫『近代日本と伊波普猷』三一書房、一九八一年、金城正篤・高良倉吉『「沖縄学」の父 伊波普猷』清水書院、一九八四年、新川明『異族と天皇の国家』二月社、一九七三年。またこうした研究史に対する検討ならびに私の考えについては、冨山一郎「国境」(『近代日本の文化史 四』岩波書店、二〇〇二年)を参照されたい。

(3) 伊波普猷「廃藩置県は一種の奴隷解放なり」『琉球新報』一九一四年一月五日。

(4) 伊波普猷『古琉球』(前掲)六〇頁。

（5） この点に関しては、W・E・B・デュボイスを論じたポール・ギルロイの議論を参照せよ。Paul Gilroy, *The Black Atlantic: Modernity and Double Consciousness*, Harvard University Press, 1933, p. 126.

（6） 伊波普猷『古琉球』（前掲）九六頁。

（7） 伊波普猷「琉球人の解放」『伊波普猷全集 第一巻』（以下『全集一』とする）平凡社、四九三頁参照。なお全集は一九七四―七六年に刊行。

（8） 太田好信『民族誌的近代への介入』人文書院、二〇〇一年、一五三―一五六頁。伊波とワシントンの関係については、他にも真栄平房昭「近代沖縄の自立を求めて」（『ヤマトゥのなかの沖縄』大阪人権博物館、二〇〇〇年）を参照されたい。また「奴隷解放」をめぐる思想的水脈においては、ワシントン以外にも中国において立憲君主制をうちたてようとした梁啓超がいる。この点に関しては、鹿野政直『沖縄の淵』（前掲）一一三頁ならびに冨山一郎「国境」（前掲）を参照。

（9） 佐々木笑受郎「琉球士族の企謀と沖縄（一―九）」『大阪毎日新聞』一八九七年九月一四日―一〇月七日、『那覇市史 資料編二 中‐四』（那覇市、一九七一年）に所収。

（10） 「佐々木笑受郎翁に日清戦役前後の沖縄の話を聴く」『沖縄日報』一九三四年七月二二日より八回にわたり連載。『全集一〇』三九三―三九四頁。

（11） 『那覇市史 資料編二 中‐四』（前掲）六六四頁。

（12） 同上、六六五頁。

（13） 伊波がこの記事を読んだということは、伊波普猷「中学時代の思出」（『琉球古今記』刀江書院、一九二六年）『全集七』三七〇頁と「田島先生の旧稿琉球語研究資料を出版するにあたつて」（伊波編『琉球文学研究』青山書店、一九二四年）『全集一〇』三〇七頁を参照。

（14） だがそれは、アンソニー・ギデンスのいうような暴力の独占という問題ではない。ギデンスは、近代国家を暴力の独占ととらえ、一切の暴力が国家により独占された国内においては、暴力ではない監視という新たな秩序が打ち立てられ、国外においては、独占された暴力が軍事力として行使されるとしたが、そこには、近代国家が同時に対外的侵略を行う帝国の成立でもあるということが確かに含意されている。またこのギデンスの暴力に対する理解は、暴力の地政学的理解に共通するものでもあるだろう。だがしかし、暴力の独占による国境線の内と外という区分は、地政学的に明確化されるものではない。暴力は内にも内転するし、監視は外にも展開する。A. Giddens, *The Nation-State and Violence*, Polity, 1985.

（15）　自警団については、伊波普猷「中学時代の思出」（『琉球古今記』〈前掲〉の付録に収録、『全集七』三六九頁）並びに「彙報」『琉球教育』（四巻三一号、一八九八年、二〇頁）を参照。また、この時期の社会状況については新川明『異族と天皇の国家』（前掲）八一—八六頁、ならびに森宣雄「琉球は「処分」されたか」（『歴史評論』六〇三号、二〇〇〇年）を参照。ところでこうした展開は、日清戦争中における沖縄分遣歩兵中隊への助卒配属計画、一八九七年に公布された沖縄における徴兵制の導入とも深くかかわっている。助卒配属計画は実施されなかったが、計画では沖縄在住の寄留者に限定されている。軍事的暴力の組織化の中で、その鎮圧対象は明らかに沖縄住民だった。自警団はこうした展開をいわば先取りしている。また徴兵制の導入に際しても、その施行の前段階として小学校教員がまずもって六週間現役兵制度において組織されている。助卒配属計画、ならびに六週間現役兵制度については、遠藤芳信「陸軍六週間現役兵制度と沖縄県への徴兵制施行」『北海道教育大学紀要（社会科学編）』（三三巻二号、一九八三年）を参照。

（16）　伊波普猷「中学時代の思出」（前掲）『全集七』三六九頁。

（17）　伊波普猷『古琉球』（前掲）九六頁。

（18）　「佐々木笑受郎翁に日清戦役前後の沖縄の話を聴く」（前掲）『全集一〇』三九二頁。

（19）　一九三四年に『沖縄日報』に掲載されたこの座談会でこの虐殺計画を聞かされた伊波は「その噂は聞いてゐた様に思ひますが、それ程精密な計画が実際にあつたと云ふのは始めて聞きます」と答えている。同上、三九二頁。

(20) ここで私は、魯迅を思い出している。一九二六年の三・一八事件の日に、「墨で書かれた虚言は、血で書かれた事実を隠すことはできない」と述べた後、「血債はかならず同一物で返済されなければならない」というあの有名な一文を記した魯迅は、その二年後には、「文章は所詮、墨で書くものだ。血で書かれたものは、血痕にしか過ぎない。無論、それは文章よりもっと感動的であり、もっと直截的ではあろうけれども、しかし色が変わりやすく、消えやすい。この点は、なんとしても文学の力に頼るしかない」と述べている。伊波の文章の再読においては、そこに伊波の個人的経験があるとしても、伊波が「血」ではなく「墨」において痕跡を残したということの意義こそが、問われなければならないのだ。この点に関して、魯迅の文章と中国の植民地状況の関係を、前者を後者の反映と考えるのではなく、言葉において表現することにより「自らを運命づけ」たのだとする高橋和巳の「解説」が同時に思い起こされる。魯迅『魯迅評論集』竹内好編訳、岩波文庫、一九八一年、三〇、八九―九〇頁。高橋和巳「解説」魯迅『吶喊』高橋和巳訳、中央公論社、一九七三年、二二四頁。

(21) 鳥居龍蔵「沖縄人の皮膚の色に就いて」『東京人類学会雑誌』二〇巻二三三号、一九〇四年、『鳥居龍蔵全集 第四巻』所収。

(22) 鳥居龍蔵「沖縄諸島に居住せし先住人民に就いて」『太陽』一一巻一号、一九〇五年、『鳥居龍蔵全集 第一巻』所収。

(23) 鳥居龍蔵「八重山の石器時代の住民に就いて」『太陽』一一巻五号、一九〇五年。

(24) 鳥居は「沖縄人」という言葉を使う。また、伊波も「琉球人」「琉球民族」「琉球人種」「沖縄人」の言葉を使っている。そこにどのような言葉の響きの違いがあるのかについては今後検討されなければならないが、表記についてはこうした言葉を「琉球人」として一括する。

(25) 鳥居龍蔵「沖縄人の皮膚の色に就いて」(前掲)『鳥居龍蔵全集 第四巻』六一六頁。

(26) 鳥居龍蔵「八重山の石器時代の住民に就いて」(前掲)一七〇頁。

(27) それは次の酒井の指摘とも関連するだろう。酒井直樹は、認識論的主観と実践的関係における主体(シュタイ)を区別しながら、文化的差異を観察し、学的言説の中で記述していく過程で、観察者自身が語られる対象と取り結んでいる実践的関係ならびにそこで継起する時間性が、否認されていくことを指摘している。「認識論的主観性と実践的シュタイの間の緊張矛盾を実践的に、つまり政治的に調停することを通じてしか文化的差異の分節化は発話し得ないのである」。酒井直樹「文化的差異の分析論と日本という内部性」『情況』一九九二年一二月、九〇頁。

(28) Octave Mannoni, *Psychologie de la Colonisation*, Éditions du Seuil, 1950, translated by Pamela Powesland, *Prospero and Caliban: The Psychology of Colonization*, Methuen, 1956.

(29) Frantz Fanon, *Peau Noire, Masques Blancs*, Éditions du Seuil, 1952. 海老坂武・加藤晴久訳『黒い皮膚・白い仮面』みすず書房、一九七〇年、六九頁。

(30) Mannoni, *op. cit.*, p. 32.

(31) *Ibid.*, p. 117.

(32) Hussein Abdilahi Bulhan, *Frantz Fanon and the Psychology of Oppression*, Plenum Press, 1985, pp. 112-113.

(33) Mannoni, *op. cit.*, p. 65.

(34) ファノンにおいては、植民地主義における「事物化(objectification)」として言及されている。「〈連中のことはよく知っている〉、〈奴らはそうしたものなのだ〉、といった決まり文句は、この事物化の最高に成功した例を表している。つまり、連中を定義する身振りや思考を、私は知っている、というわけだ。／……こうなると、いかなる文化の対決も存在しえなくなる」(強調、引用者)。Frantz Fanon, *Pour la Révolution Africaine*, Maspero, 1964. 北山晴一訳『アフリカ革命に向けて』みすず書房、一九六九年、三六—三七頁。

(35) ファノン『アフリカ革命に向けて』(前掲)三七、四五頁。

(36)　伊波普猷「琉球人の祖先に就いて」『古琉球』(前掲)を見よ。
(37)　伊波普猷「進化論より観たる沖縄の廃藩置県」『古琉球』(前掲)一一二—一一九頁。
(38)　伊波は、教育による「開化」について、「沖縄人がアイヌや生蛮と同じ程度の人民であつたら、(琉球処分以降の——引用者)三十余年にしてかういふ成績を見る事はとても出来ない」と述べている。伊波普猷「琉球史の趨勢」『古琉球』(前掲)一〇五頁。
(39)　伊波普猷「琉球人の祖先に就いて」『古琉球』(前掲)二五—三二頁。
(40)　伊波普猷「琉球の神話」『古琉球』(前掲)。
(41)　伊波普猷「琉球史の趨勢」『古琉球』(前掲)一〇一頁。
(42)　同上、一〇〇頁。
(43)　同上、一〇〇頁。
(44)　鳥居龍蔵「台湾生蕃地探検者の最も要す可き智識」『太陽』三巻一五号、一八九七年、『鳥居龍蔵全集　第一一巻』四〇八頁。
(45)　第一章の注(4)参照。
(46)　伊能嘉矩「余の赤志を陳べて先達の君子に訴ふ」森口雄稔編『伊能嘉矩の台湾踏査日記』台湾風物雑誌社、台湾(台北)、一九九二年、三〇五頁。
(47)　鳥居龍蔵「八重山の石器時代の住民に就いて」(前掲)一七三頁。石器をめぐる台湾と沖縄の関係を研究する必要性は、他にも鳥居龍蔵「台湾に於ける有史以前の遺跡」(『地学雑誌』九輯一〇七巻、一八九八年、『鳥居龍蔵全集　第一一巻』四〇二頁)を参照。
(48)　沖縄における曲玉については、鳥居龍蔵「琉球諸島女子現用のはけだま及び同地方掘出の曲玉」(『東京人類学会雑誌』九巻九六号、一八九四年)において論じられている。だがその一方で「東部台湾諸蕃族に就いて」(『地学雑誌』九輯一〇四・一〇五巻、一八九七年、『鳥居龍蔵全集　第一一巻』四九三—四九五頁)では、首飾りを、1自然物、2「いささかの人工物」、3曲玉など三つの類型に発展段階的に分類し、1と2の類型に「アメリカの土人」「アウストラリアの土人」「ブラジルの土人」、八重山、宮古、南洋諸島、「生蕃」を分類している。

(49) 鳥居龍蔵「台湾蕃地探検談」『地学雑誌』一三輯一四六―一四八巻、一九〇一年、『鳥居龍蔵全集 第一一巻』四二四頁。

(50) 鳥居龍蔵『有史以前の日本』磯部甲陽堂、一九二五年、『鳥居龍蔵全集 第一巻』二二五頁。ところで『鳥居龍蔵全集』には、書き換えられたものしか収録されていない。だが、伊波が『古琉球』を書くにあたって引用しているのは、明らかに書き換える前のものである。

(51) 長谷部言人「荘丁の身長より見たる日本人の分布」『東北医学雑誌』二巻一号、一九一七年、村松瞭「琉球人の頭形に就いて」『東洋学芸雑誌』三六巻四五七号、一九一九年、須田(大島)昭義「奄美大島における人類学的調査」『人類学雑誌』四三巻八号、一九二八年、同「琉球列島民の身体計測」『人類学雑誌』五五巻二号、一九四〇年、金関丈夫「琉球人の人類学的研究」『人類学雑誌』四五巻第五付録、一九三〇年、など。

(52) 既に言及したものの他に、鳥居龍蔵「台湾人類学調査略報告」『東京人類学会雑誌』一三巻一四四号、一八九八年、「台湾各蕃族の頭形論」『東京人類学会雑誌』二四巻二八二―二八五号、一九〇九年、「台湾基隆の平埔蕃の躰格」『東京人類学会雑誌』一三巻一五三号、一八九八年、「有黥蕃の測定」『地学雑誌』九輯一〇七巻、一八九七年、「黥面蕃女子の頭形」『東京人類学会雑誌』一六巻一八四号、一九〇一年、「紅頭嶼土人の頭形」『東京人類学会雑誌』一六巻一八二号、一九〇一年、「紅頭嶼土人の身長と指極」『東京人類学会雑誌』一六巻一八九号、一九〇一年、「紅頭嶼通信」『地学雑誌』一〇輯一〇九号、一八九八年、「蕃薯・萬斗社生蕃ノ身躰測定」『東京人類学会雑誌』一三巻一四六号、一八九八年、『人類学写真集台湾紅頭嶼之部』東京帝国大学、一八九九年、など。

(53) 鳥居龍蔵「台湾中央山脈の横断」『太陽』七巻九・一〇・一二・一三号、一九〇一年、『鳥居龍蔵全集 第一一巻』四四二頁、同「鳥居龍蔵氏よりの通信」『東京人類学会雑誌』一二巻一四一号、一八九七年、『鳥居龍蔵全集 第一一巻』四〇五頁。

(54) 鳥居龍蔵「紅頭嶼通信」『地学雑誌』(前掲)『鳥居龍蔵全集 第一一巻』五九四頁。

(55) 伊波普猷「琉球史の趨勢」『古琉球』(前掲)一〇一頁。

(56) 伊波普猷「古琉球の政教一致を論じて経世家の宗教に対する態度に及ぶ(一〇)」『沖縄毎日新聞』一九一二年三月三〇日。

(57) 伊波普猷『古琉球の政治』郷土研究社、一九二二年、『全集一』四八九頁。

(58) この個所を自治論として考察したものとして、比屋根照夫『近代沖縄の精神史』(社会評論社、一九九六年)所収の「伊波普猷の自治思想」(第三部第二章)、「地域的「個性」の発展と構想」(第三部第三章)を参照。

(59) 差異を類的同一性において了解しようとすることに対する批判については、ドゥルーズのいう差異の概念と概念的差異の混同を参照せよ。Gilles Deleuze, *Différence et Répétition*, Presses Universitaires de France, 1968. 財津理訳『差異と反復』河出書房新社、一九九二年、六一—六三頁。

(60) 「琉球史の趨勢」には、島津に支配された琉球と現在の朝鮮を同一視している個所がある(『古琉球』八九頁)。この個所は、伊波が朝鮮における植民地支配を批判しているのかどうかで議論があるところだが(鹿野政直『沖縄の淵』〈前掲〉九六頁参照)、重要なのは、伊波にとって朝鮮はピープルではなくネーションとして認識されているという点である。

(61) 伊波普猷「琉球史の趨勢」『古琉球』(前掲)一〇五頁。

(62) 同上、九〇頁。

(63) 伊波普猷「琉球人の祖先に就いて」『古琉球』(前掲)五〇頁。

(64) この転轍を最初に主題的に議論したのは比屋根照夫である。比屋根はそれを、自己変革を基軸にした啓蒙から社会変革への展開だとした。比屋根照夫「啓蒙者伊波普猷の肖像——大正末期の思想の転換」外間守善編

『伊波普猷 人と思想』平凡社、一九七六年、のち比屋根照夫『近代日本と伊波普猷』(前掲)に所収。またこの比屋根の議論を受けて安良城盛昭は、それをより具体的な伊波の歴史観の展開としてとらえ、土地制度、アイヌ観、琉球処分観などの諸点において論じている。安良城盛昭『新・沖縄史論』(前掲)一八七―一九七頁。鹿野政直は、こうした両者の議論を首肯しつつも、この転轍を、「孤島苦」と「南島」の二つの側面からとらえようとしている。本章はこの鹿野の議論に多くを負っている。鹿野政直『沖縄の淵』(前掲)。冨山一郎「書評 鹿野政直『沖縄の淵』」『歴史学研究』六五九号、一九九四年、参照。

(65) 伊波普猷「寂泡君の為に」『沖縄教育』一三七号、一九二四年、『全集一〇』三一四頁。

(66) 同上、三一五頁。

(67) ジェイムズ・クリフォードは、インフォーマントは人類学的発話を支えると同時にそれを壊し、新たな多重的な発話を生み出す起点になると考えている。すなわち「伝統的民族誌では、これまで一つの声に広い領域にわたる権威的な役目を与え、その一方では、そのほかの声には引用や言い替えのための情報源として「インフォーマント」という役目を与えることによって、多重音声を抑圧し、オーケストラのように編成してきた」(『文化を書く』邦訳、二六頁)。だがインフォーマントこそ、自分こそが文化を表象するのだと主張する「単一音的な権威(monophonic authority)」としての人類学において、なにが了解不能なのか、真っ先に察知するのである。だがそれは、「単一音的な権威」のもとで自らを了解していたインフォーマントにとっては、自分自身がもはや表現できない、話せない、という事態としてまずは登場するのだ。James Clifford and George E. Marcus(ed.), *Writing Culture*, University of California Press, 1986. 春日直樹・足羽与志子・橋本和也・多和田祐司・西川麦子・和邇悦子訳『文化を書く』紀伊國屋書店、一九九六年、二五―二八頁、ならびに、James Clifford, *The Predicament of Culture*, Harvard University Press, 1988, pp. 49-51、を参照。

(68) 伊波普猷「苦の島」『太陽』三二巻八号、一九二六年、『全集二』二八四頁。

(69) 同上、二七三頁。

(70) 同上、二八四頁。
(71) 伊波普猷『琉球古今記』(前掲)『全集七』六七―六八頁。
(72) 鹿野政直『沖縄の淵』(前掲)二一〇―二一一頁。
(73) 同上、二一一―二三五頁。
(74) 論争の経緯については、『全集二』の外間守善・比嘉実による解題の五七八頁を参照。
(75) 東恩納寛惇「隋書の琉求は果して沖縄なりや」『沖縄タイムス』(一九二六年一〇月五―七日)、『東恩納寛惇全集 一』琉球新報社、一九七九年、二六三頁。
(76) 東恩納寛惇「伊波君の修正説を疑ふ」『沖縄タイムス』(一九二七年、日付未詳)、『東恩納寛惇全集 一』二七三頁。
(77) 伊波普猷「『隋書』の流求に就いての疑問」『東洋学報』一六ノ二、一九二七年、『全集二』五三八頁。
(78) 同上、五三九頁。
(79) 伊波普猷『沖縄よ何処へ』世界社、一九二八年、『全集二』四五一―四五二頁。
(80) 伊波普猷『沖縄女性史』小沢書店、一九一九年、『全集七』四九頁。
(81) 伊波普猷「ヤガマヤとモーアソビ」『民俗学』二巻一号、一九三〇年、『全集五』一七二頁。
(82) 伊波普猷「南島の自然と人」『太陽』三二巻八号、一九二六年、『全集二』二七五―二七六頁、同「琉球の女歌人「恩納なべ」」『短歌至上主義』三巻一一号、一九三五年、四巻一・二号、一九三六年、『全集九』一四四―一四五頁、同「琉球古代の裸舞」『三田文学』一巻五号、一九二六年、『全集七』二五〇頁など。
(83) 伊波普猷「琉球婦人の黥」『日本地理風俗大系 第一二巻』、新光社、一九三〇年、『全集九』四〇三頁。
(84) 伊波普猷「日本文学の傍系としての琉球文学」『日本文学講座 一〇・一一』、新潮社、一九二七年、『全集九』三―七頁。
(85) 金関丈夫「琉球人の人類学的研究」(前掲)六六〇頁。

（86）同上、六六一頁。

（87）伊波普猷「あまみや考」『日本文化の南漸』楽浪書院、一九三九年、『全集五』五九〇頁。ここでは、金関丈夫の研究以外にも、桐原真一の血清の研究、田辺尚雄の音楽の研究においても同様の言及をしている。

（88）伊波普猷「日本文学の傍系としての琉球文学」（前掲）『全集九』四九頁。

（89）たとえば大田昌秀は「われわれ沖縄人の心理のヒダに巣喰っている複雑な意識――劣等感と自嘲のからみあった」（三二九頁）を端的にうたい上げたのがこの『会話』だとする。また仲程昌徳も、生まれ育ったのが沖縄だと表明できずに追いつめられていくプロセスとして、この詩を理解している。大田昌秀『沖縄の民衆意識』新泉社、一九七六年、仲程昌徳『山之口貘』法政大学出版局、一九八三年。

（90）川満信一『沖縄・根からの問い』泰流社、一九七八年、五九―六〇頁。

（91）極めて敏感に山之口貘の「会話」を聞き取った関広延は、そこにアイクチを発見している。そして「ただ貘さんが「これはアイクチだぞ」などといってしまっては、匕首にも、抵抗にも、糾弾にもなりはせぬから黙っているだけのことなのだ」とのべている。関広延『沖縄人の幻想』三一書房、一九九〇年、一三九頁。

（92）ファノン『アフリカ革命に向けて』（前掲）三七、四五頁。

（93）Gilles Deleuze & Félix Guattari, *L'Anti-Œdipe: Capitalisme et schizophrénie*, Les Éditions de Minuit, 1972. 市倉宏祐訳『アンチ・オイディプス』河出書房新社、一九八六年、二二五頁。

（94）同上、二二七頁。

**第三章**

（1）K・マルクス『資本論4 第二巻』向坂逸郎訳、一六三頁。

（2）向井清史『沖縄近代経済史』日本経済評論社、一九八八年、一―八頁。また向井の議論とともに、国内植民地論を検討した冨山一郎「国境」（『近代日本の文化史 四』岩波書店、二〇〇二年、二一九―二二五頁）を参照。

（3）冨山一郎『近代日本社会と「沖縄人」』日本経済評論社、一九九〇年、七八―八二頁。

（4）『南洋群島』三巻八号、一九三七年、南洋群島文化協会。

（5）平野義太郎・清野謙次『太平洋の民族＝政治学』日本評論社、一九四二年、二五八―二五九頁。

（6）たとえば『社会政策時報』（二六〇号、一九四二年）の「南方労働問題特集」所収の論文を参照。

（7）Warwick Anderson, "Where Every Prospect Pleases and Only Man Is Vile: Laboratory Medicine as Colonial Discourse," *Critical Inquiry*, 1992, vol. 18, No. 3. 他にも、アーノルドの次の研究を参照せよ。David Arnold, *Colonizing the Body*, University of California Press, 1993.

（8）長谷部言人「日本人と南洋人」東京人類学会『日本民族』岩波書店、一九三五年、同「南洋群島人」『人類学・先史学講座 二』雄山閣、一九三八年。

（9）松永照太・兵藤生一「我が南洋群島に於ける「カナカ」族の血色素含有量並に血圧、脈拍度数体温、及び握力等に関する調査」、高崎佐太郎「同種血球凝集反応より観たる我南洋群島土民の生物化学的人種係数と人種型とに就いて」、以上『南洋群島地方病調査 医学論文集 二』（南洋庁警務課、一九三三年）に所収。岡谷昇「我南洋群島サイパン島に於けるチャムロ族の血圧に就いて」『民族衛生』四巻、一九三四年、鮫島宗雄「マーシャル群島原住民（ミクロネシア族）の指紋研究」『民族衛生』六巻、一九三七年、園田一也「血液型及び頭部旋毛の存在部位より観たる南洋ポナペ島民男児（ミクロネシア人）の気質及び発育に就いて」『南洋群島地方病調査 医学論文集 四』（南洋庁警務課、一九三七年）所収。古畑種基・羽根田彌太・吉江常子「パラオ島民の血液型並びに指紋調査」『民族衛生』一一巻、一九四三年。尚、『南洋群島地方病調査』に関しては本文で後述。

（10）高野六郎「南方発展と人口問題」『人口問題』四巻四号、一九四二年、一二頁。

（11）たとえば、清野謙次「日本の南進と日本人の拓殖能力」平野義太郎・清野謙次『太平洋の民族＝政治学』（前掲）、野間海造「人口問題から見た南進論」『人口問題』四巻四号、一九四二年など。

(12) 中山英司「熱帯に於ける労働能率」『社会政策時報』二六〇号、一九四二年、六六九頁。
(13) それはJ・ファビアンが「同時間性(coevalness)」の否定と呼んでいることである。第一章の注(39)を参照。
(14) 巨大遺跡の考古学的復元に際しておこる遺跡の建設者と住民の切断については、B・アンダーソンが同じ指摘をしている。B. Anderson, *Imagined Communities*, Verso, 1991 (revised edition), p. 181.
(15) 土方久功『流木』小山書店、一九四三年、『土方久功著作集 第七巻』(三一書房)に所収、二頁。著作集の刊行年は一九九〇—九三年である。
(16) 不安定な語りであるが故に、『流木』はすぐれた民族誌だともいえる。須藤健一「民族誌家土方久功と『流木』」『土方久功著作集 第七巻』を参照。
(17) 『土方久功著作集 第六巻』に所収。
(18) 同上、二五頁。
(19) 『土方久功著作集 第七巻』三頁。
(20) 太平洋協会の規約は、同会が刊行している雑誌『太平洋』のはじめに記載されている。
(21) 平野義太郎『民族政治の基本問題』小山書店、一九四四年、一〇三頁。
(22) 同上、一〇四頁。
(23) 平野義太郎・清野謙次『太平洋の民族＝政治学』(前掲)二三四頁。
(24) 平野義太郎『民族政治の基本問題』(前掲)六頁。
(25) 同上、一四頁。
(26) 同上、一二頁。
(27) 同上、一四—一五頁。
(28) 同上、三五頁。

(29) 同上、三八頁。

(30) 同上、三九頁。

(31) 同上、一〇四頁。

(32) 杉浦健一「ミクロネシアの椰子葉製編み籠」『人類学雑誌』五七巻一〇号、一九四二年、「パラオ島に於ける集落の二分組織に就いて」『人類学雑誌』五三巻三号、一九三八年、「パラオに於ける所謂トテミズムに就いて」『人類学雑誌』五五巻四号、一九四〇年、「マーシャル群島に於ける婚姻関係」『人類学雑誌』五八巻八号、一九四三年など。

(33) 杉浦健一「民族学と南洋群島統治」太平洋協会『大南洋』河出書房、一九四一年、三八頁。

(34) 同上、四六頁。

(35) 鈴木舜一『南方労働力の研究』東洋書館、一九四二年、二八五頁。

(36) 同上、二七七頁。

(37) 矢内原忠雄「南方労働政策の基調」『社会政策時報』二六〇号、一九四二年、三八頁。

(38) 鈴木舜一『南方労働力の研究』(前掲)二九頁。

(39) 日々の労働力としての一義的性格に注視する鈴木は、「南方共栄圏」の戦時労働政策について、それを「間に合わせ」や「つくろい」で行ってはならないとして合理的な動員政策の必要性を主張している(鈴木舜一『南方労働力の研究』〈前掲〉の「自序」ならびに「結語」を参照)。そこでは儲け主義や搾取と同時に、「日本主義」も批判している。こうした鈴木の一貫した合理性に、「「健全なる」人間労働力」の確保に戦時社会政策の基軸をおく大河内一男との共通性を指摘することはできるだろう(大河内一男『戦時社会政策論』一九四〇年、『大河内一男著作集 第四巻』青林書院新社、一九六九年、二一七頁参照)。だがそれは、国内社会政策や総力戦体制の植民地への拡大という問題ではない。終章において検討する救済の法にもかかわるが、労働力と共同体の予定調和的一致が前提にされているということこそが批判的に検討されなければならないのである。かかる問題は、国内体制としての総力戦体制に関わる思想を前提にした上でその植民地への拡大を検討する論者や、戦後の大河内の社会政策論を、その植民地への拡大に対する戦後の忘却として批判する論者にも共通する。大河内と鈴木の問題を、国内から植民地へという棲み分けられた区分の問題として設定する瞬間に、脱領土化と再領土化を繰り返す資本の運動がその批判の射程から消えうせるのである。

(40) 鈴木舜一『南方労働力の研究』(前掲)一二〇―一二三頁。なお、賃金の数値は、「一九三七年度日本委任統治報告による」とある。

(41) 矢内原忠雄『南洋群島の研究』岩波書店、一九三五年、一一三頁。

(42) 鈴木舜一『南方労働力の研究』(前掲)一一九―一二二頁。

(43) 同上、一二四頁。

(44) 同上、一二九頁。

(45) 同上、一三〇―一三一頁。

(46) Warwick Anderson, *op. cit.*, pp. 26-27.

(47) 鈴木舜一『南方労働力の研究』(前掲)一二九頁。

(48) 矢内原忠雄『南洋群島の研究』(前掲)一九頁。

(49) 『南洋群島地方病調査 医学論文集 第三集』南洋庁警務課、一九三四年、一九頁。

(50) 同上、七七頁。

(51) 矢内原忠雄も同様の指摘をしている。矢内原忠雄『南洋群島の研究』(前掲)四五四頁。

(52) 『南洋群島地方病調査 医学論文集 第三集』(前掲)一〇二頁。

(53) 同上、一〇一頁。

(54) 同上、一〇五―一〇六頁。

(55) 同上、一〇〇頁。

(56) モデクゲイに関しては、杉浦が「民族学と南洋群島統治」(前掲)において「固有文化」が外来思想の影響をうけ、さらにそれが政治的に利用された例として言及している。そこには、モデクゲイを本来の「固有文化」とは認めない杉浦の視座が看取できるだろう。その他、戦争直後のアーサー・ヴィデッチの研究や、一九七〇年代を中心に行われた分厚いフィールド・ワークをもとにした青柳真智子の研究がある。ヴィデッチはモデクゲイを反日運動と規定している。『南洋』を著したマーク・ピーティーも基本的にはヴィデッチの理解を前提にしている。こうした理解に対し、青柳は急激な社会変動にともなう剝奪とアノミーにモデクゲイの基盤を見いだそうとする。また青柳においてはモデクゲイに係わるいくつかの事件は、パラオ内部の抗争事件として考察されている。A. Vidich, "Political Factionalism in Palau," *Coordinated Investigation of Micronesian Anthropology*, No. 23, 1949. Mark Peattie, *Nanyo*, University of Hawaii Press, 1988. 青柳真智子『モデクゲイ』新泉社、一九八五年。

(57) 『思想月報』六二号、一九三九年八月。

(58) 青柳真智子『モデクゲイ』(前掲)二〇六頁。

(59) 同上、第六章。

(60) このケセケスは、前掲の『思想月報』に所収されている。パラオ語を現地巡警官のオイカワサンが翻訳したものである。

(61) 『思想月報』(前掲)。

(62) 同上。

(63) 清野謙次「南方民族の資質と習性・日本人の熱帯馴化能力」『社会政策時報』二六号、一九四二年。あるいは、同じく太平洋協会の委嘱により南洋群島を調査した医学者の中山英司は、資質の低い「劣等者」を、「知能低きもの、教養なき者、人格なき者、品性下劣なる者、民族意識(国家観念)なき者」としている。中山英司「熱帯に於ける労働能率」(前掲)六七七頁。

（64）清野謙次「南方民族の資質と習性・日本人の熱帯馴化能力」（前掲）一二五頁。
（65）南洋群島における「日本人」の労働能力の低さは、たびたび「頭がパパイヤになる」と表象された。そこには、熱帯の環境により「島民」と同一化してしまう恐れが存在している。
（66）矢内原忠雄「南方労働政策の基調」（前掲）一五六―一五七頁。
（67）矢内原忠雄『南洋群島の研究』（前掲）四九五頁。
（68）木原均「序文」今西錦司編『ポナペ島――生態学的研究』彰考書院、一九四四年、一頁。
（69）梅棹忠夫「紀行」今西錦司編『ポナペ島――生態学的研究』（前掲）四八八頁。

## 第四章

（1）ローザ・ルクセンブルク『民族問題と自治』加藤一夫・川名隆訳、論創社、一九八四年、三三頁。
（2）同上、三四頁。
（3）池田浩士『「海外進出文学」論・序説』インパクト出版会、一九九七年、八九頁。
（4）同上、八七頁。
（5）ヴァルター・ベンヤミン「生産者としての作家」石黒英男訳『ベンヤミン著作集 9』晶文社、一九七一年、一六七―一六八頁。
（6）同上、一七一頁。
（7）冨山一郎『近代日本社会と「沖縄人」』日本経済評論社、一九九〇年、一九五―二五〇頁。
（8）Harry D. Harootunian, *Overcome by Modernity—History, Culture, and Community in Interwar Japan*, Princeton University Press, 2000, p. 97.
（9）大河内一男「戦時社会政策論」（一九四〇年）『大河内一男著作集 第四巻』青林書院新社、一九六九年、二一七頁。この文章に関しては、第三章の注（39）も参照せよ。

(10) 神島二郎『近代日本の精神構造』岩波書店、一九六一年。
(11) 神島二郎『政治を見る眼』日本放送出版協会、一九七五年、四一頁。
(12) 沖縄青年同盟編『沖縄解放への道』ニライ社、一九七二年、九〇頁。
(13) 石川達三「航海日誌」(一九四一年)『石川達三作品集 23』新潮社、一九七三年、四〇七頁。
(14) たとえば川勝平太『文明の海洋史観』(中央公論社、一九九七年)、高谷好一『新世界秩序を求めて』(中央公論社、一九九三年)など。
(15) 陳光興「帝国之眼:「次」帝国与国族――国家的文化想像」『台湾社会研究 季刊』第一七期、一九九四年七月、坂元ひろ子訳「帝国の眼差し――「準」帝国とネイション - ステイトの文化的想像」『思想』八五九号、一九九六年一月、一七五頁。
(16) 安里延『沖縄海洋発展史――日本南方発展史』三省堂、一九四一年、四―五頁。
(17) 同上、五頁。
(18) 同上、五―六頁。
(19) もちろんここでいう距離ということが問題なのであり、かかる距離という表現には、さしあたり蓋然性が伴わざるを得ないのだが、鹿野政直が指摘するように、時局への言及がないことや、公表する文章が激減したことなどから、距離をおいたということはいえるだろう。鹿野政直『沖縄の淵――伊波普猷とその時代』岩波書店、一九九三年、二八一―二八二頁。
(20) 同上、二八一頁。
(21) 比屋根照夫『近代日本と伊波普猷』三一書房、一九八一年、一四〇頁。
(22) 伊波普猷「布哇産業史の裏面」『犯罪公論』二巻一号、一九三二年、『全集一一』三七〇頁。
(23) 永丘智太郎『比律賓に於ける政策の変遷』日本拓殖協会、一九四一年、六九―七〇頁。
(24) 永丘智太郎「沖縄県人の植民地的性格」『月刊文化沖縄』一巻三号、一九四〇年、八頁。

(25) 同上、八頁。

(26) 『月刊文化沖縄』(二巻五号、一九四一年)に掲載された村田達二作シナリオ「海洋民族」の最後の部分である。

(27) 沖縄人連盟に関しては、冨山一郎『近代日本社会と「沖縄人」』(前掲)の第四章ならびに新崎盛暉「沖縄人連盟」『新沖縄文学』(五三号、一九八二年)を参照。

(28) 永丘智太郎「沖縄の帰属問題」(『自由沖縄』二号、一九四六年一月二日)、「民主戦線と沖縄人」(『自由沖縄』三号、一九四六年一月二五日)、「米軍政下の沖縄」(『自由沖縄』号外、一九四六年二月一〇日)、「沖縄人連盟の性格に就いて」(『自由沖縄』六号、一九四六年五月五日)、「帰還者に望む」(『自由沖縄』一〇号、一九四六年一一月一五日)、「沖縄の政治的動向」(『自由沖縄』一〇号、一九四六年一一月一五日)。

(29) 永丘は一九五一年になると信託統治ではなく日本復帰を掲げるようになる。このいわゆる「帰属問題」をめぐる信託統治論から復帰論への転換は、永丘に限らず、今後検討されなければならない課題である。

(30) 大宜味朝徳については島袋邦「琉球国民党」『新沖縄文学』五三号、一九八二年、五五―五七頁を参照。

(31) 永丘智太郎『沖縄民族読本』自由沖縄社、一九四六年、二頁。

(32) 同上、三〇頁。この文章においては、永丘は人種と民族の概念を使い分けているように見える。また永丘は人種において、「沖縄人もその為に、日本人に比較して確かに色が黒い(褐色)代はりに、熱帯の住人としてはより適格者である。これは決して人種間の相違を意味するのではなく、黒い方が生存上有利だからで、自然淘汰の結果である」(一七頁)といって黒人から沖縄人を区別する一方で、黒人に対し次のようにも述べている。すなわち、あの知能指数で有名なアルフレッド・ピネーに言及しながら次のように述べるのだ。「黒人をいくら教育しても、後者の点で(独創力、発明力、変通の才、統率力――引用者)白人に追ひつかせることができない」(二一頁)。つまり沖縄人はかかる黒人とはちがう人種であり、日本人と同じであるというわけだ。また他方で永丘はアメリカにおける黒人差別を批判している。こうした永丘の黒人観は、信託統治論と共に検討されなければならないだろう。

(33) 同上、九五頁。「バゴボ」とは、フィリピン・ミンダナオ島ダバオ近郊にすむ民族集団の名称。

(34) 同上、一二一頁。

(35) 同上、一一五頁。

(36) 同上、一一九頁。

## 終 章

(1) 石牟礼道子『苦海浄土』講談社、一九七二年、三〇二―三〇三頁。

(2) マレツキー(Thomas W. Maretzki)「第二次大戦後の米国人類学者による琉球研究」高橋統一・宮良高弘訳、『民族学研究』二七巻1号、一九六二年、九七頁。

(3) Ira Bashkow, "The Dynamics of Rapport In a Colonial Situation," George W. Stocking, Jr. (ed.), *Colonial Situation*, The University of Wisconsin Press, 1991, p. 179.

(4) *Ibid*., pp. 180-185.

(5) George H. Kerr, *Okinawa, The History of an Island People*, Charles Tuttle & Co., 1958, p. xiii.

(6) SIRI報告には次のようなものがある。William W. Burd, *Karimata—A Village in the Southern Ryukyu Islands*, 1952; Clarence J. Glacken, *Studies of Okinawan Village Life*, 1953; Douglas G. Haring, *The Island of Amami Oshima in The Northern Ryukyus*, 1952; George H. Kerr, *Ryukyu Kingdom and Province Before 1945*, 1953; Forrest R. Pitts, William P. Lebra, and Wayne Suttles, *Post-War Okinawa*, 1955; Allan H. Smith, *Anthropological Investigations in Yaeyama*, 1952; James L. Tighner, *The Okinawans in Latin America*, 1954; Robert R. Trotter, *Survey of Ocular Disease in Okinawa*, 1954.

(7) George H. Kerr, *Ryukyu Kingdom and Province Before 1945*, SIRI, 1953. この報告書は『琉球の歴史』

（琉球列島米国民政府、一九五六年）として翻訳された。またこの報告書をさらに加筆したものが、*Okinawa, The History of an Island People* である。

（8） George H. Kerr, *Okinawa, The History of an Island People*, About the author.

（9） マレツキー「第二次大戦後の米国人類学者による琉球研究」（前掲）九九頁。

（10） 琉球大学『琉球文献目録』一九六二年、xv頁、比嘉春潮『沖縄の歳月』中央公論社、一九六九年、二二五頁。

（11） この一九五〇年の特集を検討したものとしてたとえば、若林千代「沖縄学と民俗学および民族学」（『沖縄関係学研究会論集』創刊号、一九九五年）、原知章「伝承の正典化」（『民族学研究』六二巻二号、一九九七年）、野口武徳「沖縄を舞台とした民俗学と民族学」（『社会人類学年報』第二巻、一九七六年）を参照。

（12） 石田英一郎「沖縄研究の成果と問題」『民族学研究』一五巻二号、一九五〇年。

（13） 石田英一郎「月と不死――沖縄研究の世界的連関性によせて」『民族学研究』一五巻一号、一九五〇年、七頁。

（14） 金城朝永「編集後記」『民族学研究』一五巻二号、一九五〇年、一四八頁。

（15） Michael Schaller, *The American Occupation of Japan: The Origins of the Cold War in Asia*, Oxford University Press, 1985. 五味俊樹監訳、立川京一・原口幸司・山崎由紀訳『アジアにおける冷戦の起源』木鐸社、一九九六年、三三二頁。

（16） Michel Hardt and Antonio Negri, *Empire*, Harvard University Press, 2000, pp. 176-179, 242-244. この大著については、同書の新しさの承認とともに、従来からの帝国主義論との厳密なるすりあわせが今後の課題になるだろう。とりわけそこでは自由市場あるいは自由貿易といった用語が論点になるだろう。この点については、長原豊「〈交通〉する帝国――多数性」（『現代思想』二九巻八号、二〇〇一年）を参照。また帝国を言葉にする際に必要とされるであろう文体についての配慮は、同書には欠落している。それはまた同書のいう帝国が、世界システム論と同様に、唯一無比で単一の説明原理として乱用される危険性でもある。

(17) シャーラー『アジアにおける冷戦の起源』(前掲)四六頁。

(18) ずっと気になっていた事件がある。一九八七年というから、今から一五年前のことだが、凍てつく札幌である女性が餓死した。この事件は当時、新聞、週刊誌、テレビなどのメディアで何度も取り上げられ、また彼女がいわゆる「母子家庭」の母親であったということから、福祉政策にかかわる社会問題としても話題になった。問題はなぜ彼女が、児童手当や児童扶養手当が受けられなかったのかということであり、そして浮かび上がってきたのは、彼女が申請をしなかったということだった。「役所はこわい」――餓死直前の最後の言葉。この事件を持ち出したのは、この事件を事例にして福祉事務所や、当時のメディアの報道を問題にしたいからではない。この事件に関わって、ずっと考えなければならないと思ってきたのは、法的救済を受けるということを、この餓死した彼女の「役所はこわい」という言葉に最大限の想像力を働かせながら、どのように問題化すればよいのだろうかということだ。関千枝子『この国は恐ろしい国』農山漁村文化協会、一九八八年、一〇四頁。

(19) 安里哲志「基地とオキナワ」『琉球新報』一九九九年五月一二日。

(20) 同上。

(21) 末廣昭は開発主義(developmentalism)を植民地政策、脱植民地化の過程で登場する開発計画、あるいは日本の近代史における産業政策をも含むキーワードとしてもちいているが、そこでの要点は、市場の失敗、不完全性という点と、開発に関わる目標を遂行する主体という点である。末廣はこの主体を基本的には国家や民族に求めているが、それは私の要点でもある。末廣昭「開発主義とは何か」東京大学社会科学研究所編『開発主義』東京大学出版会、一九九八年。

(22) Drucilla Cornell, "Time, Deconstruction, and the Challenge to Legal Positivism: The Call for Judical Responsibility," Jerry Leonard (ed.), *Legal Studies as Cultural Studies*, State University of New York

Press, 1995.

（23） Clifford Geertz, *Works and Lives: The Anthropologist as Author*, Stanford University Press, 1988. 森泉弘次訳『文化の読み方／書き方』岩波書店、一九九六年、二二頁。

（24） John L. Austin, *How to Do Things with Words*, Oxford University Press, 1960. 阪本百大訳『言語と行為』大修館書店、一九七八年、七頁。

（25） Judith Butler, *Gender Trouble: Feminism and the Subversion of Identity*, Routledge, 1990, p. 3. 竹村和子訳『ジェンダー・トラブル』青土社、一九九九年、二一―二二頁。

（26） 島田晴雄「沖縄 草の根の声を聞け」『中央公論』一九九七年五月号。

（27） Nicos Poulantzas, *L'État, le Pouvoir, le Socialisme*, P.U.F., Collection Politiques, 1978. 田中正人・柳内隆訳『国家・権力・社会主義』ユニテ、一九八四年、八八頁。

（28） 同上、九〇頁。

（29） 同上、八〇頁。

（30） 同上、八八頁。

（31） それはヴァルター・ベンヤミンが警察暴力を「オバケ」と表現したことと関係している。国家は法を宣言しその暴力は法の物質性を形成するが、国家と国家の暴力は法の中からは幽霊的な存在としてしか把握されないのである。ヴァルター・ベンヤミン「暴力批判論」『ベンヤミン著作集 1』晶文社、一九六九年、二一頁。この点に関しては、次の今村の論考に教えられた。今村仁司「暴力と崇高」田中雅一編著『暴力の文化人類学』京都大学学術出版会、一九九八年、三二五頁。

（32） たとえば比屋根照夫『近代日本と伊波普猷』（三一書房、一九八一年）の第四章、鹿野政直『沖縄の淵――伊波普猷とその時代』（岩波書店、一九九三年）の第五章など。

（33） 比屋根照夫『近代日本と伊波普猷』（前掲）一三五頁。

(34) 伊波普猷「琉球民族の精神分析」『沖縄教育』一三六号、一九二四年、一一頁。
(35) Ernesto Laclau & Chantal Mouffe, *Hegemony & Socialist Strategy: Towards a Radical Democratic Politics*, Verso, 1985. 山崎カヲル・石澤武訳『ポスト・マルクス主義と政治』大村書店、一九九二年、二二頁。
(36) 同上、二四頁。
(37) 同上、二四頁。
(38) それは、ラクラウとムフが欠如(lack)と充塡(filling in)において特徴づけた「縫合(suture)」というヘゲモニー的な実践でもあるだろう。ラクラウやムフにおいては、「全面的の縫合された社会」は不可能であると考えられている。ここでいう法的救済とは、不可能であるにもかかわらず、確保すべき全体社会が想定されることを意味している。同上、一四一―一四二頁。*Ibid.*, p. 88.
(39) 序章の注(66)を参照せよ。
(40) 普遍的な全体を前提として設定し、全体に対してまだ足りない状態をある部分に押し付けることにより事実化し、足りない部分を定義することにより提喩的に全体が追認される。こうした提喩をバトラーの「女性蔑視の提喩(misogynist gesture of synecdoche)」という表現にならって蔑視の提喩とよんでおこう。バトラーが指摘するように普遍的権利の欠如に異議を唱え、その欠如を補塡しようとする行為が、こうした全体を追認する提喩に陥ることが問題なのである。Butler, *op. cit.*, pp. 19-20. バトラー『ジェンダー・トラブル』(前掲)五〇―五一頁。
(41) 『沖縄県史 三』沖縄県、一九七三年、七一九―七三四頁。
(42) 『沖縄県振興事業説明書』(一九三二年)『沖縄県史 資料編五』琉球政府、一九六九年、六六七頁。
(43) たとえば太田朝敷は、「北海道の如きは、開拓使時代より当時の国力不相応と思わるる位ゐの捨石が投ぜられて、漸く今日の基礎が築かれたのである。近くは台湾の如きも、領台以来糖業に注ぎこまれた資金だけでも、決して少ないものではない。然るに本県はどうだ」と述べている。太田朝敷『沖縄県政五十年』国民教育社、一九三二年、二五七頁。
(44) 沖縄県沖縄史料編集所編『沖縄県史料 近代二』沖縄県、一九七九年、三八八頁。
(45) 同上、三九八頁。
(46) 松岡正男「赤裸々に視た琉球の現状」湧上聾人編『沖縄救済論集』改造之沖縄社、一九二九年、一一五頁。
(47) 「第一回沖縄県振興計画調査会議事速記録」(一九三二年)『沖縄県史 資料編五』(前掲)六二一—六二二頁。
(48) 同上、六二二頁。
(49) 同上、六二二—六二三頁。
(50) 『沖縄県振興事業説明書』『沖縄県史 資料編五』(前掲)六六八頁。
(51) 沖縄県沖縄史料編集所編『沖縄県史料 近代二』(前掲)四一二頁。
(52) 『沖縄県振興事業説明書』『沖縄県史 資料編五』(前掲)六六八頁。
(53) 松岡正男「赤裸々に視た琉球の現状」(前掲)。
(54) 「第一回沖縄県振興計画調査会議事速記録」『沖縄県史 資料編五』(前掲)六〇六—六〇四頁。
(55) 序章の「II 6工作者」を参照。
(56) 新妻莞「琉球を訪ねて」湧上聾人編『沖縄救済論集』(前掲)四四—四五頁。
(57) 同上、一〇、三三頁。
(58) 同上、四七頁。
(59) Rey Chow, *Writing Diaspora: Tactics of Intervention in Contemporary Cultural Studies*, Indiana University Press, 1993, pp. 53-54. 本橋哲也訳『ディアスポラの知識人』青土社、一九九八年、九二—九三頁。
(60) 新妻莞「琉球を訪ねて」(前掲)四九頁。
(61) たとえば、「沖縄そのものへのある種の絶望」(鹿野政直『沖縄の淵』〈前掲〉一六八頁)、「絶望の深さ」(同書、一六二頁)。

(62) 伊波普猷「琉球民族の精神分析」(前掲)三頁。

(63) そこでは絶望を抱え込みながら、なおかつ言葉を発し、「困難な「わたしたち」」を遂行的に表明しつづけることが念頭に置かれている。序章の「II 7再開」を参照せよ。またこの伊波の絶望に私は、バトラーの次の絶望を重ねている。「フェミニストの「わたしたち」は、つねに幻の構築物でしかない。……だがこの「わたしたち」という位置が希薄で幻影的であるからといって、絶望の原因にはならない。少なくとも、絶望の原因だけにはならない」(バトラー『ジェンダー・トラブル』〈前掲〉二五〇頁)。

(64) 伊波普猷「琉球民族の精神分析」(前掲)八頁。

(65) 同上、九頁。

(66) 同上、一一頁。

(67) 同上、一二頁。

(68) 同上、一四頁。

(69) 同上、一二頁。

(70) 「第四七回通常県会議事録」より。『沖縄県史 三』(前掲)七三七頁。

(71) プーランツァスは、領土獲得のあからさまな暴力と、法にかかわる暴力を区別し、それを時系列的に表現しながら、後者について、「国家は、規範を定め、法律を宣言し、そのことによって命令・禁止・否認の最初の場を創りだし、こうして、暴力の対象と適用の土俵とを設定する」と述べている。つまり、依然として作動する領土拡張の暴力だけではなく、救済の法の登場により生じる「暴力の対象と適用の土俵」こそ、救済の法の登場にかかわって議論しなければならないのである。プーランツァス『国家・権力・社会主義』(前掲)八〇頁。

(72) 消尽点はすでに通り過ぎてしまった過去でもなければ、地理的に囲い込まれた事態でもない。それは、申請と承認の政治の中で次を準備し続ける行為の起点なのであり、そこから不断に絞り出される主体化こそが現実なのである。またからこそ、それは同時に、現実を宙吊りにする支点でもあるのだ。消尽点は、今もある。本書において今まで述べてきた具体的事象も、すべてこの消尽点と関わっている。だからこそこの言葉に対して症候学的名前を命名することも、それを一般的な理論用語に置き換えることも、行わないでいただきたい。本書で言う消尽点とは、あくまでも沖縄という名前をめぐるきわめて具体的な問題なのだ。

(73) 伊波普猷『沖縄歴史物語』沖縄青年同盟中央事務局、一九四七年、『全集二』四五四頁。

(74) 同上、四五七頁。

(75) 安里哲志「「日琉同祖論」その可能性と不可能性――伊波普猷試論」『あやみや』二号、沖縄市立郷土博物館、一九九四年、二六頁。

# あとがき

私が本書の原稿を書きあげたのは、二〇〇一年の九月一九日だった。この年月日は、自分のためにも、記しておかなければならない。九月一一日以降の出来事が、あとがきを書く私の状況を侵食している。

何もない荒野に、バンカーバスターを地中深く打ち込んでいくブッシュの所業を見た者は、大地が絞りだす断末魔の悲鳴を聞きとらねばならぬ。また、シャロンがくりひろげる虐殺としかいいようのない光景を眺めている者は、どうして自分が武装ヘリの標的になっていないのか、これからも標的にならないと思えるのかを、検証する必要がある。悲鳴を聞き逃すことなく、自らの生きる世界を検証し続けるために、今ほど言葉が求められている時はない。

だが、めまいがするほど無内容な饒舌が、世界を腐食させている。断末魔の悲鳴が発せられ、虐殺がくりひろげられているその横で、無内容極まりない言葉を垂れ流し続けるNHKアナウンサーのしたり顔をみるたびに、この連中のいう社会なるものを全身で拒絶するのだという鈍い意思が、私の中で冷たく凝固する。「テロとの戦い」などというゾッとするほど空虚な言葉を、頰を赤らめながら口走った連中を、私は決して許すことはないだろう。それは、ブッシュやシャロンや小泉だけのことではない。政治家であれ、メディアであれ、企業家であれ、軍人であれ、外交官であれ、いずれにせよ敵を取り逃さないためにマルコス副司令官がおこなったように、権力には顔をつけておかなければならないのだ(マルコス副司令官「逆さに覗いた遠眼鏡」崎山政毅訳『批評空間』Ⅲ-一、二〇〇一年)。

拒絶とともに、背中の軸が凝縮していくのを感じる。その感触を味わいながら、このような無内容な言葉が、無内容であるがゆえに生み出していく世界から、自分の一部が外れていることを、密やかに確認する。身体と呼んでもよいこの外れた部位は、世界から退却するために秘蔵された傷でもあるだろう。そしてこの傷は、癒されることを断固拒否する。傷は癒されるのではない。秘蔵され、密やかに連絡をとりあう神経なのだ。全世界に戦闘態勢をとり続け、九月一一日にはすぐさま「コンディション・デルタ」を発令し、翌日になるとゲートを乗り越えて住民を銃で威嚇し始めたカデナの傍らで、じっと身構え続ける者たちと言葉を介して繋がれるとしたら、この傷を媒介にする以外に道はないのだ。

暴虐は、今に始まったことでは断じてない。また言葉の腐食についても、それがすでに世界の各地で深まりつつあったということが、九月一一日を契機に一気に明らかになったといった方がよいのかもしれない。この腐食を「言葉の無効」と辺見庸氏はいったが、いずれにせよ重要なのは、彼が依然として記述を遂行するように、それでもやはり言葉を手放してはならぬということだ。

腐食に抗しながら、言葉を作り出さなければならない。その言葉とは、まずは読まれることなく捨てられたビラのことなのであり、路上に消えていくアジテーションのことなのだろう。誰にも聞き取られることなく空《くう》に消えていくアジのことを、かつて私的な話として「言葉が壊れる経験」と述べたことがあるが、今改めて思うことは、捨てられようとビラは書かれなければならず、空に消え入ってしまってもアジテーションは続けなければならないということだ。それは悲壮な決意表明なのではなく、社会からの孤絶をかなえるグアヤキの独唱のようなものだと思う。

もちろんいかなる言葉でビラを書き、いかなる媒体でアジをおこなうのかということこそが焦眉の課題なのだが、ビラを書くのをやめ、トラメガをおいた瞬間から始まる事態に、未来をゆだねることなどできないことだけは、はっきりしている。なぜなら、そこでは暴力は、その場限りの道具でしかなく、同時にそれは言葉が暴力に対して無力になることを意味する。ややふるくさい言い方をすれば、暴力を主体化に関わる問題として確保しておかない限り、主体化に関わる言葉は暴力を取り逃がしてしまうのだ。暴力が思考されることがなくなった後には、「テロとの戦い」などという無内容極まりない言葉が、道具としての暴力の運用に便乗して流通する事態しか残されていない。力のある言葉が生まれるのは、両者の臨界領域なのである。また本書がなさんとしたことは、伊普猷の言葉を、かかる地点から発せられたものとして描くことだった。

言葉に対する凜とした姿勢を持ち続ける竹村和子氏とのやり取りでも共感できたことだが、文字を打ち込んでいるときに感じる世界との結合感に、ものを書く可能性あるいは危険性のすべてがあると思っている。あるいはそれは、書く快楽といってもいいかもしれない。私自身は、悲惨さを個人的経験に閉じてしまうぐらいなら、そこから理論的警句を発する方が意味があると考えており、こうした文体において世界とつながりたいと考えている。だが、理論的であるかどうかなどということは、基本的にはどうでもよいことなのだ。それよりも言葉が無効になりつつあるこの世界において、いかに書きつなぐのか、書くことに社会を生成さす力を獲得させるためには、なにをなすべきかということのほうが重大であり、学的にいわれる理論と実証、あるいは運動的にいわれる理論と実践とは、この問いの中ではじめて問題になるテーマにすぎない。理論と実証、あるいは理論と実践といった区分けのくだらなさ、あるいは理論的であることがすぐさま政治的であるということをくぐり抜けながら、なおかつ理論的であろうとすることの厳しさは、長年の友人である長原豊氏から学んだものだ。

そして私は今、若い人たちの論文と呼ばれる文章が、力を持つためにはどうしたらよいのだろうかと考えている。それはまた、崎山政毅氏あるいは陳光興氏とともに考えていることでもある。両氏と共につむいできた、時には拡散してしまう人間関係は、私にとって同志とでもいうべき存在である。森宣雄氏もこうした同志の一人である。こうした人々とともに、ややおおげさにいえば、議論が継続し力となるような場所を、生み出そうとしている。

＊

この本に所収されている文章は、一九九五年春からの一年間のニューヨーク州イサカでの滞在から間違いなく始まっている。酒井直樹氏、ブレット・ド・バリー氏、あるいはそこに集まっていた院生との楽しい日々の中で、カルチュラル・スタディーズなりポストコロニアル・スタディーズという潮流を知ると同時に、その問題点も考えることになった。当時イサカにいた遠藤克彦氏は、これから何を考えていかなければならないのかを的確に示してくれる重要な友人であった。この潮流はその後、さまざまな形で流通し、ときには「カルスタ」、「ポスコロ」と揶揄されながら、今日に至っている。いちいち名前を上げることはしないが、私自身も多くの友人とともに、こうした名前で呼ばれる潮流の中に位置づけられ、また自らも意識的に位置づけてきたのだと思う。またこの七年もの間私が書いてきた文章も、こうした展開への共感と違和感がいりまじったものであった。したがって本書をまとめるにあたって、その出発点であるイサカはいつも思い起こされたし、酒井氏と遠藤氏の存在は大きい。また自分がこうした潮流に何を期待してきたのか、そこから何を見ることができたのか、といった総括めいた問いが、通奏低音としていつも存在していた。したがって本書は、そのような潮流に関わったものとしての、ひとつの落とし前でもある。

もっとも私は、こうした学問分野の名称などどうでもいいと考えている。またこうした潮流を批判するにしろ揶揄するにしろ、そこからは学問区分をめぐる席とり的な保身の身振りを感じてしまう。それはまた逆に、こうした潮流に、ただ席にしがみつくだけの者たちを、いらだたせる力があるということかもしれない。とりわけ台湾、韓国、香港、シンガポールといった地域におけるその展開は、流行の輸入学問としてではなく、それぞれの場所における既成の領域の組み換えと、社会運動との緊張関係を伴った新たな関係の生成として登場している。そこでは、学問分野名称などどうでもいいのだ。名称をめぐる席とりゲームを見るにつけ、私自身はカルチュラル・スタディーズ、ポストコロニアル・スタディーズという呼び名は、もう終わりにしたほうがいいとさえ思っている。またふるくさい言い方をしてしまうが、文章は閉じられた教室で用いられる教科書ではなく、まずは打ち捨てられるビラでありパンフなのだということこそが、言葉をつむいでいく際の緊張感を生み出すのだと思う。

その緊張感とは、古い友人の雑賀恵子氏が現場拝棄という言葉で厳しく批判したように、現場に行かなければわからないという問題では断じてなく(それは行かなくてもいいということと同義ではない)、端的にいえば、未来を描く想像力の問題なのだ。また、こうした想像力こそが、言葉の持つ力なのだろう。李静和さんの文章を読んだ時、そう確信した。前述した場所作りとは、こうした想像力を生み出す、自由で継続性のある討議の場を意味している。それはたとえば新原道信氏がたびたび主張してきた、本来の意味でのシンポジウム(饗宴)、つまり、仲間と飲みながら夜のふけるまで、ということなのだと思う。あるいは、ゆんたく。

またともかくも私は大学で教え、演習を行っているのだが、もし大学なる制度がこうした想像力に対して阻害物でしかないのなら、さっさとオサラバしたほうがよいとさえ思っている。その一方で、日々出会う同僚や院生との関係は、依然として私にとって重要である。また、改めていうのも気恥ずかしいが、荻野美穂氏、川村邦光氏、杉原達氏、中村生雄氏といった同僚に恵まれた職場環境は、今後の場所作りとも共振しながら、私にとって大切にしたい場所の一つである。

さらに、本書をめぐるいくつかの関係性を記しておきたいと思う。深田卓氏の超人的な努力により継続している『インパクション』の編集委員をして長くなるが、そこで出会った他に類を見ない編集委員会のメンバーや編集の中で出会う多くの人々との議論は、言葉をつむぐ作業がいかに開かれた形で行わなければならないのかということを私に教えてくれた。運動報告から硬い論文まで含みこんだこの雑誌は、言葉の腐食が進む中で、ますますその重要性を増している。また本書の編集者でもある小島潔氏を含む、駒込武氏、小川正人氏の四人でおこなっている密やかな作業グループ(通称「ポチの会」)は、史料を読むということが持つ介入力を改めて確認する場所である。それは、歴史学とか思想史研究における史料的価値などというチンケなことではない。この史料を読む会で出会った人々とともに、私たちが喜びをもって確認しているのは、現状に介入するためには史料をキッチリと読まなければならないという、当たり前のことなのだ。そして「沖縄ゆんたく」。野村浩也氏をペースメーカーにしながらもアメーバー状に動いているこの会での、新垣誠氏、新垣毅氏、島袋まりあ氏、玉城夏子氏、比嘉光龍氏、安里哲志氏、桃原一彦氏、池田緑氏、ましこひでのり氏、本山謙二氏、金城正樹氏といった人たちにより生み出された議論の空間(ゆんたく)がなければ、本書は生まれなかったと思う。ゆんたくは、関係を新たに作り直しながら生成し、社会性を潜在的に準備するがゆえに、すでに政治的である。この「沖縄ゆんたく」の場は、間違いなく更なる政治を開始するだろう。もちろん私も参加する。

こうした関係はどれも、オープンなものではない。サイバー空間が媒介する言葉の役割が、ますます重要になってきているのはいうまでもないが、同時に今求められているのは、議論を行い、言葉を立て直し、生み出していく対面的で極めて具体的な協働作業をおこなう際のルールと仕組みをどのように構想すればよいのかということなのだろう。すぐさまそれはサイバー空間には行き着かないし、個人的関係を求めるようなものも願い下げだ。モガク以外にない。

*

五年前、「沖縄ゆんたく」の友人でもあるウェスリー上運天氏につれられて、北カリフォルニア沖縄県人会のピクニックに行ったことがある。そこで、息子さんからオールド・マルキストと紹介された老人が、無言で私に二つのコピーを手渡した。一つは外間守善編『伊波普猷 人と思想』(平凡社)所収の外間守善「伊波普猷の学問と思想」の末尾の部分を少し切り縮めた上で、四〇〇字詰め原稿用紙に手書きで写したものを、更にコピーしたものである。ただ原本の元号は、すべて西暦に書き直されていた。またこの末尾の部分とは、本書の最後で言及している伊波の絶筆の引用が、かなりの部分を占めている箇所である。今ひとつは、伊波の死の翌年に出された雑誌『青年沖縄』に掲載された伊波自身の編集による「河上博士書簡集」のコピーである。それは、一九四三年に河上肇が伊波に出した手紙を並べたものだ。このピクニックの当時、本書の第二章に関わる論文はすでに書いていたが、今から思えばサンフランシスコ郊外の公園で、オキナワン・アメリカンのマルキストの老人から手渡された、一つ目のコピー、すなわち、いく重にも注釈の加えられた痕跡を持つ伊波の文章との出会いが、本書の議論の方向を大きなところで作り上げているように思う。

ところで私が、沖縄という言葉に体で接したのは、たぶん小学校低学年のころ沖縄に関わるモノクロの映画を、母に連れられて自主上映会場のようなところへ見に行ったときだと記憶している。題名は覚えていないが、当時全軍労委員長の上原康助氏がＭＰに拷問を受けているシーンだけが、恐ろしい記憶として子供の脳裏に焼きついた。母は何を思って映画を見ていたのだろうか。いまなら聞いてみたいと思うが、大学に入学し、私が始めて沖縄に渡る時には、もうこの世の人ではなかった。

先ほど述べた、サンフランシスコ郊外の公園で手渡された河上肇の書簡の方には、伊波が本や黒砂糖を河上に送ったことへの礼状が入っていた。河上が栄養失調で死ぬ二年半前の日付があるこの手紙には、伊波からの黒砂糖の贈り物を「宝船」と表現してある。その宝を河上は、郷里岩国の母や近くに住んでいた長女の子、そして義妹の子たちに分け与えたということが記されている。そこには母がいたはずだ。「あの伊波の送った黒砂糖を食べてるんだ」。

誤解のないように付言すれば、このような話に何かもっともらしい意味づけをしたいのではない。それは文字通り「あとがき」的なエピソードであって、そこに解釈や分析を加えるような愚か者はいないはずだ。ただ私にとっては、自分を通る錯綜した水脈が、このときぶつかり合ったように感じた。その衝突によって生じた磁場は、いまだに私を捕えており、本書ではほとんど言及しなかった伊波と河上の関係という大きな論点については、この磁場の拘束に身を沈めることから、はじめなければならないと考えている。カリフォルニアの抜けるような青空の下、マルキストの老人との出会いは、「帝国主義が終りを告げる時」という伊波の言葉とともに、母との突然の再会を、私に刻印していったのである。

本書は、学問分野を前提にした研究計画やプロジェクトの結果ではなく、こうした人との出会いや交わされた言葉により生み出されたものだ。ここで名前や集まりに言及したのは、「しりあい」という胡散臭い言葉を撒き散らすためでも、「〇〇の日」といった、その時だけしおらしい感謝を述べるためでもない。「あとがき」を書くというめったにめぐってこない機会を借りながら、今後の方向性を、顔を持った人にそって、語っておこうと考えたのである。直接名前をあげなかった人も含めて、ここで言及したどの人々も、私にとってこれからも大切な人たちだ。また、本書を担当してくださった小島潔氏、『思想』編集部の清水愛理氏、『現代思想』編集部の池上善彦氏、人文書院の松井純氏もそこに含めさせていただきたい。一方的で恐縮だが、今後ともよろしく。

＊

今後ともよろしくという言葉に、さらに感謝という言葉を重ねたい人々を三人ほどだけ上げて末尾にしたい。まずは、早朝に仕事をすることが多い私とともに眼を覚まし、キーボードを打っている私の横で再びいびきをかいていたポチ。ありがとう。大嫌いな癒しという言葉も、あなたに対しては使えます。次に、第一の読者としていつも辛辣な意見を投げかけてくれた古久保さくら氏。あなたとともに過ごした日々が、すでに私の人生の半分を超えました。あなたに会えてよかったなどという恥ずかしいセリフも、あなたにはそっといえます。そして最後に、奥野路介氏。本書を書くにあたって、あなたのことが蘇るとは、正直言って思ってもみませんでした。あなたから戴いた論文や、あなたの投げかけた言葉を思い出しながら、いったいあなたが何を求め、何に苛立ち、何を私に伝えようとしていたのかを、いまだに考えています。一度もお伺いしていないあなたのお墓に、今度、ハイライトと缶ビールとこの本を持って参ります。

二〇〇二年五月一五日、未明
京都・吉田にて

冨山一郎

**追記**

各章が関連する初出論文のリストを記す。すべてリライトされており、原形をとどめていないものも少なくない。いかなる方針に基づいてリライトをしたのかという点については、序章を参照されたい。

第一章……「国民の誕生と「日本人種」」『思想』八四五号、岩波書店、一九九四年。

第二章……「琉球人という主体——伊波普猷における暴力の予感」『思想』八七八号、岩波書店、一九九七年。

第三章……「熱帯科学と植民地主義」、伊豫谷登士翁・酒井直樹・ブレット・ド・バリー編『ナショナリティーの脱構築』柏書房、一九九六年。「動員される身体——暴力と快楽」、小岸昭・池田浩士・鵜飼哲・和田忠彦編『ファシズムの想像力』人文書院、一九九七年。

第四章……「ユートピアの海」、春日直樹編『オセアニア・オリエンタリズム』世界思想社、一九九九年。

終章……「「地域研究」というアリーナ」『地域研究論集』第一巻第三号、一九九九年。「帝国から」『現代思想』第二八巻第七号、二〇〇〇年。「暴力の予感——「沖縄」という名前を考えるための序論」、吉見俊哉・栗原彬・小森陽一他編『越境する知 II』東京大学出版会、二〇〇〇年。

# 索　引

## ア 行

## カ 行

## サ 行

## タ 行



## ナ 行

## ハ 行



## マ 行

## ヤ 行



## ラ・ワ 行

■岩波オンデマンドブックス■

暴力の予感――伊波普猷における危機の問題

2002年 6月20日　第1刷発行
2014年10月10日　オンデマンド版発行

著　者　冨山一郎《とみやまいちろう》

発行者　岡本　厚

発行所　株式会社　岩波書店
〒101-8002　東京都千代田区一ツ橋 2-5-5
電話案内 03-5210-4000
http://www.iwanami.co.jp/

印刷／製本・法令印刷


ISBN 978-4-00-730145-2　　Printed in Japan